Hermann Barth
Odil Hannes Steck

Exegese des Alten Testaments

Leitfaden der Methodik

Ein Arbeitsbuch
für Proseminare, Seminare
und Vorlesungen

Neukirchener Verlag

© 1971/1980, 9. Auflage
Neukirchener Verlag des Erziehungsvereins GmbH,
Neukirchen-Vluyn
Alle Rechte vorbehalten
Umschlaggestaltung: Hans-Martin Dahlmann, Neukirchen-Vluyn
Gesamtherstellung: Breklumer Druckerei Manfred Siegel
Printed in Germany – ISBN 3-7887-0572-8

CIP-Kurztitelaufnahme der Deutschen Bibliothek

Barth, Hermann:
Exegese des Alten Testaments: Leitf. d.
Methodik; e. Arbeitsbuch für Proseminare,
Seminare u. Vorlesungen / Hermann Barth; Odil
Hannes Steck. – 9. Aufl. – Neukirchen-Vluyn:
Neukirchener Verlag, 1980.
    ISBN 3-7887-0572-8
NE: Steck, Odil Hannes:

»Je genauer wir verstehen,
um so größer soll das Staunen sein.«

Der Pianist Alfred Brendel

Inhalt

Vorwort

Sieben Jahre nach dem Erscheinen der 1. und 2. Auflage unseres Arbeitsbuches haben wir Gelegenheit, eine neubearbeitete 8. Auflage vorzulegen.

Am Methodenbestand einschließlich seiner Paragraphenzählung hat sich nichts geändert; nur die Fragestellung nach dem historischen Ort des Textes ist als § 9 zusätzlich aufgenommen worden.

Gleichwohl ist das Arbeitsbuch in der jetzt vorgelegten Fassung durchgehend neu bearbeitet. Dies gilt für Erweiterungen und Differenzierungen in der Methodenbeschreibung, für die Literaturhinweise, für die zahlreichen Beispiele, die die Anwendung veranschaulichen sollen. Es gilt insbesondere aber für neu hinzugekommene bzw. neu gestaltete Abschnitte. § 1 wurde völlig umgearbeitet, um die Grundlagen der Exegese näher zu entfalten und um besonders die imaginativen Arbeitsvorgänge vor und neben der methodengeleiteten Untersuchung einzubeziehen und in ihrem Ablauf darzustellen. Ebenso wurde der häufig als »Einzelexegese« bezeichnete Arbeitsakt der historischen Interpretation des Textes, der das Ziel aller exegetischen Arbeit darstellt, in § 10 ganz neu konzipiert, um einer verbreiteten Unsicherheit im Blick auf diese Aufgabe der Exegese abzuhelfen. Schließlich wurde in § 11 ein Textbeispiel bearbeitet, an dem exemplarisch die Anwendung unserer exegetischen Anleitung in Nachzeichnung des konkreten Arbeitsablaufs veranschaulicht werden soll.

Daß das Arbeitsbuch nunmehr im regulären Drucksatz hergestellt werden kann, bietet die Möglichkeit, die Anlage der Abschnitte transparenter zu gestalten; insbesondere ist der Wechsel zwischen Normalsatz und Petit als didaktisches Mittel eingesetzt, um grundlegende und weiterführende Partien voneinander zu unterscheiden.

Wie in der 1. und 2. Auflage verantworten wir den vorgelegten Text auch in der Neubearbeitung gemeinsam. Er ist wieder das Ergebnis intensiver Zusammenarbeit, der für die §§ 1–9 von H. Barth erstellte Diskussionsvorlagen zugrunde gelegt waren. § 10 und § 11 sind von O. H. Steck verfaßt, die Weiterführungen in der Methodik gegenüber der 1. und 2. Auflage gehen auf Untersuchungen von ihm zurück; sie betreffen vor allem den Bereich der historischen Anschauung, Verhältnis und Zusammenhang der Methoden sowie die in §§ 7–9 entfaltete Frage nach der vorgegebenen Welt eines Textes.

Die Absicht, die wir mit diesem Arbeitsbuch verfolgen, ist unverändert dieselbe geblieben. Es geht nach wie vor davon aus,

XI

daß zum Studienziel der Disziplin »Altes Testament« nicht nur der Erwerb eines bestimmten Sachwissens, sondern vor allem auch die Aneignung der exegetischen Methoden zur Bestimmung des ursprünglichen Sinnes alttestamentlicher Überlieferungen gehört, wenn über die bloße Rezeption hinaus ein urteilsfähiger Umgang mit Forschungsergebnissen und eine Hinführung zum Vorgang alttestamentlicher Arbeit erreicht werden soll.

Deshalb ist das Arbeitsbuch unbeschadet seines Anspruchs, in seinen Ausführungen auch zur Methodendiskussion in der gegenwärtigen alttestamentlichen Forschung beizutragen, wie bisher vor allem für die Hand des Unterrichtenden und des Studierenden gedacht als Abriß der einzelnen Methoden, ihrer Definition, ihrer Arbeitsschritte und ihres Ertrags für das historische Gesamtverständnis eines alttestamentlichen Textes. In dieser Zweckbestimmung will und kann es nicht Anleitung zum Selbststudium sein; es ist vielmehr zur Verwendung im akademischen Unterricht ausgearbeitet, auf die dort stattfindenden Arbeitsprozesse der Demonstration und Anwendung von Methoden bezogen, ja angewiesen, und will dafür schriftliche Grundlagen bereitstellen.

Wenn wir von der Heranziehung des Arbeitsbuches und von der Aufnahme seiner Perspektiven bei Vorhaben alttestamentlicher Forschung hier einmal absehen, so ergeben sich für seinen Gebrauch in Studium und Berufspraxis folgende Hinweise:

1. Als Lehr- und Lernbuch hat es seinen primären Ort in den Lehrveranstaltungen und Arbeitsprozessen der exegetischen Ausbildung. Proseminar, Proseminararbeit, Demonstration und Einübung transparenter Arbeitsprozesse in exegetischen Vorlesungen und Seminaren sowie Seminar- und Examensarbeiten in der Disziplin »Altes Testament« sind Felder seiner unmittelbaren Benutzung als studienbegleitendes Hilfsmittel.

2. Als Effekt dessen stellen wir uns vor, daß der Benutzer im Laufe seiner Ausbildung mit Hilfe des Arbeitsbuches grundlegende exegetische Fähigkeiten erwirbt. Darunter verstehen wir vor allem die Beherrschung der Fragestellungen und Lösungswege, die für eine exegetische Sinnbestimmung wesentlich sind, und dementsprechend den Sachverstand in der Unterscheidung, welche methodische Problemstellung welchen Beitrag für die exegetische Sinnbestimmung erbringt. Das Erlernen und Einüben dieser Fähigkeiten macht urteilsfähig für die exegetische Bearbeitung alttestamentlicher Texte und die sichtende Benutzung der Kommentarliteratur etc.

3. In der exegetischen Praxis des Pfarrers und Religionslehrers kommt es auf die im Studium erworbene Beherrschung dieser Grundfähigkeiten an. Sie bewahrt vor urteilsloser Aus-

lieferung an die verfügbare Sekundärliteratur, hilft zu kritischer Benutzung und ermöglicht es, exegetische Fragen, wie sie sich aus der Praxis ergeben, begründet zu verfolgen. Das Arbeitsbuch selbst wird in den verschiedenen theologischen Berufsfeldern schon aus Gründen der verfügbaren Vorbereitungszeit in der Regel nicht mehr im ganzen als Anleitung dienen können; um so wichtiger sind deshalb die Grundfähigkeiten, die mit seiner Hilfe im Studium erworben wurden. Punktuell freilich wird das Arbeitsbuch durchaus auch in der Praxis zu Information und Erinnerung herangezogen werden.

Die neubearbeitete Auflage ist uns vielfach Anlaß zu danken. Mit Freude haben wir in den zurückliegenden Jahren gesehen, daß unser Arbeitsbuch vielen willkommen war, auch wenn sich das Angebot an methodischen Anleitungen seit dem Erscheinen unserer 1. Auflage erheblich verbreitert hat. Nicht wenige Kollegen und Studenten haben uns aus ihrer Erfahrung mit dem Arbeitsbuch lernen lassen; mit besonderem Dank seien die Herren Prof. Dr. P. Welten und Dr. J. Friedrich genannt. Verlag und Druckerei haben sich bemüht, das Arbeitsbuch im Satz noch übersichtlicher zu machen und zugleich die Kosten niedrig zu halten. Dem Schreiben des Manuskripts hat sich Frau Maria-Theresia Küchenmeister, Mainz, in vorzüglicher Weise angenommen; bei den Korrekturvorgängen hat uns Frau Susanne Krüger mit großer Umsicht geholfen.

So hoffen wir, daß das Buch auch in der neubearbeiteten Gestalt dem Verstehen und dem Staunen im Alten Testament zu dienen vermag.*

Haibach/Aschaffenburg, im März 1978   Hermann Barth
                                          Odil Hannes Steck

---

* Das Motto des Buches ist genommen aus A. Brendel, Nachdenken über Musik, München 1977. S. 43.

Erster Teil: Einführung

§ 1 Grundlegung und Überblick

A Die Aufgabe der alttestamentlichen Exegese

Exegese des AT ist das Bemühen um die historische, wissenschaftlich ausgewiesene Sinnbestimmung von Texten, die im AT überliefert sind. Exegese steht also vor der *Aufgabe*, den Sinn und Aussagewillen des betreffenden Textes innerhalb seines geschichtlichen Entstehungsraumes und in den verschiedenen Stadien seines alttestamentlichen Werdeganges zu bestimmen, damit er in seiner historischen Eigenart zutage tritt.

Insofern Exegese ein *wissenschaftlicher* Vorgang ist, gründet sich ihr Verstehen eines Textes ausschließlich auf Erkenntnisse und Argumente, die auch von anderen hinsichtlich ihrer Angemessenheit gegenüber dem Gegenstand zustimmend oder ablehnend mitvollzogen und in den Begründungen mitverfolgt werden können. Exegese wahrt ihren wissenschaftlichen Charakter allerdings nicht dadurch, daß sie sich an den experimentellen und empirischen Wissenschaften orientiert und sich an deren Ideal exakt-objektiver Erkenntnis bindet; sie müßte sich dann auf Analyse und Deskription der sprachlichen Oberfläche der Texte beschränken. Weil die Texte jedoch Gestaltwerdung von Lebensvorgängen sind und gelebtes Leben sprachlich bewältigen, muß Exegese Texte als Geschehen verstehen, in dem geschichtliche und soziale Bedingungen, geistige Vorprägungen, Erfahrungen, Impulse, Zielvorstellungen des Verfassers, Eigenart der Adressaten in einem lebendigen Vorgang zu der vorliegenden sprachlichen Äußerung einschließlich ihres »ungesagten Sinnhorizontes« (H.-G. Gadamer*) führen. Wissenschaftliche Exegese wird also erst dann ihrem Gegenstand angemessen sein, wenn sie über das geschichtliche Leben, das im Text sprachlich zum Abschluß gekommen ist, intersubjektiv begründet Rechenschaft geben kann. Wissenschaftliche Exegese betrachtet den Text deshalb nicht als wehrloses Objekt,

---

* Die angeführte Literatur wird nur mit einem abgekürzten Titel zitiert, wenn die vollständigen bibliographischen Angaben dem Literatur-Teil D des jeweiligen Paragraphen bzw. im Falle von Literatur zur Methodik, zur Einleitung in das Alte Testament und zur Theologie des Alten Testaments den Abschnitten H, G und N des § 2 zu entnehmen sind.

1

das sich der Forscher in überlegenem Zugriff unterwirft, sondern als Leben, zu dem Leben in Beziehung tritt. Achtung, Lernbereitschaft, Begegnungsfähigkeit, Grenzbewußtsein gegenüber dem Text als dem Anderen, Fremden sind somit Grundhaltungen wissenschaftlicher Exegese[1].

Insofern sich wissenschaftliche Exegese auf die *historische* Sinnbestimmung des Textes im Zeitraum seiner produktiven Gestaltung bezieht, beschränkt sie sich auf die Bestimmung des ursprünglichen Sinnes innerhalb des alttestamentlichen Überlieferungsbereiches. Mit dieser Leitfrage nach der historischen Eigenart des Textes im geschichtlichen Raum seiner Entstehung distanziert Exegese den Text von unserer Gegenwart. Ihre Verstehensrichtung unterscheidet sich damit vom Ereignis des persönlich-betroffenen Verstehens des Bibellesers, das in seiner Eigenart und Tiefe wesentlich von den gegenwärtigen Erfahrungen bestimmt wird und den Text dazu unmittelbar in Beziehung setzt. Wissenschaftlich-historische Exegese wertet dieses unmittelbar-applikative Verstehen nicht ab, vermag es aber durch Aufweis des ursprünglichen Textsinnes zu klären und zu bereichern: als Korrektur willkürlich-subjektiver Textauswertung, als Hinweis auf den zentralen Sachgehalt des Textes und als Freilegung seiner besonderen Impulse, deren die Gegenwart bedarf. Wissenschaftlich-historische Exegese ist dabei der Anwalt des ursprünglichen Textsinnes; sie leistet damit den grundlegenden Beitrag zur Klärung und Bereicherung applikativen Verstehens. Allerdings bedarf applikatives Verstehen noch weitergehender theologischer Hilfen. Insofern einem alttestamentlichen Text durch das Zeugnis des NT und tiefgreifende Wandlungen der Erfahrungswirklichkeit erweiterte oder geänderte Bedeutungsaspekte zukommen, sind wissenschaftliche Sinnklärungen über die alttestamentliche Exegese hinaus erforderlich; sie erfolgen in den theologischen Arbeitsgebieten Neues Testament, Kirchen-, Dogmen- und Theologiegeschichte sowie hinsichtlich begründeter Gestalt, Gültigkeit und Verbindlichkeit des erweiterten oder geänderten Textsinnes angesichts gegenwärtiger Wirklichkeitserfahrung in der Dogmatik, der Ethik und der Praktischen Theologie.

Wissenschaftlich-historische Exegese ist immer auch *kritische* Exegese. Zu ihrem Vollzug gehört es, eigene oder fremde

---

1 Kaiser, Exegese, S. 60, sagt außerdem mit Recht: »Es gehört . . . zum wissenschaftlichen Ethos, Urteile zu begründen und Behauptungen zu vermeiden; Abhängigkeiten von der Arbeit anderer kenntlich zu machen; den Wahrscheinlichkeitsgrad der Resultate anzugeben; offengebliebene, derzeit unlösbare oder neu aufgetretene Probleme als solche zu kennzeichnen und gegebenenfalls die Gründe für ihre Nichtbearbeitung oder Nichtbeantwortung zu nennen.«

Vormeinungen über das Textverständnis, Vorprägungen durch Auslegungstraditionen und forschungsgeschichtliche Konstellationen, auf die freilich jeder angewiesen bleibt, kritisch als solche zu erkennen und beim Zuschritt auf den ursprünglichen Sinn des Textes unter Kontrolle zu halten. Zugleich richtet sich die Kritik auf den Text selbst; damit ist aber nicht ein überlegenes Kritisieren des Textes gemeint, sondern die Haltung des methodischen Zweifels, die zu einer verschiedene Wahrnehmungen, Fragestellungen, Folgerungen angesichts der Eigenart eines Textes unterscheidenden historischen Urteilsbildung führt und auch den Wahrheitsanspruch des Textes an seinem historischen Ort befragt.

B Imagination und methodische Anleitung im Vorgang exegetischer Arbeit

I. Stellenwert und Grenze methodischer Anleitung

Wissenschaftlich ausgewiesene exegetische Arbeit ist methodisch transparente Arbeit. Gleichwohl erschöpft sie sich nicht in der korrekten Anwendung und Auswertung der methodischen Schritte im Blick auf einen gegebenen Text. Der Vorgang historischer Sinnbestimmung des Textes in seinem Leben ist komplexer; deshalb müssen Stellenwert und Grenze der methodischen Schritte näher bestimmt werden.

Wer methodische Anleitungen benutzt, muß sich bewußt sein, daß die einzelnen *Methoden* zurückgehen auf ein Arsenal elementarer Teilfragen historischen Verstehens eines Textes: Die Überlieferung des Textes in den alten Handschriften ist nicht übereinstimmend; welches ist die ursprüngliche Textgestalt? Die alttestamentlichen Schriften sind vielfach in einem längeren Überlieferungsprozeß gewachsen; wie weit reicht der älteste Umfang des Textes, was sind jüngere Weiterungen und Zusammenhänge? Jede sprachliche Äußerung hat teil an der geistigen Welt ihres Autors; welche Sprachmuster und welche Vorstellungen setzt der Text voraus? Jeder Text hat gleichermaßen teil an den historischen und soziokulturellen Gegebenheiten seiner Zeit; wie ist sein geschichtlicher Raum einschließlich seines Verfassers und seiner Adressaten zu bestimmen? Die dementsprechend ausgeführten exegetischen Methoden (Textkritik; Literarkritik, überlieferungsgeschichtliche und redaktionsgeschichtliche Fragestellung; formgeschichtliche und traditionsgeschichtliche Fragestellung; Bestimmung des historischen Ortes) sind dann die Ausarbeitung des geistigen Weges, auf dem diese Fragen zu Antworten fin-

den sollen. Die Methodenbeschreibung hält sich dabei in ihren
Fragen, in der Gewichtung von Beobachtungen und Argumen-
ten an Einsichten und Möglichkeiten, wie sie sich an vielen
Einzeltexten bewährt haben, und setzt im Vorentwurf des Verstehens von vornherein Erwartungsbilder, Vorgriffe auf das
Ergebnis voraus, wie es sich nach dem jeweiligen Stand der ex-
egetischen Wissenschaft nahelegt. Darin liegt aber auch das
Problem der methodischen Arbeit in der Exegese. Es muß ver-
mieden werden, daß die Anwendung der Methoden in ihrer
Abhängigkeit vom Forschungsstand und dessen Ergebniser-
wartungen die Texte bevormundet und sie nur Antworten nach
Art der Fragen sagen läßt. Nicht der Text hat sich dem Stand
der Methodenbeschreibung zu unterwerfen, sondern die
Methodenanwendung hat den Textgegebenheiten standzu-
halten.
Welchen Zugang aber hat historische Exegese zu den Textgegebenheiten außer dem Zugang methodengeleiteten Fragens,
Beobachtens, Argumentierens? Hier spielt die Imagination des
Exegeten in Ansehung seines Textes eine entscheidende Rolle,
also der unverstellte und noch nicht durch methodische Anleitungen straff dirigierte Einsatz der Phantasie beim historischen
Verstehenwollen eines Textes. Aufgrund der ursprünglichen
hermeneutischen Einheit von Text und heutigem Leser müssen sich seine *Phantasie* und *Imagination* dabei unter ständigem Lesen und Bedenken (auch des hebräischen Textes, der zu
Beginn der exegetischen Arbeit zunächst vorläufig mit Hilfe
von Grammatik, Wörterbüchern und gegebenenfalls Konkordanz semantisch bearbeitet und übersetzt wird) in doppelter
Richtung bewegen: Der Exeget stellt sich einerseits vor, wie
sich der Text für ihn als Bestandteil *seiner heutigen Welt* dar-
bietet, und er stellt sich andererseits vor, wie sich Sinn und Ort
des Textes in dessen *eigenem historischen Kontext* zeigen.

II. Der Einsatz von Phantasie und Imagination

1. Vorstellung des Textes als Bestandteil der heutigen Welt

Vor Eintritt in ein Verstehen des Textes als historischer Größe
soll der Exeget Phantasie und Imagination einsetzen, um sich
den Text als Bestandteil seiner *heutigen* Welt vorzustellen und
festzuhalten, welche Eindrücke und Wirkungen der Text heute
auf den Exegeten selbst und andere (denkbare Gesprächspart-
ner, auch in Predigt und Unterricht) möglicherweise ausübt.
Diese Eindrücke und Wirkungen beeinflussen nämlich unbe-
wußt auch jedes historische Verstehen heute und repräsentie-
ren eine hermeneutische Einheit zwischen Text und Leser, die

ja auch nach der exegetisch-historischen Interpretation in einem applikativen Verstehen wieder gewonnen werden soll. Phantasie und Imagination in dieser Richtung einzusetzen hilft also, solche Eindrücke und Wirkungen bewußt zu machen, ihren Einfluß wirksam und zugleich unter Kontrolle zu halten.

Eine Reihe elementarer Fragen, denen sich der Exeget im Blick auf sich selbst und andere aussetzt, können die Vorstellungskraft dabei anregen, etwa:

- Welche Empfindungen, Reaktionen, Assoziationen ruft der Text in mir hervor (zB nah/fremd, mein Text/nicht mein Text, einladend/abschreckend, froh/traurig, klärend/nichtssagend)?
- Was sagt mir der Text Neues, in welcher Lebenssituation spricht er mich an?
- Was ist mir thematisch wichtig, wozu habe ich keine Beziehung im Blick auf Textaussagen?
- Was kommt mir bekannt vor?
- Was fällt mir auf?
- Was vermisse ich?
- Was verstehe ich nicht?
- Was stört mich, was reizt zum Widerspruch?
- Was fällt mir zu bestimmten Aussagen ein?
- Woran denke ich beim Lesen, was ziehe ich beim Verstehenwollen zum Vergleich heran?
- Welchen Menschen in welcher Lebenslage könnte ich den Text als bereicherndes, klärendes Wort zeigen?

Da bei diesen Fragen in hohem Maße aktives und kenntnisreiches Gegenwartsbewußtsein, Lebenserfahrung, Menschenkenntnis, Selbsterfahrung, Bildung in der Phantasie zum Einsatz kommen, werden die Antworten bei verschiedenen Exegeten durchaus verschieden ausfallen. Doch ist das Ziel dieser Fragerichtung keineswegs Uniformität, sondern das Bewußtmachen einer realistischen, lebensnahen Situierung des Textes in der eigenen Gegenwart, in die er auch nach seiner exegetisch-theologischen Untersuchung wieder wirken soll.

2. Vorstellung des Textes als Bestandteil seiner historischen Welt

Ziel dieser Fragerichtung ist es, vor und neben der methodischen Arbeit durch Einsatz von Phantasie und Imagination eine ganzheitliche, *historische* Anschauung vom geschichtlichen Raum, von der Entstehung, von Absicht, Sinn und Wirkung des Textes in seiner Zeit zu gewinnen. Das vorangegangene Bemühen, sich den Text als Bestandteil der heutigen Welt vorzustellen, schärft nun den Blick für die Vorstellung des Textes in seiner historischen Besonderheit.

Auch hier können eine Reihe elementarer Fragen die historische Vorstellungskraft anregen; sie schreiten in ständigem Oszillieren von Beobachtungen am Text über das Bemühen, eine Anschauung von den Entstehungsgegebenheiten zu gewinnen, bis zur Imagination eines Gesamtbildes historischen Verstehens fort, das ein Bild von Absicht, Sinn und Wirkung des Textes umschließt und ihn so als Lebensvorgang in seiner Zeit sieht:

Beobachtungen:
- Wie ist der Text gegliedert (zB Szenen, Handlungsabschnitte, Schauplätze, Personenkonstellationen, markierte Gedankeneinschnitte)?
- Findet sich eine beherrschende Sachaussage, die den Text in seinem Ablauf prägt und die Gliederung bestimmt?
- Welche Bedeutung haben die Einzelaussagen in ihrer Abfolge für diese Sachaussage (zB Einleitung, Höhepunkt, Wende, Zielaussage)?
- Was wäre im Rahmen dieser Sachaussage an Einzelaussagen historisch ebenfalls denkbar oder zu erwarten, wird aber nicht gesagt? Fehlen diese Aussagen, weil sie damals selbstverständlich mitgedacht waren, oder sind sie bewußt weggelassen?
- Unter welchen besonderen Aspekten ist die Sache gesehen in der Anlage und Gestaltung des Textganzen, in der Formulierungsrichtung (zB Anrede, Bericht) und sprachlich-syntaktischen Fassung (zB Zustand, Handlung) der Einzelaussagen?
- Welche Mittel setzt der Text ein, um seine Sachaussage darzubieten (zB Bilder, Vergleiche, Metaphern)?
- Ist der Text eine in seiner Zeit aus sich verständliche, in sich abgeschlossene Aussage, oder muß der Kontext hinzugenommen werden? Verhältnis Text – (engerer, weiterer) Kontext?
- Was ist über diesen Textbeobachtungen unverständlich geblieben und muß durch zusätzliche Informationen geklärt werden?

Entstehungsgegebenheiten:
- In welcher Situation ist der Text entstanden (Zeit, Raum und prägende Ereignisse; der Mensch, der den Text sagt; die Menschen, die ihn hören)?
- Welche Erfahrungen könnten im Hintergrund von Sprecher und Hörer/Leser des Textes stehen, welche erfahrungsanleitenden Bestimmungen waren gegeben, welche Erfahrungen werden im Text direkt/indirekt angesprochen?

Absicht, Sinn und Wirkung:
- Was hat den Sprecher angesichts der Entstehungsgegebenheiten eigentlich dazu genötigt, diesen Text zu sagen?
- Was will er in seinem historischen Raum bei seinen Hörern mit dem Text bewirken (zB Einsicht, Handlung)?
- Wie hängen Sachaussage in der eigentümlichen Gestalt und Hinsicht im Text und die besonderen Entstehungsgegebenheiten zusammen?

- Was hat die Sachaussage des Textes und ihre Gestalt und Hinsicht mit anderen Aussagen des AT gemeinsam, was fällt als überraschend neuer Akzent auf?
- Welche Wirklichkeitserfahrung seiner Zeit will der Text klären und beeinflussen, welche unvertauschbaren Erfahrungen, Eingriffe und Perspektiven von Wirklichkeit sind mit den Gottesaussagen des Textes verbunden?
- Welche Sicht des Menschen, Israels in seiner Zeit und Welt eröffnet der Text?
- Welche Gegenaussagen oder Weiterführungen im Blick auf die Sachaussagen des Textes bietet das AT sonst?
- Welche Wirkung hat der Text im Raum des Alten Israel kurzfristig (bei den ersten Hörern) oder längerfristig (bei seiner Weiterüberlieferung) tatsächlich gehabt? Weicht die faktische Wirkung von der Sprecherabsicht ab, und was könnten Erfahrungsgründe dafür sein?

Auch hier werden bei solchem Fragen noch vor und außerhalb der methodengeleiteten, wissenschaftlichen Untersuchung des Textes die Antworten bei verschiedenen Exegeten voneinander abweichen. Dies hängt schon damit zusammen, daß hierbei zwei wesentliche Faktoren in jeweils unterschiedlichen Ausmaßen zur Wirkung kommen: das Vorwissen des Exegeten und seine Fähigkeit zu historischer Anschauung.

(1) Das *Vorwissen,* das auf der Ebene sachlicher Kenntnisse die historische Fremdheit und Widerständigkeit eines Textes verringern hilft, entscheidet zugleich wesentlich über das Maß verfügbarer Vergleichs- und Assoziationsmöglichkeiten.
Dies gilt schon für den überaus wichtigen Bereich des allgemeinen Vorwissens, also der Bildung im breitesten Sinn. Sie hält Verstehensperspektiven, Analogien, Vergleiche, Kontraste zur Ermittlung der historischen Eigenart des Textes in großem Umfang bereit: zB lassen Darstellungen A. v. Menzels vom Hof Friedrichs d. Gr. die Szene 1Sam 20,24f als »Tafelrunde Sauls« (G. v. Rad) sehen und die bescheidene Hofhaltung erkennen; Kenntnisse von Verfassungswesen und demokratischer Willensbildung in Verfassungsorganen in unserer Zeit schärfen den Blick für die Funktion des Königs in den Königspsalmen; man vergleiche die Nachtgesichte Sacharjas mit Nachtgedichten N. Lenaus, Klagepsalmen mit Protestsongs von B. Dylan oder Klagegedichten der N. Sachs usw.
Es gilt selbstverständlich erst recht für das spezielle Vorwissen im Fach Altes Testament, das geschichtliche und textliche Materialien zur Begründung, Vertiefung und Konturierung von historischen Beobachtungen und Imaginationen bereitstellt; dieses spezielle Vorwissen kann im Vorgang des imaginativen Arbeitsaktes durch Einsichtnahme in Nachschlagewerke, wo erforderlich, ergänzt werden.
(2) Die *Fähigkeit zu historischer Anschauung* ist die unerläßliche Voraussetzung dafür, daß der Text aus dem Medium von Schrift und Papier heraustritt und als Lebensvorgang in seiner Zeit

sichtbar wird. Sich unter kontrolliertem Einsatz historischer Phantasie die Entstehungsgegebenheiten des Textes anschaulich vorzustellen ist hier ebenso wichtig wie das Bemühen, die Sachaussagen lebendig-aktuell in ihr ursprüngliches, geschichtliches Beziehungsfeld zu betten und die im Text selbst genannten Gegebenheiten und Geschehnisse mittels der Vorstellungskraft nachzubilden.

Mit Nachdruck sei darauf hingewiesen, daß sich dieser imaginative Durchgang durch den Text hinsichtlich Entstehungsgegebenheiten, Absicht, Sinn und Wirkung in seiner historischen Welt nicht nur einmal *vor* der methodengeleiteten, exegetischen Arbeit vollzieht, sondern sie als Teil exegetischer Arbeit ständig produktiv begleitet und begrenzt.

III. Ertrag

In dem Arbeitsakt imaginativ-ganzheitlichen Verstehens eines Textes, in dem Phantasie, Intuition, Beobachtung und Assoziationsfähigkeit einzusetzen sind, werden sehr verschiedenartige Eindrücke und Elemente zutage kommen, gewiß auch solche, die bei methodengeleiteter Überprüfung auch wieder als unzutreffend aufgegeben werden müssen. Doch enthält dieser imaginative Arbeitsakt drei *Chancen*, die für eine angemessene historische Sinnbestimmung unverzichtbar sind: zum einen die Begrenzung methodischer Engführungen, wie sie sich aus der Abhängigkeit vom gängigen Forschungsstand ergeben, durch imaginativ wahrgenommene Eigenheiten des Textes; zum anderen die Perspektive einer ganzheitlichen Sicht des Textes als geschichtlichen Lebensvorgangs, die über den Teilaspekten der Einzelmethoden allzuleicht verlorengeht, aber unter Verwendung der Ergebnisse aus den methodischen Arbeitsgängen dann in der Interpretation als der begründeten historischen Sinnbestimmung gerade aufgenommen und ausgeführt werden muß; zum dritten die artikulierte Beziehung von Text und Interpret, die in einem theologisch begründeten applikativen Verständnis des Textes zum Ziel kommt. So vollzieht sich exegetische Arbeit in der wechselseitigen Begrenzung und Bereicherung zwischen historischer Imagination und methodisch dirigiertem Fragen. Dies muß im Blick bleiben, auch wenn im folgenden die Aufgabe dominiert, näherhin die methodischen Schritte zu charakterisieren.

C Überblick über die Methoden der alttestamentlichen Exegese

I. Der Bestand an Methoden

Bestand und Beschreibung der exegetischen *Methoden* sind, wie bereits erwähnt, abhängig vom jeweiligen Stand der exegetischen Wissenschaft und ihren Einsichten in die Entstehung alttestamentlicher Texte. So ist es notwendig, daß die bestehenden Methoden ständig weiterentwickelt werden und aus neuer Hinsicht auf die Texte auch neue methodische Fragestellungen hinzutreten. In der Gegenwart zeigen sich neue Fragestellungen etwa auf dem Felde der sprachlichen Strukturanalyse, der wirkungsgeschichtlichen Untersuchung als der Einholung nicht mehr vertrauter Sinnpotenzen eines Textes oder der besonders umstrittenen tiefenpsychologischen Textinterpretation; ihre Bewährung bleibt jedoch abzuwarten. Deshalb beschränkt sich der vorliegende Leitfaden auf die Darbietung der gegenwärtig eingebürgerten, bewährten und methodisch ausgearbeiteten Fragestellungen: der Textkritik, der Literarkritik, der überlieferungs- und redaktionsgeschichtlichen Fragestellung, der formgeschichtlichen und der traditionsgeschichtlichen Fragestellung sowie der Bestimmung des historischen Ortes. Diese verschiedenen methodischen Schritte sind Teilfragen historischen Verstehens und zielen auf je besondere Aspekte des Textes. Sie sind damit nichts anderes als Vorarbeiten für die zentrale exegetische Aufgabe: den *Interpretationsakt* historischer Sinnbestimmung des Textes. Dieser oft Einzel- bzw. Zusammenhangsexegese genannte Interpretationsakt steht nicht in einer Reihe mit den Arbeitsgängen anhand der methodischen Teilfragen; mit seiner historischen Leitfrage danach, was der Text selbst sagt, zielt er vielmehr auf eine ganzheitliche Erfassung des Textes als sprachlicher Lebensäußerung seiner Zeit und verwendet dafür synthetisch alle einzelnen Einsichten aus den methodisch-partiellen Arbeitsgängen. Die Ergebnisse dieser historischen Sinnbestimmung des Textes kommen abschließend zum Einsatz im Versuch einer sachgerechten deutschen *Übersetzung* des Textes.

II. Gruppierung der Methoden

Jede der methodischen Fragestellungen nimmt ihren Anhalt an bestimmten Merkmalen alttestamentlicher Texte; eine historische Anschauung von diesen Textgegebenheiten soll jeweils im Rahmen der einzelnen Methodenbeschreibungen versucht werden. Eine erste Orientierung kann jedoch schon jetzt gegeben werden, insofern sich die methodischen Fragen hinsichtlich Fragerichtung und Anhaltspunkt in den Texten in *zwei Gruppen* sondern lassen:

1)   Die eine Gruppe von Methoden ist geleitet von der Frage nach dem Werdegang des Textes:
Textkritik, Literarkritik, überlieferungsgeschichtliche und redaktionsgeschichtliche Fragestellung beziehen sich darauf, daß der vorliegende Text in der Regel nicht in einem Zuge entstanden ist, sondern von seiner ursprünglichen mündlichen Gestalt bis hin zur handschriftlichen Überlieferung in der Textgeschichte einen mehrstufigen Werdegang durchlaufen hat, den die methodischen Fragestellungen bestimmen und erklären.

2)   Die andere Gruppe von Methoden ist geleitet von der Frage nach den Voraussetzungen eines Textes bzw. seiner ermittelten Textstufen.
Formgeschichtliche und traditionsgeschichtliche Fragestellung sowie die Frage nach dem historischen Ort beziehen sich darauf, daß die Gestaltung des Textes auf *jeder* Stufe seines Werdeganges bestimmt wird von Bedingungen und Komponenten, die dem Verfasser vorgegeben sind: der Eigenart der von ihm gesprochenen Sprache, den in seiner kulturellen Welt vorgeprägten Gattungen menschlicher Rede, den Vorstellungen und Denkstrukturen seiner geistigen Welt, den zeitgeschichtlichen und sozialen Gegebenheiten und dem Adressaten seiner Äußerung an seinem historischen Ort.
Beide Methodengruppen lassen sich jeweils in einem Schaubild folgendermaßen darstellen:

1.   Die Frage nach dem Werdegang eines Textes

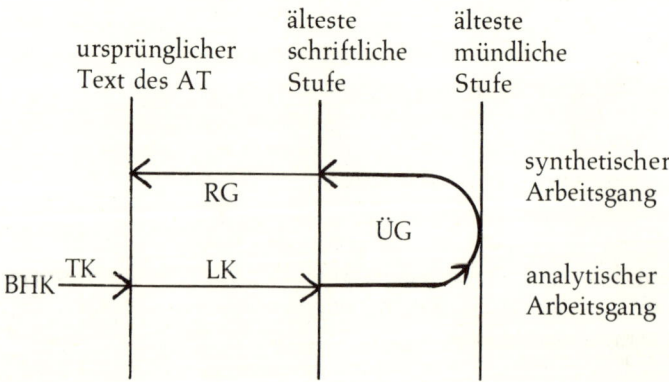

Der Werdegang eines alttestamentlichen Textes läßt sich als
Wachstumsprozeß vorstellen, der in drei größere Phasen zerfällt: Weitergabe und Werdegang in *mündlicher* Überlieferung
bis an die erste schriftliche Aufzeichnung heran, Weitergabe
und Werdegang in *schriftlicher* Überlieferung bis zum Abschluß produktiver alttestamentlicher Traditionsbildung, spätestens nach dem Erlangen kanonischer Geltung des Textes,
Weitergabe und Werdegang in den *Handschriften* der Textgeschichte bis hin zu ihrer Darbietung in der Biblia Hebraica. Die
Exegese versucht zunächst, die verschiedenen Schichten in einem *analytischen* Arbeitsgang rückwärtsschreitend abzutra-
gen, um dann *synthetisch* das Werden des Textes in seinem historischen Verlauf und die dabei einwirkenden Kräfte und bestimmenden Intentionen nachzuzeichnen.

2. Die Frage nach den Voraussetzungen eines Textes bzw. seiner Textstufen

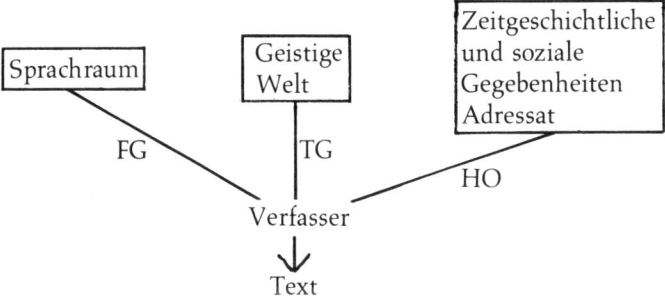

Das Schaubild gibt lediglich wieder, wie sich Sprache und kul-
turell vorgeformte Gattungen, geistige Welt sowie zeitgeschichtliche und soziale Gegebenheiten in *einem* besonderen
Text bzw. auf je *einzelnen* Stufen seines Werdeganges nieder-
schlagen. In den drei Bereichen kann und muß aber auch – viele
einzelne Texte einbegreifend und umspannend – nach der Geschichte der sprachlichen Struktureigentümlichkeiten, der Geschichte einer Vorstellung oder eines ganzen Vorstellungsbe-
reichs und der Geschichte der politischen und sozialen Gegebenheiten in ihrem größeren historischen Zusammenhang gefragt werden.

11

III. Interdependenz der Methoden

Die im vorangegangenen Abschnitt vorgenommene Gruppierung der Methoden stellt eine Reflexion auf ihr sachliches Verhältnis zueinander dar und hat unter *diesem* Aspekt zu der Sonderung in zwei Fragenbereiche geführt. Damit ist jedoch nicht gemeint, daß der *Vollzug* exegetischer Arbeit von einer entsprechenden Aufteilung bestimmt sein solle; vielmehr ist hier das Ineinandergreifen, die wechselseitige Ergänzung und Korrektur der methodischen Schritte unerläßlich. Dies gilt einmal schon dafür, daß die Frage nach den Voraussetzungen eines Textes – nach dem Sprachraum, der geistigen Welt, den zeitgeschichtlichen und sozialen Gegebenheiten und dem Adressaten – auf jeder einzelnen Stufe seines Werdegangs zu stellen ist; die Wandlungen eines Textes oder Textkomplexes im Laufe seiner mündlichen und schriftlichen Weitergabe lassen sich ohne die Bestimmung des je unterschiedlichen historischen Ortes, aber auch der einwirkenden sprachlichen Gestaltungsmuster und theologischen Strömungen nicht begreiflich machen. Die Interdependenz der Methoden reicht jedoch noch weiter und verbindet *alle* methodischen Schritte zu einem umfassenden Korrelationsgefüge, wie bei der ausführlichen Methodendarstellung im einzelnen darzulegen sein wird.

IV. Charakterisierung der einzelnen Methoden

1. Textkritik (TK)

Die Aufgabe der TK[2] ist es, durch kritische Sichtung der hebräischen Textüberlieferung sowie der alten Übersetzungen den »ursprünglichen Text des AT« (»Urtext«, »ursprünglichen Wortlaut«) festzustellen. »Ursprünglicher Text« meint dabei diejenige Textgestalt, die am Ende des Prozesses produktiver, schriftlicher Gestaltung im AT steht.

2. Literarkritik (LK)

Die LK untersucht Einzeltexte und größere Textkomplexe auf der Stufe schriftlich festformulierten Wortbestandes. Sie fragt deshalb nach

---

2 Die hier eingeführten Sigla für die Bezeichnung der Methoden (TK = Textkritik, LK = Literarkritik, ÜG = Überlieferungsgeschichtliche Fragestellung usw.) werden auch im weiteren verwendet. Darüber hinaus dienen »tk.«, »lk.«, »üg.« usw. zur Abkürzung der Adjectiva »textkritisch«, »literarkritisch«, »überlieferungsgeschichtlich« usw. – Bei den Abkürzungen folgen wir ansonsten RGG, ebenso in der hebräischen Umschrift.

a) der literarischen Integrität eines Textes,
b) seinem größeren literarischen Zusammenhang, falls der Text literarisch integer ist, bzw. seinen größeren literarischen Zusammenhängen, falls der Text aus zwei oder mehr literarischen Schichten besteht oder als integrer Text in einen selbst wieder wachsenden größeren Zusammenhang aufgenommen worden ist.

3. Überlieferungsgeschichtliche Fragestellung (ÜG)

Die ÜG gilt einem Einzelabschnitt bzw. einem größeren Komplex – nun im Unterschied zur LK – im Bereich seiner mündlichen Überlieferung. Analytisch vorgehend fragt sie dabei hinter die älteste schriftliche Fassung eines Textes zurück bis zu seiner Entstehung.
Ein synthetischer Arbeitsgang kehrt die Fragerichtung um, versucht, den Werdegang eines Textes von seiner ersten noch erkennbaren mündlichen Gestalt bis an die älteste schriftliche Fassung heran in seinem historischen Ablauf und Zusammenhang darzustellen, und erhebt die dabei wirksamen geschichtlichen Faktoren und Aussageintentionen.

4. Redaktionsgeschichtliche Fragestellung (RG)

Die RG setzt die ÜG hinsichtlich ihres synthetischen Aspekts für den Bereich der schriftlichen Überlieferung fort. Sie zeichnet dabei die Geschichte eines Textes von seiner schriftlichen Erstgestalt über die Ergänzung bzw. Kommentierung durch Zusätze und über die Aufnahme in größere Komplexe bis zu seiner Letztfassung im vorliegenden literarischen Kontext nach und bestimmt die in dieser Geschichte wirksamen geschichtlichen Faktoren und Aussageintentionen.

5. Formgeschichtliche Fragestellung (FG)

Die FG arbeitet die sprachliche Gestalt einer einzelnen Texteinheit (gleich welchen Umfangs) auf jeder ihrer ermittelten Wachstumsstufen heraus. Im Zuge dessen bestimmt sie insbesondere Aufnahme und Verwendung von Gattungen und den zugehörigen Sitz im Leben. Sie zielt auf ein methodisch sachgemäßes Verständnis der Anlage und Aussageintention des betreffenden Textes, insofern die Eigenart der sprachlichen Gestaltung, vor allem die Wahl der Gattung, erkennen läßt, unter

13

welcher Hinsicht der ausgesagte Inhalt gesehen und mit welcher Absicht er formuliert ist.

Im Zusammenhang damit fragt die FG, die Einzeltexte übergreifend, notwendigerweise auch nach den Bauelementen und Gestaltungsmustern der von den alttestamentlichen Verfassern verwendeten Sprache. Vor allem erarbeitet sie die Geschichte der Gattungen und geht deren Ausprägungen in verschiedenen Einzeltexten nach.

6. Traditionsgeschichtliche Fragestellung (TG)

Die TG fragt für jede einzelne Wachstumsstufe nach dem besonderen Gepräge eines Textes durch geistes-, theologie- oder religionsgeschichtliche Zusammenhänge; sie bestimmt dazu die von ihm vorausgesetzten, in ihn aufgenommenen, von seinem Verfasser verarbeiteten Denkstrukturen, Stoffe, Vorstellungen oder Vorstellungskomplexe sowie deren Abwandlung. Parallel zur Befragung von Einzeltexten und diese übergreifend wendet sich die TG auch den geistes-, theologie- und religionsgeschichtlichen Zusammenhängen selbst zu, insbesondere der Geschichte der verschiedenen Vorstellungen und ihrem Zusammenbestand im Rahmen einer größeren, profilierten Konzeption.

7. Bestimmung des historischen Ortes (HO)

Diese Fragestellung hat zum Ziel, für den Text bzw. seine einzelnen Schichten die Abfassungszeit sowie wenn möglich den Verfasser und die Adressaten zu identifizieren und sodann die zeitgeschichtlichen und sozialen Gegebenheiten im Umfeld seiner Entstehung des näheren zu erheben.

Alle diese methodischen Teilfragen werden im folgenden notwendig idealtypisch nacheinander dargestellt; in der Praxis exegetischer Arbeit kommen sie jedoch in ständiger Wechselbeziehung und gegenseitiger Ergänzung zur Anwendung.

§ 2 Allgemeine Literaturhinweise zur exegetischen Arbeit

Die Literaturhinweise dieses Paragraphen sowie die Literatur-Teile der §§
3–10 müssen für den Benutzer eine überlegte Auswahl treffen. Aus den angeführten Publikationen der jüngsten Zeit sind wichtige Untersuchungen, die
nicht genannt werden konnten, unschwer zu entnehmen.
Für die Literatur, die im weiteren häufiger zitiert wird, ist in Klammern eine
kennzeichnende Abkürzung des Titels angegeben.

A   Bibliographische Hilfsmittel

RGG, BHH, Kommentare (s. u. O), EinlAT (s. u. G)
Biblica, Rom, seit 1920: Beilage Elenchus bibliographicus Biblicus
Internationale Zeitschriftenschau für Bibelwissenschaft und Grenzgebiete,
   (Stuttgart) Düsseldorf, seit 1951/52
Weitere Hilfsmittel s. in: Adam-Kaiser-Kümmel, Einführung (s. u. H), S. 44f
   A 82; 109–113

B   Quellen. Texte und Übersetzungen

Biblia Hebraica, ed. R. Kittel, ab 7. Auflage, Stuttgart 1951 (BHK)
Biblia Hebraica Stuttgartensia, ed. K. Elliger et W. Rudolph, Stuttgart, 1968
   bis 1977 (BHS)
The Hebrew University Bible, Editorial Board: M. H. Goshen-Gottstein, C.
   Rabin, S. Talmon, Jerusalem, 1975 begonnen
Die Apokryphen und Pseudepigraphen des Alten Testaments, hg. v. E.
   Kautzsch, 2 Bde., Tübingen 1900 (1921, Darmstadt 1962)
Altjüdisches Schrifttum außerhalb der Bibel, übersetzt und erläutert von P.
   Rießler, Augsburg 1928 (Heidelberg 1966)
Jüdische Schriften aus hellenistisch-römischer Zeit, hg. v. W. G. Kümmel,
   Gütersloh, 1973 begonnen

C   Lexika

W. Gesenius – F. Buhl, Hebräisches und aramäisches Handwörterbuch über
   das Alte Testament, Nachdr. der 1915 erschienenen 17. Auflage zuletzt:
   Berlin-Göttingen-Heidelberg 1962
F. Brown – S. R. Driver – C. A. Briggs, A Hebrew and English Lexicon of the
   Old Testament, Oxford 1907 (reprinted with corrections 1953, 1957)
L. Koehler – W. Baumgartner, Lexicon in Veteris Testamenti Libros, Leiden
   1953 (1958 mit Supplementum)
W. Baumgartner – B. Hartmann – E. Y. Kutscher, Hebräisches und aramä-
   isches Lexikon zum Alten Testament, Leiden, Lfg. I 1967, Lfg. II (hg. v. B.
   Hartmann, Ph. Reymond und J. J. Stamm) 1974

D Grammatiken

H. Bauer – P. Leander, Historische Grammatik der hebräischen Sprache des
Alten Testamentes, 1. Bd.: Einleitung. Schriftlehre. Laut- und Formenleh-
re, Halle 1922 (Hildesheim 1962, 1965)
J. Blau, A Grammar of Biblical Hebrew, Wiesbaden 1976
W. Gesenius – E. Kautzsch, Hebräische Grammatik, Leipzig [28]1909 (zusam-
men mit der Hebräischen Grammatik von G. Bergsträsser (Leipzig 1918)
nachgedruckt: Hildesheim 1962)
P. Joüon, Grammaire de l'Hébreu Biblique, Rom [2]1947
R. Meyer, Hebräische Grammatik, Berlin, Bd. I [3]1966, Bd. II [3]1969, Bd. III
[3]1972, Bd. IV 1972

Zur *Syntax* im besonderen s.
F. I. Andersen, The Sentence in Biblical Hebrew, The Hague – Paris 1974
C. Brockelmann, Hebräische Syntax, Neukirchen 1956
P. Kustár, Aspekt im Hebräischen, Theologische Dissertationen Bd. IX, Basel
1972
D. Michel, Tempora und Satzstellung in den Psalmen, Bonn 1960
– Grundlegung einer hebräischen Syntax, 1, Neukirchen-Vluyn 1977
S. H. Siedl, Gedanken zum Tempussystem im Hebräischen und Akkadischen,
Wiesbaden 1971

E Konkordanzen

S. Mandelkern, Veteris Testamenti Concordantiae Hebraicae atque Chaldai-
cae, Berlin 1937 (Graz 1955; Jerusalem – Tel Aviv 1971)
G. Lisowsky – L. Rost, Konkordanz zum Hebräischen Alten Testament, Stuttgart [2]1966
E. Hatch – H. A. Redpath, A Concordance to the Septuagint, Oxford, Vol. I–II
1897, Supplement 1906 (Graz 1954)

F Bibelkunde

G. Fohrer, Das Alte Testament. Einführung in Bibelkunde und Literatur des
Alten Testaments und in Geschichte und Religion Israels, Gütersloh, 1. Teil
1969, 2. und 3. Teil 1970
O. Weber, Bibelkunde des Alten Testaments, Hamburg [10]1964
C. Westermann, Abriß der Bibelkunde, Stuttgart-Gelnhausen [4]1966 (der alttestamentliche Teil unter dem Titel »Kurze Bibelkunde des Alten Testaments« neu gedruckt Stuttgart 1974)

G Einleitungsfragen

O. Eißfeldt, Einleitung in das Alte Testament, Tübingen [4]1976
(E. Sellin –) G. Fohrer, Einleitung in das Alte Testament, Heidelberg [11]1969
J. Hempel, Die althebräische Literatur und ihr hellenistisch-jüdisches Nachle-
ben, Wildpark-Potsdam 1930 (Berlin 1968)
O. Kaiser, Einleitung in das Alte Testament, Gütersloh [3]1975
R. Smend, Die Entstehung des Alten Testaments, Theologische Wissenschaft
Bd. 1, Stuttgart – Berlin – Köln – Mainz 1978
A. Weiser, Einleitung in das Alte Testament, Göttingen [6]1966

H Zur exegetischen Methodik

H. Barth – T. Schramm, Selbsterfahrung mit der Bibel. Ein Schlüssel zum Lesen und Verstehen, München und Göttingen 1977

W. Dietrich, Wort und Wahrheit, Neukirchen-Vluyn 1976

G. Fohrer – H. W. Hoffmann – F. Huber – L. Markert – G. Wanke, Exegese des Alten Testaments. Einführung in die Methodik, Uni-Taschenbücher (UTB) 267, Heidelberg ²1976 (Fohrer, Exegese)

H. Gunkel, Ziele und Methoden der Erklärung des Alten Testaments, in: H. G., Reden und Aufsätze, Göttingen 1913, S. 11–29

F. Hahn, Probleme historischer Kritik, ZNW 63, 1972, S. 1–17

O. Kaiser, Die alttestamentliche Exegese, in: G. Adam – O. Kaiser – W. G. Kümmel, Einführung in die exegetischen Methoden, München ⁵1975, S. 9–60 (Exegese)

K. Koch, Was ist Formgeschichte? Methoden der Bibelexegese, 3. Auflage mit einem Nachwort: Linguistik und Formgeschichte, Neukirchen-Vluyn 1974

W. Richter, Exegese als Literaturwissenschaft. Entwurf einer alttestamentlichen Literaturtheorie und Methodologie, Göttingen 1971 (Exegese)

J. Schreiner (Hg.), Einführung in die Methoden der biblischen Exegese, Würzburg 1971 (Schreiner, Einführung)

P. Stuhlmacher, Schriftauslegung auf dem Wege zur biblischen Theologie, Göttingen 1975

C. Westermann, Zur Auslegung des Alten Testaments, in: Die hermeneutische Frage in der Theologie, hg. v. O. Loretz und W. Strolz, Freiburg 1968, S. 181–239 (jetzt auch in: C. W., Forschung am Alten Testament. Gesammelte Studien Bd. II, ThB 55, München 1974, S. 9–67)

W. Wink, Bibelauslegung als Interaktion. Über die Grenzen historisch-kritischer Methode, Urban-Taschenbücher T-Reihe Bd. 622, Stuttgart – Berlin – Köln – Mainz 1976 (engl. 1973)

H. W. Wolff, Bibel. Das Alte Testament, Themen der Theologie Bd. 7, Stuttgart – Berlin 1970, S. 29–34.45–50.86–93

I Information zu Sachfragen

Bibel-Lexikon, hg. v. H. Haag, Einsiedeln – Zürich – Köln ²1968

The Interpreter's Dictionary of the Bible, 4 Bde., New York – Nashville 1962

Dictionnaire de la Bible. Supplément. Commencé par L. Pirot et A. Robert. Continué sous la direction de H. Cazelles et A. Feuillet, Paris, 1928 begonnen

Encyclopaedia Judaica, 16 Bde., Jerusalem 1971 (Indexbd. 1972)

K. Galling (Hg.), Biblisches Reallexikon, HAT I 1, Tübingen ²1977

Biblisch-Historisches Handwörterbuch, hg. v. B. Reicke und L. Rost, 3 Bde., Göttingen 1962–1966

M. Noth, Die Welt des Alten Testaments. Einführung in die Grenzgebiete der alttestamentlichen Wissenschaft, Berlin ⁴1962 (WAT)

Theologische Realenzyklopädie, hg. v. G. Krause und G. Müller, Berlin – New York, 1976 begonnen

Reallexikon für Antike und Christentum, Stuttgart, 1950 begonnen

Die Religion in Geschichte und Gegenwart, hg. v. K. Galling, 6 Bde. und Reg. Bd., Tübingen ³1957–1965

J   Biblische Archäologie und Landeskunde

Y. Aharoni, The Land of the Bible. A Historical Geography, London 1967 (hebr. 1962)
W. F. Albright, Archäologie in Palästina, Einsiedeln – Zürich – Köln 1962 (engl. 1949, 1960)
Biblical Archaeology, ed. S. M. Paul and W. G. Dever, Jerusalem 1973
H. Bardtke, Bibel, Spaten und Geschichte, Göttingen ²1971
K.-H. Bernhardt, Die Umwelt des Alten Testaments I. Die Quellen und ihre Erforschung, Gütersloh 1967
H. Donner, Einführung in die biblische Landes- und Altertumskunde, Darmstadt 1976
Encyclopaedia of Archaeological Excavations in the Holy Land, ed. M. Avi-Yonah, London, Bd. I 1975, Bd. II 1976, Bd. III 1977
H. J. Franken and C. A. Franken-Battershill, A Primer of Old Testament Archaeology, Leiden 1963
K. Kenyon, Archäologie im Heiligen Land, Neukirchen-Vluyn 1967 (= ²1976; engl. ²1965)
M. Noth, Der Beitrag der Archäologie zur Geschichte Israels, VTS 7, 1960, S. 262–282 (jetzt auch in: M. N., Aufsätze zur biblischen Landes- und Altertumskunde, hg. v. H. W. Wolff, 2 Bde., Neukirchen-Vluyn 1971, dort Bd. I S. 3–16)
– Das Buch Josua, HAT I 7, Tübingen ²1953, S. 142–151: Verzeichnis der Ortsnamen
– WAT, S. 1–164
J. Simons, The Geographical and Topographical Texts of the Old Testament, Leiden 1959

Bibelatlanten:
Atlas of Israel. Published by Survey of Israel, Ministry of Labour Israel, 2nd English Edition, Elseviers Publishing Company Amsterdam 1970
H. Guthe, Bibelatlas, Leipzig ²1926
Oxford Bible Atlas, ed. H. G. May, London – New York ²1974

K   Zur Geschichte und zum sozialen Leben Israels

A. Alt, Kleine Schriften zur Geschichte des Volkes Israel, München, Bd. I 1953 (= ⁴1968), Bd. II 1953 (= ³1964), Bd. III 1959 (= ²1968)
– Grundfragen der Geschichte des Volkes Israel. Eine Auswahl aus den Kleinen Schriften, München 1970
H. J. Boecker, Recht und Gesetz im Alten Testament und im Alten Orient, Neukirchener Studienbücher Bd. 10, Neukirchen-Vluyn 1976
J. Bright, Geschichte Israels, Düsseldorf 1966 (A History of Israel, Philadelphia ²1972)
G. Dalman, Arbeit und Sitte in Palästina, Bd. I–VII, Gütersloh 1928–1942 (Hildesheim 1964)
A. H. J. Gunneweg, Geschichte Israels bis Bar Kochba, Theologische Wissenschaft Bd. 2, Stuttgart – Berlin – Köln – Mainz ²1976
S. Herrmann, Geschichte Israels in alttestamentlicher Zeit, München 1973
E. Kutsch, Art. Israel II. Chronologie der Könige von Israel und Juda, RGG³, Bd. III, Sp. 942–944
M. Noth, Geschichte Israels, Göttingen ³1956 (= ⁷1970)

J. Pedersen, Israel. Its Life and Culture, London – Copenhagen, I–II 1926 (letzter Nachdr. 1964); III–IV 1940 (1959 mit Additions, letzter Nachdr. 1963)

W. Schottroff, Soziologie und Altes Testament, VF 19, 1974, Heft 2, S. 46–66
R. de Vaux, Das Alte Testament und seine Lebensordnungen, Freiburg – Basel
 – Wien, Bd. I 1960 (= ²1963), Bd. II 1962 (= ²1966) (franz. 1958 bzw. 1960)
 – Histoire ancienne d'Israël, Paris, Bd. 1 1971, Bd. 2 1973; engl. 1978
The World History of the Jewish People. First Series: Ancient Times, Vol. II:
 Patriarchs, ed. B. Mazar, 1970; Vol. III: Judges, ed. B. Mazar, Tel Aviv
 1971; Vol. VI: The Hellenistic Age, ed. A. Schalit, Jerusalem 1972

Quellenmaterial:
Textbuch zur Geschichte Israels, hg. v. K. Galling, Tübingen ²1968
H. Donner – W. Röllig, Kanaanäische und aramäische Inschriften, mit einem
 Beitrag von O. Rössler, Wiesbaden, Bd. 1 ²1966, Bd. 2 ²1968, Bd. 3 ²1969
Vgl. weiter die in L angegebenen Quellensammlungen

L Zur Umwelt Israels

Geschichte:
The Cambridge Ancient History, Cambridge, Vol. I/1–II/2 ³1970–1975, III
 1925 (1965), IV 1926 (1969)
Fischer Weltgeschichte Bd. 2–4: Die Altorientalischen Reiche I–III, hg. v. E.
 Cassin, J. Bottéro und J. Vercoutter, Frankfurt 1965–1967
Fischer Weltgeschichte Bd. 5: Griechen und Perser. Die Mittelmeerwelt im Altertum I, hg. v. H. Bengtson, Frankfurt 1965
Fischer Weltgeschichte Bd. 6: Der Hellenismus und der Aufstieg Roms. Die
 Mittelmeerwelt im Altertum II, hg. v. P. Grimal, Frankfurt 1965
Orientalische Geschichte von Kyros bis Mohammed, HO I.2,4, Leiden – Köln,
 Lfg. 1A 1971, Lfg. 2 1966
W. W. Hallo – W. K. Simpson, The Ancient Near East. A History, New York –
 Chicago – San Francisco – Atlanta 1971
W. Helck, Geschichte des Alten Ägypten, HO I,1,3, Leiden – Köln 1968
A. Scharff und A. Moortgat, Ägypten und Vorderasien im Altertum, München 1950 (1959)
H. Schmökel, Geschichte des Alten Vorderasien, HO I,2,3, Leiden 1957

Kultur- und Religionsgeschichte:
H. Bonnet, Reallexikon der ägyptischen Religionsgeschichte, Berlin 1952
H. und H. A. Frankfort – J. A. Wilson – T. Jacobsen, Frühlicht des Geistes.
 Wandlungen des Weltbildes im Alten Orient, Urban-Bücher 9, Stuttgart
 1954 (engl. 1946)
H. Gese – M. Höfner – K. Rudolph, Die Religionen Altsyriens, Altarabiens
 und der Mandäer, Die Religionen der Menschheit Bd. 10,2, Stuttgart – Berlin – Köln – Mainz 1970
A. Goetze, Kleinasien, HAW III,1,3,3,1, München ²1957
J. Gray, The Legacy of Canaan. The Ras Shamra Texts and their Relevance to
 the Old Testament, VTS 5, Leiden ²1965
Handbuch der Religionsgeschichte, hg. v. J. P. Asmussen und J. Læssøe in
 Verbindung mit C. Colpe, Göttingen, Bd. 1 1971, Bd. 2 1972
Historia Religionum. Handbook for the History of Religions, ed. C. J. Bleeker
 and G. Widengren, Vol. I: Religions of the Past, Leiden 1969
Kulturgeschichte des Alten Orient, hg. v. H. Schmökel, Stuttgart 1961
Lexikon der Ägyptologie, hg. v. W. Helck und E. Otto, Wiesbaden, 1975 (Bd.
 I) begonnen
B. Meissner, Babylonien und Assyrien, Heidelberg, Bd. 1 1920, Bd. 2 1925

S. Morenz, Ägyptische Religion, Die Religionen der Menschheit Bd. 8, Stuttgart 1960

M. Noth, WAT, S. 249–266

A. L. Oppenheim, Ancient Mesopotamia, Chicago 1964

E. Otto, Wesen und Wandel der ägyptischen Kultur, Verständliche Wissenschaft Bd. 100, Berlin – Heidelberg – New York 1969

Reallexikon der Assyriologie, begründet von E. Ebeling und B. Meissner, jetzt hg. v. D. O. Edzard, Berlin (– Leipzig) – New York, 1932 (Bd. I) begonnen

Religionsgeschichte des Alten Orient, HO I,8,1,1, Leiden – Köln 1964

G. Widengren, Die Religionen Irans, Die Religionen der Menschheit Bd. 14, Stuttgart 1965

Wörterbuch der Mythologie, 1. Abt.: Die alten Kulturvölker, Bd. I: Götter und Mythen im Vorderen Orient, hg. v. H. W. Haussig, Stuttgart 1965

Quellenmaterial:

Altorientalische Texte zum Alten Testament, hg. v. H. Greßmann, Berlin und Leipzig ²1926

Altorientalische Bilder zum Alten Testament, hg. v. H. Greßmann, Berlin und Leipzig ²1927

Ancient Near Eastern Texts Relating to the Old Testament, ed. J. B. Pritchard, Princeton ³1969

The Ancient Near East in Pictures Relating to the Old Testament, ed. J. B. Pritchard, Princeton ²1969

Religionsgeschichtliches Textbuch zum Alten Testament, hg. v. W. Beyerlin, ATD. Ergänzungsreihe. Grundrisse zum Alten Testament 1, Göttingen 1975

M   Begriffsexegese

RGG, BHH, Konkordanzen (s. o. E), Kommentare (s. u. O), TheolAT (s. u. N)

J. Barr, Bibelexegese und moderne Semantik. Theologische und linguistische Methode in der Bibelwissenschaft, München 1965 (engl. 1961)

Theologisches Handwörterbuch zum Alten Testament, hg. v. E. Jenni unter Mitarbeit von C. Westermann, München – Zürich, Bd. I 1971, Bd. II 1976

Theologisches Wörterbuch zum Alten Testament, hg. v. G. J. Botterweck und H. Ringgren, Stuttgart – Berlin – Köln – Mainz, 1970 begonnen; Bd. I (1973) und Bd. II (1977) liegen vor

Theologisches Wörterbuch zum Neuen Testament, begründet von G. Kittel, hg. v. G. Friedrich, Stuttgart 1933 (Bd. I) – 1973 (Bd. IX)

N   Zur alttestamentlichen Theologie

W. Eichrodt, Theologie des Alten Testaments, Stuttgart – Göttingen, Teil 1 ⁸1968, Teil 2/3 ⁷1974

G. Fohrer, Geschichte der israelitischen Religion, Berlin 1969

– Theologische Grundstrukturen des Alten Testaments, Berlin – New York 1972

G. v. Rad, Theologie des Alten Testaments, München, Bd. 1 ⁴1962 (= ⁶1969), Bd. 2 ⁴1965 (= ⁶1975)

W. H. Schmidt, Alttestamentlicher Glaube in seiner Geschichte, Neukirchener Studienbücher Bd. 6, Neukirchen-Vluyn ²1975

W. Zimmerli, Grundriß der alttestamentlichen Theologie, Theologische Wissenschaft Bd. 3, Stuttgart – Berlin – Köln – Mainz ²1975

O Wichtige Kommentarreihen zum Alten Testament

Das Alte Testament Deutsch (ATD), hg. v. (V. Herntrich und) A. Weiser, Göttingen, 1949 begonnen

The Anchor Bible, ed. W. F. Albright and D. N. Freedman, New York, 1964 begonnen

Biblischer Kommentar (BK). Altes Testament, begründet von M. Noth, hg. v. S. Herrmann und H. W. Wolff, Neukirchen-Vluyn, 1955 begonnen

Die Botschaft des Alten Testaments. Erläuterungen alttestamentlicher Schriften, Stuttgart

The Cambridge Bible Commentary on the New English Bible, ed. P. R. Ackroyd, A. R. C. Leaney, J. W. Packer, Cambridge, 1971 begonnen

The Century Bible. New Edition (auch: New Series), ed. H. H. Rowley, London (Nelson)

Commentaire de l'Ancien Testament (CAT). Publié sous la direction de R. Martin-Achard u. a., Neuchâtel – Paris, 1963 begonnen

Echter Bibel. Altes Testament, hg. v. F. Nötscher, 4 Bde. und Reg. Bd., Würzburg ²1955–1960

Handbuch zum Alten Testament (HAT), hg. v. O. Eißfeldt, Tübingen, 1934 begonnen

Handkommentar zum Alten Testament (HK), hg. v. W. Nowack, Göttingen 1892–1938

Die Heilige Schrift des Alten Testaments, begründet von F. Feldmann und H. Herkenne, hg. v. F. Nötscher, Bonn 1924–1960

The International Critical Commentary (ICC), under the editorship of S. R. Driver, A. Plummer and C. A. Briggs, Edinburgh, 1895 begonnen

The Interpreter's Bible (IB), Altes Testament: 6 Bde., New York – Nashville 1952–1956

The Jerome Biblical Commentary, ed. R. E. Brown, J. A. Fitzmyer and R. E. Murphy, London – Dublin – Melbourne 1970

Kommentar zum Alten Testament (KAT), hg. v. E. Sellin, Leipzig 1913–1939; neu hg. v. W. Rudolph, K. Elliger, F. Hesse und O. Kaiser, Gütersloh, 1962 begonnen

Kurzer Hand-Commentar zum Alten Testament (KHC), hg. v. K. Marti, Tübingen 1897–1922

New Century Bible, London (Oliphants)

Peake's Commentary on the Bible, Old Testament Editor: H. H. Rowley, London (usw.) 1962

La Sainte Bible. Commencée sous la direction de L. Pirot, continuée sous la direction de A. Clamer, Paris

Die Schriften des Alten Testaments (SAT), Göttingen 1911–1915, ²1920–1925

Zürcher Bibelkommentare, jetzt hg. v. G. Fohrer, H. H. Schmid und S. Schulz, Zürich (– Stuttgart)

P Zur Technik wissenschaftlichen Arbeitens

G. Adam, Zur wissenschaftlichen Arbeitsweise, in: Adam – Kaiser – Kümmel, Einführung (s. o. H), S. 96–128 (S. 127f: Lit.)

A. Raffelt, Proseminar Theologie. Einführung in das wissenschaftliche Arbeiten und in die theologische Buchkunde, Freiburg – Basel – Wien 1975 (S. 14f: Lit.)

Zweiter Teil: Methoden

§ 3 Textkritik

A Die Aufgabe

Von ihrer ersten Aufzeichnung bis zur Erfindung des Buchdrucks sind die Texte des AT in Originalsprache oder Übersetzung allein durch Abschriften weiterüberliefert oder verbreitet worden. Zahllose Handschriften und Handschriftenfragmente in den Bibliotheken und Museen der Welt sind Zeugen dieses insgesamt zweieinhalbtausendjährigen Prozesses; die ältesten bisher gefundenen Texte, vor allem die Handschriften aus den Höhlen von Qumran, führen bis ins 2. Jh. vChr zurück. Handschriftliche Überlieferung ist in der Regel nicht fehlerfrei; Abweichungen zwischen den Handschriften[3] und unverständliche Lesarten (»korrupte« Stellen)[4] belegen dies auch für die alttestamentliche Textgeschichte. Als *Fehlerquellen* kommen vor allem zwei Vorgänge in Betracht: ungewollte Versehen beim Abschreiben (zB Verwechslung ähnlicher Buchstaben, Haplographie, Dittographie, Ausfall durch Homoioteleuton) und absichtliche Änderungen (zB Verbesserung vermeintlicher Fehler in der Vorlage, Ersetzung oder Ergänzung ungewöhnlicher Ausdrücke, Beseitigung anstößiger Formulierungen)[5]. TK hat dementsprechend die *Aufgabe*, durch kritische Sichtung der hebräischen (bzw. in Teilen des Esra- und Danielbuches aramäischen) Textüberlieferung sowie der alten Übersetzungen die in der Textgeschichte unterlaufenen Fehler aufzufinden und nach Möglichkeit den »ursprünglichen Text des AT« (»Urtext«, »ursprünglichen Wortlaut«) festzustellen. »Ursprünglicher Text« meint dabei im wesentlichen diejenige

---

3 Beispiel: In Jes 11,1b liest die masoretische Textüberlieferung: ». . . und ein Sproß aus seinen Wurzeln wird Frucht tragen (*jiprӕ*)«; die Septuaginta, die Vulgata und andere alte Übersetzungen bieten dagegen ein Verb mit der Bedeutung »hervorkommen« (LXX: ἀναβήσεται, Vulg.: ascendet).
4 Beispiel: Jes 11,3 beginnt in der masoretischen Textüberlieferung mit der Formulierung: *wăhªrîḥô bᵉjirʾăt jhwh* (»und sein – nämlich des Heilsherrschers – Riechen ist an der Jahwefurcht«), die in dieser Form auf keinen Fall einen Sinn ergibt.
5 Eine ausführliche, anhand zahlreicher Beispiele erläuterte Darstellung der für die handschriftliche Überlieferung des AT typischen Fehler bieten zB Delitzsch, Lese- und Schreibfehler; Würthwein, Text, S. 103–109, dort auch weitere Lit.

23

Textgestalt, die am Ende des Prozesses produktiver, schriftlicher Gestaltung im AT steht. Dieser Punkt, der in der Regel spätestens mit dem Erlangen kanonischer Geltung eines Textes erreicht ist, läßt sich zeitlich nicht völlig eindeutig festlegen und ist zudem für die verschiedenen Schriftengruppen und sogar Einzelschriften des AT verschieden; eine ungefähre Einordnung führt in den Zeitraum zwischen dem 4. und 2. Jh. vChr.

Kanonisierung: 4.-2. Jh. v. Chr. (handwritten margin note)

B Erläuterungen zu Fragestellung und Methodik

I. Verhältnis zur Literarkritik

Grenze d. Textkritik ! (handwritten margin note)

Absichtliche Änderungen im Stadium der schriftlichen Überlieferung eines Textabschnittes, die *vor* dem in A genannten Endpunkt produktiver Textgestaltung liegen (etwa Zusätze, Formulierungskorrekturen), fallen in den Bereich der LK. *Alle* Veränderungen am Text, die *nach* dem genannten Einschnitt liegen (etwa Abschreibfehler, Abschreiberglossen, dogmatische Änderungen), stellen tk.e Probleme.

auch vor Kanonisierung (handwritten margin note)

Es ist naheliegend, daß auch schon *vor* diesem Einschnitt Abschreibe*versehen* in die Textüberlieferung eingedrungen sind; ihre Klärung obliegt prinzipiell der TK; doch ist im Einzelfall schwer zu entscheiden, wann das Abschreibeversehen eingetreten ist. Ein textgeschichtlicher Befund kann unter Umständen auch auf Vorgänge vor dem Ende produktiver alttestamentlicher Überlieferungsbildung verweisen und muß dann dementsprechend im Rahmen der LK bzw. der ÜG bearbeitet werden; so stellt sich bei den Abweichungen der Septuaginta vom masoretischen Text in einer Reihe alttestamentlicher Bücher die Frage, ob wir es dabei nicht mit zwei separaten alten Überlieferungssträngen zu tun haben[6].

II. Die Arbeitsschritte[7]

1. Feststellung und kritische Sichtung des überlieferten Textbestandes

a) Im allgemeinen genügt zur *Feststellung* des überlieferten Textbestandes die BHK mit ihrem Apparat[8]. Eine detaillierte exegetische Bearbeitung eines Textes erfordert jedoch die ein-

detaillierte einzelne Überprüfung d. versch. Textzeugen. (handwritten margin note)

6 Vgl. für Aufbau und Umfang des Jeremiabuches die EinlAT oder für 1Sam 17,1–18,5 die These von H. J. Stoebe in: VT 6, 1956, S. 397–413, bes. 411f.
7 Wir folgen hier Würthwein, aaO S. 109–116.
8 Die BHS-Angaben sind höchst reduziert. The Hebrew University Bible (HUB) Project steht erst am Anfang.

zelne Überprüfung der verschiedenen Textzeugen anhand der speziellen Textausgaben.

Unter Beschränkung auf die in der Regel erlernten Sprachen sind insbesondere heranzuziehen:
(1) Textzeugen aus neueren palästinischen Handschriftenfunden (besonders Qumran)[9]
(2) Samaritanus[10]
(3) LXX[11]:
   – Brooke – McLean – Thackeray – Manson (1906 begonnen)
   – Göttinger Ausgabe (1931 begonnen)
   – Rahlfs
(4) Vetus Latina[12]:
   – Sabatier
   – Ausgabe der Erzabtei Beuron (1949 begonnen)
(5) Vulgata[13]:
   – Ausgabe des Benediktinerordens (1926 begonnen)
   – Ausgabe der Württ. Bibelanstalt (ed. R. Weber)

b) *Kritische Sichtung* bedeutet: eine Gruppierung der Textzeugen nach Gewicht (s. dazu III 1), Ausscheidung leicht erkennbarer Textverderbnisse und -veränderungen, Zusammenordnung voneinander abhängiger Textzeugen.

1. Gruppierung u. Gewicht
2. Ausscheidung v. Fehlern
3. Zusammenordnung abhängiger Textzeugen

2. Sprachliche und sachliche Prüfung der verschiedenen Textüberlieferungen

a) Die *sprachliche* Prüfung zielt insbesondere auf die lexikalische, metrisch-stilistische und grammatische Analyse des Textes:

a) lexikalisch
b) metr.-stilistisch
c) grammatisch

(1) Lexikalische Überprüfung: Ergibt die untersuchte Formulierung im Kontext einen Sinn? Neben den geläufigen Wörterbüchern kann zur Erhellung des Bedeutungsumfangs eines Wortes noch die Konkordanz herangezogen werden.

Wortbedeutung

(2) Metrisch-stilistische Überprüfung: Ist dieser bestimmte Vers(teil) metrisch-stilistisch möglich? Bei poetischen Texten ist auf den parallelismus membrorum zu achten. Gegenüber Änderungen aufgrund metrischer Beobachtungen ist angesichts der Probleme hebräischer Metrik Zurückhaltung geboten.

(3) Grammatische Überprüfung: Ist dieser bestimmte

---

9 Für Hinweise auf Textausgaben s. Würthwein, aaO S. 35A3–4.
10 Für die Angaben zu den Textausgaben s. Würthwein, aaO S. 49.
11 Würthwein, aaO S. 79f.
12 Würthwein, aaO S. 91f.
13 Würthwein, aaO S. 97f.

Vers(teil) grammatisch möglich? Die grammatische Analyse findet in der TK ihren Niederschlag meist in Erläuterungen ungewöhnlicher Formen, besonderer Konstruktionen sowie seltener syntaktischer Figuren.

historisch,?
theologiegesch.?

b)   Die *sachliche* Prüfung (ist dieses Wort oder dieser Vers an dieser Stelle aus inhaltlichen, historischen oder theologiegeschichtlichen Gründen möglich?) berührt sich aufs engste mit anderen exegetischen Fragestellungen und kann vielfach erst abgeschlossen werden, wenn das Ergebnis der weiteren exegetischen Arbeitsschritte vorliegt. Hieran zeigt sich, daß die TK mit den übrigen Methoden in umfassender Korrelation steht.

3. Begründete Entscheidung

Zu den methodischen Grundsätzen für eine Entscheidung darüber, welche Textgestalt als »Urtext« zu gelten hat, s. im Folgenden.

III. Grundsätze für die textkritische Entscheidung

1. Gewicht der Textzeugen

Die alte tk.e Regel manuscripta ponderantur non numerantur besagt, daß die Entscheidung für eine bestimmte Lesart nicht mit der rein numerischen Majorität der sie bietenden Textzeugen, sondern nur mit deren Gewicht begründet werden kann. Das Gewicht der einzelnen Textzeugen ergibt sich aus der Textgeschichte mit ihren Wechselbeziehungen und Abhängigkeiten:

1. MT hat
Vorzug ?
→ Überlieferung in
der Ursprache

a)   Der *MT* verdient in der Regel, sofern er sprachlich und sachlich einwandfrei ist, den Vorzug vor jeder anderen Überlieferung. Dies ist damit zu begründen, daß er Überlieferung in der Ursprache ist und auf einer durch sorgfältige Studien abgesicherten Weitergabe des Textes beruht. Innerhalb des MT hat der Konsonantenbestand höheren Rang als die Vokalisation. Eine Entscheidung gegen den MT, selbst wo dieser einen einwandfreien und verständlichen Text bietet, ist denkbar und für einige Stellen wahrscheinlich, muß jedoch sorgfältig begründet werden.

b)   *Weitere Reihenfolge der Textzeugen* nach ihrer Bedeutung für die TK:
Textzeugen aus neueren palästinischen Handschriftenfunden

(besonders Qumran), Samaritanus, LXX, Aquila, Symmachus, Theodotion, Peschitta, Targum, Vulgata, Vetus Latina, die koptischen Übersetzungen, die äthiopische, arabische und armenische Übersetzung[14].

2. Entscheidung zwischen gleichgewichtigen Textzeugen

Wird eine Entscheidung zwischen zwei gleichgewichtigen Textzeugen notwendig, so gilt:

a) lectio difficilior lectio probabilior (sofern die lectio difficilior nicht sinnlos und eher als Abschreibeversehen zu erklären ist); diese Regel ist aber nur eine Folgerung aus dem allgemeineren Grundsatz:

b) Diejenige Lesart ist sekundär, deren Entstehung aus der anderen sich am ungezwungensten begreiflich machen läßt. *Regel*

3. Erklärung verworfener Lesarten

Nach der Entscheidung für eine bestimmte Lesart muß für die davon abweichenden Lesarten der Textüberlieferung (auf jeden Fall aber für den MT) erklärt werden, wie sie zustande gekommen sind.

4. Konjekturen

Freie Textrekonstruktionen, also Vermutungen über den ursprünglichen Wortlaut, die durch keinen der vorhandenen Textzeugen gestützt werden, sind mit größter Sparsamkeit und Vorsicht zu verwenden und in der Regel nur dann akzeptabel, wenn keine vorliegende Textüberlieferung einen sinnvollen Text ergibt. Allerdings ist zu beachten, daß die Textzeugen bereits selbst Konjekturen gegenüber einer unverständlichen Textvorlage enthalten können. Ist eine Konjektur unumgänglich, so hat sie sich so eng wie möglich an das Schriftbild des MT anzuschließen.

---

14 Vgl. Würthwein, aaO S. 110.

C Ertrag

Die TK ist elementare Bemühung um den Wortlaut der Texte, deren »ursprüngliche« Gestalt sie durch kritische Sichtung der Textüberlieferung wiederherzustellen sucht. Sie hat als Bestimmung der Textbasis den Charakter der unerläßlichen Vorarbeit für die folgenden exegetischen Schritte, die dann bei dem festgestellten Wortlaut ansetzen können und müssen.

D Literatur

I. Einführung, Grundlegung und Übersicht

O. Eißfeldt, EinlAT, §§ 113–125: S. 907–980 (weitere Lit. passim und S. 1027–1032, zur Durchführung der TK bes. S. 977–979.1032)
G. Fohrer, EinlAT, §§ 78–79: S. 538–564 (weitere Lit. passim und S. 587–589)
– Exegese, § 4 (L. Markert)
O. Kaiser, Exegese, S. 15–23
R. W. Klein, Textual Criticism of the Old Testament. From the Septuagint to Qumran, Guides to Biblical Scholarship. Old Testament Series, ed. G. M. Tucker, Philadelphia 1974
M. Noth, WAT, §§ 42–50: S. 267–322 (sowie Nachträge S. 324)
E. Würthwein, Der Text des Alten Testaments. Eine Einführung in die Biblia Hebraica, Stuttgart 41973
Zur hebräischen *Poesie:*
O. Eißfeldt, EinlAT, § 6: S. 75–86 (dort sowie S. 988f weitere Lit.)
G. Fohrer, EinlAT, § 5: S. 44–51 (dort sowie S. 569 weitere Lit.)
K. Koch, Formgeschichte, S. 113–122
Für *Lexika, Grammatiken* und Literatur zur *Syntax* s. § 2 C.D.

II. Weiterführung und kritische Gegenpositionen

F. M. Cross Jr., Die antike Bibliothek von Qumran und die moderne biblische Wissenschaft, Neukirchen-Vluyn 1967 (engl. 1961), S. 158–179
F. Delitzsch, Die Lese- und Schreibfehler im Alten Testament, Berlin und Leipzig 1920
Qumran and the History of the Biblical Text, ed. F. M. Cross and S. Talmon, Cambridge (Massachusetts) – London 1975
M. Sæbø, Sacharja 9–14. Untersuchungen von Text und Form, WMANT 34, Neukirchen-Vluyn 1969, S. 25–28.31–44
Studies in the Septuagint: Origins, Recensions, and Interpretations, Selected Essays with a Prolegomenon by S. Jellicoe, New York 1974
Weitere Literaturangaben bei E. Würthwein, Text, S. 217–220 sowie passim in den Anmerkungen

III. Exemplarische Durchführung

J. Schreiner, Einführung, S. 84–96

Beispiele tk.er Arbeit sind ferner den Bänden und Lieferungen des Biblischen Kommentars (BK) zu entnehmen, wo jeweils im Anschluß an die Übersetzung die Ergebnisse der tk.en Arbeitsschritte besonders ausführlich zusammengefaßt sind.

29

§ 4 Literarkritik

A Die Aufgabe

I. Die übergreifende Frage nach dem Werdegang eines alttestamentlichen Textes

Zeitraum ?

Mit § 4 betreten wir ein Feld eng zusammengehöriger Methoden, die sich alle auf den Werdegang des Textes in dem Zeitraum richten, in dem der Text innerhalb des AT noch produktiv weitergestaltet wird. Die Arbeitsgänge der LK (§ 4), der ÜG (§ 5) und der RG (§ 6), die im folgenden näher dargestellt werden sollen, richten sich unter einem je besonderen Aspekt auf dieses Phänomen des Werdeganges eines alttestamentlichen Textes. Hingegen gehören Veränderungen an den Texten, die erst jenseits der Grenze produktiv wachsender Überlieferung innerhalb des AT vorgenommen worden sind, nicht mehr in das jetzt eröffnete methodische Feld, sondern, wie wir in § 3 bereits definiert haben, in den Bereich der TK.

Ausgangsfrage :
Warum nicht einmaliger
Akt eines einzigen
Autors ?

Was nötigt eigentlich dazu, Einzeltexte des AT (etwa eine Erzählung oder einen Prophetenspruch), erst recht aber größere Textkomplexe (wie den Pentateuch oder ein ganzes Prophetenbuch) nicht als das Ergebnis eines einzigen, originalen Gestaltungsaktes anzusehen, also nicht als Texte, die in einem Zuge von einem Autor formuliert worden sind? Eine ganze Reihe von *Indizien*[15] hat in der Forschung die Einsicht längst gefestigt, daß die Texte zur vorliegenden Gestalt vielfach erst in einem anonymen Prozeß angewachsen sind. Vor allem sachlich-

s. S. 30

inhaltliche Unterschiede und Spannungen in einem Text oder einem Textkomplex[16] stehen der Herleitung von einem einzigen Autor im Wege und legen nahe, statt dessen mit mehreren Wachstumsschichten, verschiedenen Quellen bzw. Sammeltätigkeit zu rechnen. Daß der Text seinen heutigen Wortlaut erst durch mehrere Gestaltungsakte in einem längeren Zeitraum gewonnen hat, ergibt sich häufig ferner aus Divergenzen in

s. S. 30

Sprache und Formung der Texte[17] bzw. ihres historischen Hintergrundes (einschließlich kult- und theologiegeschichtlicher

? ?

15 Zur Präzisierung und Ergänzung der hier zunächst nur angedeuteten Fragehinsichten s. u. B II 1 (S. 34) und § 5 B III (S. 44f).
16 Beispiel: Die beiden Versionen des Meerwunders in Ex 14,21f – das Meer teilt sich unter der Hand des Mose in zwei Wasserwälle zur Rechten und zur Linken, ein die Nacht hindurch wehender Ostwind läßt das Wasser zurückgehen – können schwerlich von Anfang an in derselben Erzählung nebeneinandergestanden haben.
17 Beispiel: Im Hauptteil des Richterbuches 2,6–16,31 lassen sich anhand sprachlicher und formaler Kriterien verschiedene selbständige Einzelüberliefe-

Gegebenheiten)[18] sowie aus der Feststellung, daß das gleiche Textstück gegebenenfalls in verschiedener Fassung mehrfach auftritt[19].

Wie ist dieser eigentümliche Befund zu verstehen? Hält man sich Entstehung und Eigenart heutiger Texte vor Augen, dann kann die Einsicht nur befremden, daß an vielen alttestamentlichen Texten über Jahrhunderte hin gearbeitet worden ist – durch Umformulierung, Erweiterung und Ergänzung, aber auch durch die Einfügung in größere Zusammenhänge. Hier muß man jedoch Gegebenheiten der Antike im allgemeinen und des Alten Israel im besonderen berücksichtigen. In dieser Zeit stellen die schöpferische Persönlichkeit mit ihrem geistigen Eigentum und entsprechend die einzigartige Gestalt ihrer sprachlichen Äußerung noch keinen eigenständigen Wert dar; die lebendige Erzählung von Sagen und Märchen bietet dafür auch in der Gegenwart noch eine gewisse Analogie. Für die produktiv-weitergestaltende Überlieferung im AT liegt der wesentliche Antrieb in den geschichtlichen *Wandlungen des Erfahrungshorizontes*; ebendiese Wandlungen nötigen zu interpretierenden und aktualisierenden Neubearbeitungen der Texte. Darin kommt zum Ausdruck, daß die je eigene Gegenwart mit und in den überkommenen Texten gedeutet und bewältigt wird.

Sieht man auf die konkreten Überlieferungsvorgänge im AT, dann ist allerdings eine Unterscheidung prinzipiell wichtig: Sind die *Vorgänge mündlicher oder schriftlicher Art?* Eine Reihe alttestamentlicher Texte (etwa Annalen, Listen, aber wohl auch die Thronnachfolgegeschichte 2Sam 9–20 + 1Kön 1–2) hat von Anfang an nur in schriftlicher Form existiert; für die Mehrzahl der Texte aber ist eine mündliche *und* schriftliche Überlieferungsphase anzunehmen. Je nachdem sehen die Vorgänge produktiver Überlieferung anders aus, schlagen sich anders in den Texten nieder und müssen methodisch differenziert angegangen werden: mit LK und RG auf der schriftlichen, mit der ÜG auf der mündlichen Ebene.

Wie ist zu verstehen, daß mehrere Flutstern in einem Text zu finden sind?

Flutwort:

Früher wurden die Dokumente von vergangener Zeit nicht als „heilig" angesehen, sondern sie wurden mit der Gegenwart d. Autors verbunden, überarbeitet.

einzelne Texte d. AT wurden von Anfang an schriftlich fixiert

---

rungen (zB Debora-Barak-Erzählung c. 4, Deboralied 5,2–31a) und ein verklammernder, schematisierender Rahmen (zB 4,*1–3; 5,31b) voneinander abheben. Dies deutet auf redaktionelle Bearbeitung älteren Erzählguts.

18   Beispiel: Im Jesajabuch ist der historische Hintergrund in c. 1–39 und c. 40ff grundverschieden. Ab c. 40 fehlt jeder Bezug auf die zeitgeschichtliche Situation am Ende des 8. Jh.s, in der der Prophet Jesaja aufgetreten ist (1,1; 6,1; 7,1.3 u. ö.); statt dessen sprechen die Worte in die Exilszeit hinein (45,1: Kyros; 47; 52,7–12 u. ö.); c. 40ff werden darum einem unbekannten Propheten dieses Zeitabschnitts zugeschrieben (»Deuterojesaja«). Auch in c. 1–39 für sich ist der historische Hintergrund nicht einheitlich (vgl. nur 11,11–16 oder 21,1–10), was bei diesem Komplex gleichfalls auf die Aussonderung späterer, nachjesajanischer Stücke führt.

19   Beispiele: Gen 12,10–20 par 20,1–18 par 26,1–13; 1Sam 23,19–24,23 par 26,1–25; 1Kön 17,17–24 par 2Kön 4,8–37; Ps 14 = Ps 53.

II. Bestimmung der Aufgabe der Literarkritik

Die LK ist auf den Bereich schriftlicher Überlieferung bezogen
und untersucht somit die Texte auf der Stufe *schriftlich festformulierten* Wortbestandes. Dieser Wortbestand kann in einem Zuge und im Rahmen eines größeren literarischen Zusammenhanges, der als solcher im AT noch unmittelbar vorliegt, schriftlich fixiert sein[20]; die lk.e Befragung bleibt in diesem Fall ohne Befund. In den allermeisten Fällen jedoch sind
ein gegebener Wortbestand und sein jetziger Zusammenhang
innerhalb des AT erst im Laufe einer kürzeren oder längeren literarischen Geschichte zustande gekommen: Ein bestimmter
Wortbestand kann ohne nennenswerte Veränderungen nach-
träglich in größere literarische Komplexe aufgenommen worden sein[21]; er kann aber – etwa im Zuge der Erstellung neuer literarischer Größen – auch selbst erst in mehreren Phasen entstanden sein, und zwar dergestalt, daß er eine Zusammenarbeitung mehrerer ehedem selbständiger Wortbestände darstellt[22] und/oder Ergänzungen und Zusätze erfahren hat[23].
Entsprechend fragt die LK nach[24]:

1) der literarischen Integrität eines Textes,

2) seinem größeren literarischen Zusammenhang, falls der
Text literarisch integer ist, bzw. seinen größeren literarischen
Zusammenhängen, falls der Text aus zwei oder mehr literarischen Schichten besteht oder als integrer Text in einen selbst
wieder wachsenden größeren Zusammenhang aufgenommen
worden ist[25].

[Handschriftliche Notizen am Rand:]
1. Ist Text in sich homogen?
2. Text ist in sich homogen, aber ist eingebettet in einen Text einer anderen Schicht
3. Mehrere Schichten stehen mit dem homogenen Text nebeneinander

20 Beispiele: das Buch Ruth, vielleicht auch die Klagelieder.
21 Beispiele: das in die Priesterschrift eingefügte Heiligkeitsgesetz Lev
17–26; die in umfassendere Geschichtsdarstellungen bis hin zum deuteronomistischen Geschichtswerk aufgenommene Thronnachfolgegeschichte 2Sam
9–20 + 1Kön 1–2.
22 Beispiele: die Sintflutgeschichte Gen 6,5–8,22 und die Meerwunder-
erzählung Ex 13,17–14,31 bzw. der Pentateuch insgesamt (Verbindung von
Quellenschriften).
23 Beispiele: Dtn 28 (V45–68 ist eine nachträgliche Erweiterung, s. die
Kommentare); Jes 11 (V6–8, V9, V10 und V11–16 sind spätere Zusätze, vgl.
zB W. H. Schmidt, KuD 15, 1969, S. 21–25, sowie die Diskussion in den
Kommentaren); Hiobbuch (als Nachtrag deutlich erkennbar ist c. 32–37, s.
ferner die EinlAT).
24 Die Abgrenzung der Texte und die Analyse ihres Aufbaus, die Kaiser,
Exegese, S. 24–27 (für die Abgrenzung ebenso Huber in: Fohrer, Exegese, S.
44.47f), zu den Aufgaben der LK rechnet, sind auch nach seiner Darstellung
nicht ohne die Instrumente der FG durchzuführen; sie werden uns darum
diesem Arbeitsgang zugeordnet (s. u. § 7 B II.III 1 (S. 62–65) und C I (S. 70f)).
25 Für Richter (Exegese, S. 49f.63–65.69) kann die LK den Binnenraum des
analysierten Textes oder Textkomplexes nicht überschreiten; die größeren literarischen Zusammenhänge, in die der Text/Textkomplex bzw. die in ihnen
enthaltenen »kleinen Einheiten« hineingehören, sind also in diesem Arbeitsschritt für ihn noch nicht bestimmbar (vgl. ebenso Huber, aaO S. 47.56f). Je-

Die Begrenzung der LK auf den Zeitraum, in dem sich der Werdegang eines Textes auf der Ebene *fester schriftlicher Formulierung* bewegt, soll auch durch den Bestandteil »Literar-« in dem Begriff »Literarkritik« zum Ausdruck gebracht werden. Die literaturwissenschaftliche Kategorie des »Literarischen« mit ihren Fragehinsichten ist hier nicht gemeint.

[handschriftliche Randnotiz: Warum der Begriff Textkritik ? – weil auf der Ebene Schriftlicher Überlieferung]

B   Erläuterungen zu Fragestellung und Methodik

I.   Die Frage nach der literarischen Integrität eines Textes

Diese Fragestellung beherrscht traditionell die lk.e Forschung; sie findet ihr hauptsächliches Anwendungsfeld in den erzählenden Schriften des AT sowie in den Prophetenbüchern. Dabei wird geprüft, ob ein Text von *einem* Verfasser im Zuge *ein und desselben* Formulierungsvorgangs schriftlich fixiert ist. Ist das nicht der Fall, ist also literarische Uneinheitlichkeit festzustellen, erwächst die weitere Aufgabe, schriftlich festformulierte Wortbestände[26] analytisch zu sondern. In der Regel werden

[handschriftliche Randnotiz: Ausgangsfrage: ... Verfasser, ein Formulierungsvorgang! -> literarische Uneinheitlichkeit -> Aussonderung d. versch. Wortbestände (analytisch)]

doch ist zu fragen, ob der lk.e Ansatz R.s, der Präjudizierungen durch forschungsgeschichtlich bedingte Vorverständnisse ausschließen will und sich deshalb allein auf Beobachtung und Auswertung formalisierbarer sprachlicher Indizien beschränkt, der Eigenart des historischen Erkenntnisaktes gemäß und im Vollzug historischer Arbeit praktikabel ist. Um Fehlschlüsse zu vermeiden, wird der lk.e Arbeitsgang im Sinne einer umfassenden historischen Fragestellung breiter anzusetzen sein. Ein Text ist in seiner literarischen »Einheit oder Zusammengesetztheit« ja nicht nur ein sprachliches, sondern von vornherein ein historisches Phänomen; dieser *historische Aspekt* und der Vorgang der Analyse müssen sich ständig korrelativ korrigieren. Deshalb bedarf das analytische Ergebnis der Rückprüfung am historisch Vorstellbaren (s. u. S. 36f), wie überhaupt der analytische Arbeitsgang von Anfang an beachten muß, daß der Text hinsichtlich Entstehung und Werdegang nicht ohne die zugehörigen historischen Vorgänge gesehen werden darf. Dies geschieht in der Praxis exegetischer Arbeit durchaus zweckmäßig vielfach in der Weise, daß bereits vorliegende Einsichten der Forschungsgebiete »Einleitung in das Alte Testament« und »Geschichte Israels« aufgenommen werden (s. u. etwa S. 34f zu 1f und 1g, ferner S. 36f und S. 37 + A34). Ohne Zweifel ist dabei Vorsicht gegenüber einer kritiklos-unkontrollierten Übernahme von Ansichten der Forschung geboten; doch ist in dieser Hinsicht als kritische Instanz die Interdependenz zwischen dem lk.en Ergebnis und den Einsichten der weiteren exegetischen Arbeitsschritte wirksam. Diese Interdependenz macht es erforderlich, innerhalb der lk.en Analyse bereits jene Vorgänge bei der Entstehung eines Textes zu berücksichtigen, auf die die anderen methodischen Aspekte der Exegese (besonders die ÜG, s. u. S. 35; s. ferner unten S. 75) bezogen sind, zugleich aber, die lk.en Ergebnisse offenzuhalten. Diesem breiteren Ansatz lk.er Arbeit entspricht es dann auch, daß in ihrem Rahmen gegebenenfalls die größeren literarischen Zusammenhänge eines Textes festgestellt werden.

26   Eine Typisierung der dabei auftretenden Möglichkeiten versucht Huber, aaO S. 53–56.

dabei die früher (A II) bereits genannten Möglichkeiten der literarischen Geschichte eines Textes sichtbar.

II. Methodische Grundsätze für die Frage nach der literarischen Integrität eines Textes

1. Anzeichen literarischer Uneinheitlichkeit

In der Untersuchung der literarischen Integrität von Texten muß die LK methodisch darauf bedacht sein, nur solche Fragen an den Text zu stellen, die streng auf die Überlieferungsstufe schriftlicher Fixierung, also auf die Formulierungsebene, bezogen sind. Folgende Sachverhalte sind dabei wichtig:

a) Dubletten: der gleiche inhaltliche Zug ist innerhalb desselben Abschnitts zweimal formuliert;

b) Doppel- oder Mehrfachüberlieferungen: das gleiche Stück kommt innerhalb größerer Textkomplexe (in verschiedener Fassung) mehrfach vor;

c) sekundäre Verklammerungen: die Formulierungen verschiedener Textteile sind deutlich erkennbar ausgeglichen und miteinander verbunden;

d) Spannungen im Wortlaut;

e) Differenzen in Redeweise und Stil;

f) Unterschiede des historischen Hintergrundes (zeit-, kult-, rechts- und theologiegeschichtliche Gegebenheiten);

g) für bestimmte literarische Schichten bzw. Quellen signifikante theologische Aussagen, Redewendungen, Spracheigentümlichkeiten;

h) inhaltliche Spannungen und Unebenheiten sowie gattungsatypische Elemente. Zur Prüfung des Kontextes vgl. A24 und unten III.

2. Einschränkungen

Geltung und Tragfähigkeit der aus 1a–h sich ergebenden Fragen an den Text unterliegen in bestimmten Fällen Einschränkungen:

a) Beobachtungen aufgrund von *1a und b* bleiben ohne zusätzliche Stützung durch 1d, e, f und/oder g uneindeutig: Bei 1a besteht die für den heutigen Exegeten naheliegende, aber gerade deshalb besonders zu kontrollierende Gefahr, daß das Ideal eines in unserem Sinne logisch völlig stringent verlaufenden Gedankenganges vorausgesetzt wird; dabei würde jedoch die *historische Eigenart der Texte* ebenso verkannt wie bei der Vernachlässigung der Frage nach den eigentümlichen Stilmitteln eines Textes (zB Wiederholung, komplexer Gebrauch von Bildern und Metaphern). 1b für sich allein genommen kann unter

Umständen zu schnell dem modernen Empfinden gegenüber dem Mehrfachvorkommen eines Textstücks Raum geben[27].

b) Die Tragweite des in *1b* angesprochenen Sachverhalts ist im übrigen auch davon abhängig, welchen *Charakter* (Intention, Anlage, Umgang mit der Überlieferung) das untersuchte Werk hat. Doppel- und Mehrfachüberlieferungen wiegen in einem geschlossenen, von einer Gesamtkonzeption her durchgestalteten Werk (etwa wenn die Thronnachfolgegeschichte solche enthielte) schwerer als in einem Werk, das von vorgegebenem Textmaterial abhängig ist und überkommene Überlieferungen sammelt, komponiert und bearbeitet (wie etwa die Geschichte vom Aufstieg Davids 1Sam 16 – 2Sam 5).

c) Die Kriterien *1d–h* gelten gleichfalls nicht uneingeschränkt:
(1) Jedenfalls bei alttestamentlichen Texten aus früher Zeit läßt sich häufig beobachten, daß die *Verfasser größerer literarischer Werke* ihnen vorliegende mündliche Überlieferungen sehr verschiedener Art weitgehend übernehmen, also auch im alten, vorgegebenen Wortlaut bewahren. So können innerhalb desselben literarischen Werkes, sofern es solchen sammelnd-kodifizierenden Charakter hat (anders aber zB Priesterschrift, Chronikbücher!), Spannungen in Wortlaut, Redeweise und Stil sowie im Inhalt auftreten, die gleichwohl nicht auf literarischer Uneinheitlichkeit beruhen[28].
(2) Der in (1) genannte Sachverhalt gilt nicht nur im Blick auf ein größeres literarisches Werk sammelnden Charakters im ganzen, sondern erst recht von den *Einzelabschnitten* in solchen Werken. Auch hier zeigt sich, daß eine Reihe von Kriterien der LK der Jahrhundertwende, welche zT heute noch fortwirken, für die lk.e Analyse nicht vorbehaltlos angewandt werden können. Erscheinungen wie:»Unterschiede in der Sprache (Wortmaterial, Stil), in den geschichtlichen und chronologischen Angaben, in den vorausgesetzten rechtlichen, sozialen und religiösen (Kult und Frömmigkeit) Zuständen, in den ethischen und theologischen Auffassungen . . . sowie unausgleichbare sachliche Widersprüche«[29] können auch aus Vorgängen bereits in der mündlichen Vorgeschichte eines Textes herrühren und somit eine üg.e Lösung finden[30].
Die Beobachtung von Spannungen der in 1d–h genannten Art erfordert im Zuge der lk.en Bearbeitung eines Textes aus methodischen Gründen deshalb eine Suspension des Urteils, bis die *überlieferungsgeschichtliche* Untersuchung abgeschlossen ist. Erst wenn sich die Spannungen üg. nicht erklären lassen, muß die lk.e Erwägung neu ansetzen und kann nun die unter 1. genannten Kriterien auf der Formulierungsebene ungehindert auswerten.

[handwritten margin note: Komposition kann schon während des überlieferungsgesch. Werdegangs entstanden sein, den der schriftl. Autor jetzt hat fixiert.*]*

---

27   Vgl. etwa Gen 12,10ff und 26,1ff innerhalb des Jahwisten und die Konsequenzen der undifferenzierten Geltung von 1b bei den Exegeten, die Gen 12 und 26 auf zwei Quellen verteilen.
28   Vgl. etwa wieder Gen 12 und 26.
29   F. Baumgärtel, Art. Bibelkritik I. AT, RGG³, Bd. I, Sp. 1186 (LK).
30   Vgl. Noth, ÜPent, S. 20f.

Übernahme
von Vorlagen —►

d)   Der zwingende Nachweis, daß in einem Textstück eine schriftlich festformulierte *Vorlage* (zB Quellenstück) verwendet worden ist, läßt sich nur führen, wenn die Vorlage in ihrem ursprünglichen, von Beeinflussung durch den aufnehmenden Verfasser freien Wortbestand und als hinlänglich geschlossene Ganzheit herausgearbeitet werden kann. Die Annahme, daß der Verfasser die Vorlage nur unvollständig aufgenommen habe oder daß zahlreiche Stellen in ihrem Wortbestand an den neuen Kontext angeglichen oder bei der Aufnahme Umstellungen in der Vorlage vorgenommen worden seien, schwächen mit Notwendigkeit einen solchen Nachweis ab, schließen ihn freilich nicht aus.

Gefahr d. analytischen
Überschärfe
↓
inhaltl. Ganzheit
Seba
↓
heutige statistische
Einschätzung
dürfen nicht auf
damalige Autoren
übertragen werden ?

e)   Um der Gefahr analytischer Überschärfe entgegenzuwirken, ist umgekehrt synthetisch der Versuch zu unternehmen, den Text als eine *inhaltliche Ganzheit* zu verstehen und zu interpretieren. Im Zuge solchen Vorgehens können sich scheinbar spannungsreiche Einzelzüge als komplementäre Aspekte zu einem geschlossenen und planvoll angelegten Ganzen zusammenfügen[31]. Auch hier ist die Interdependenz der verschiedenen methodischen Fragestellungen zu beachten: Gattung, Sicht und Darstellungseigenart eines alttestamentlichen Verfassers spielen als Gegenstand von Prüffragen dabei eine wichtige Rolle und können lk.e Versuche eingrenzen, weil sich literarische Analyse nicht darauf stützen darf, was dem heutigen Leser mit seinen logischen, stilistischen und sachlichen Anforderungen an einen Text unstimmig erscheint, sondern ihre Fragestellung als historische darauf zu richten hat, was zur Zeit der literarischen Gestaltung des Textes literarisch möglich ist und was nicht.

f)   Eine der Fragestellung in Abschnitt e) ähnliche, kritisch-korrigierende Funktion für die lk.e Analyse hat schließlich ein Arbeitsgang, in dem zu prüfen ist, ob das gewonnene Ergebnis als Werdegang eines alttestamentlichen Textes *historisch* überhaupt *vorstellbar* ist. Dabei ist der unterschiedliche Charakter der alttestamentlichen Überlieferungen zu berücksichtigen[32].
Wo sich ein *längeres üg.es Wachstum* von Stoffen auf breiter Basis wahrscheinlich machen läßt (wie etwa in der Genesis), hat die im Blick auf selbständige Erzählungseinheiten ohnehin historisch schwer vorstellbare Auffassung, die Texte seien bis in Halbverse hinein aus Quellenschriften zusammengesetzt, in der Regel der überlegenen üg.en Sicht Platz zu machen; die lk.e Sicht bewährt sich dagegen im Pentateuch dort, wo ganze Erzählungseinheiten literarisch unterschieden werden[33]. – Ergeben Texte *kaum Anhaltspunkte für ein üg.es Wachstum*, so kann bei Beobachtungen, die auf Uneinheitlichkeit weisen, historisch mit literarischer Bearbeitung des schriftlich fi-

---

31   Vgl. dafür zu Gen 2,4b–3,24 O. H. Steck, Die Paradieserzählung, 1970, S. 20–40, bes. 30ff, zu Gen 1,1–2,4a ders., Der Schöpfungsbericht der Priesterschrift, 1975, bes. S. 26–30.244–255, sowie zu Jes 28,7b–22; 29,1–7; 31,1–4+8a H. Barth, Die Jesaja-Worte in der Josiazeit, 1977, S. 10f. 187–189.86–88.
32   Vgl. dazu noch § 5 B II 1 (S. 42f).
33   Vgl. Noth, aaO S. 24f.

xierten Textes gerechnet werden; dabei lassen sich kurze verdeutli-
chende Zusätze und Glossen, Ergänzungen sowie Zusammenarbeitung zu Sammlungen feststellen. – Ein besonders schwieriges Problem für LK und ÜG ist dort gegeben, wo man *bereits in der mündlichen Tradition* mit *festformulierten Aussagen* zu rechnen hat (Prophetensprüche, Psalmen, wahrscheinlich auch schon Prophetenerzäh-
lungen). In diesen Fällen ist grundsätzlich aus dem Text selbst heraus
kaum zu entscheiden, ob die Vorgänge sich als solche schriftlicher
oder mündlicher Ergänzung darstellen; hier müssen übergreifende
Gesichtspunkte hinsichtlich Entstehungsort, Trägern, Abzweckung
hinzutreten, um eine Entscheidung herbeizuführen. Besteht sachliche
Nötigung, mit einem mündlichen Wachstum des Textes zu rechnen,
dann muß in der Analyse kritisch darauf geachtet werden, daß die Ergebnisse den Wachstumsprozessen, wie sie in mündlicher Tradition
möglich sind, entsprechen.

III. Die Frage nach den größeren literarischen Zusammen-
hängen

Ist der untersuchte Text nicht schon selbst der größere literarische Zusammenhang (wie zB dann, wenn ein Prophetenbuch
im ganzen analysiert wird), so ist sein Verhältnis zum voran-
gehenden und zum folgenden Kontext lk. zu prüfen. Dieser
Arbeitsgang beginnt mit einer *Bestandsaufnahme* des vorliegenden engeren und weiteren Kontextes. Er wird fortgeführt
durch die spezifisch *lk.e Befragung* des Kontextes; dabei sind
Inhalt, Anordnung und Aussageverlauf dieses Kontextes in
Blick zu nehmen, um das literarisch ursprünglich Zusammen-
gehörige von gegebenenfalls jüngeren Zusammenhängen zu
unterscheiden. Dieser Arbeitsgang mündet in die *Feststellung*
der literarisch ursprünglichen Schicht sowie der gegebenenfalls
jüngeren Schichten als ganzer, denen der untersuchte Text angehört[34]. In der Praxis werden bei alldem lk.e Ergebnisse aus
dem gegenwärtigen Stand der Einleitungswissenschaft heranzuziehen sein, die auch schon Informationen zur historischen
Identifizierung der literarischen Schichten[35] an die Hand geben, sowie Ergebnisse zu Sprachgestalt/Gattung (§ 7).
Die Rekonstruktion größerer literarischer Zusammenhänge

34 Beispiele: Der größere literarische Zusammenhang von Am 8,1–2, der
Erntekorbvision des Amos, ist ursprünglich der Visionenzyklus 7,1–8; 8,1–2;
9,1–4, der dann später seinerseits erweitert und mit anderen Überlieferungs-
komplexen zum vorliegenden Amosbuch verbunden worden ist (vgl. dazu Kaiser, EinlAT, S. 198). Der größere literarische Zusammenhang von 1Sam 26 ist
zunächst die Geschichte vom Aufstieg Davids, später ein Erzählungswerk, das
Aufstiegs- und Thronnachfolgegeschichte miteinander verbindet, sodann das
deuteronomistische Geschichtswerk.
35 Benennung der Schicht, Verfasser, Abfassungszeit und -ort, sachliches
Profil u. ä.

Überprüfung durch andere Arbeitsschritte

erfolgt grundlegend im Rahmen der LK; jedoch bedürfen deren Ergebnisse der Ergänzung, Präzisierung und Absicherung durch die weiteren methodischen Arbeitsschritte, die das Resultat der textimmanenten literarischen Analyse auf seine historische Plausibilität hin überprüfen; zu achten ist dabei insbesondere auf: das einheitliche Aussageprofil eines größeren literarischen Zusammenhangs, den hinter ihm stehenden Überlieferungs*vorgang*, seine Gattung, seinen historischen Ort.

C Ertrag

Einsatz für ÜG

Grundlage für RG

zeigt Verfasser, Ort, Zeit

→ wichtig für Interpretation

Der Ertrag der LK ist darin zu sehen, daß sie notwendige *Vorarbeit* für andere exegetische Schritte leistet: Die *ÜG* kann bei der lk. herausgearbeiteten ältesten literarisch einheitlichen Fassung des in Frage stehenden Textabschnitts bzw. seiner (Quellen-)Bestandteile mit ihrer Analyse einsetzen. Die *RG* bedient sich der von der LK analytisch erarbeiteten Ergebnisse, wenn sie die Geschichte des betreffenden Textstücks im Raum schriftlicher Weitergabe und die dabei wirksamen Impulse und Motive zusammenhängend darstellt. Indem die LK den größeren literarischen Zusammenhang eines Textstücks aufweist und seine Stellung in ihm bestimmt, macht sie die Bearbeitung der *Frage nach Verfasser, Ort und Zeit* seiner literarischen Fassung möglich. Zugleich ergibt sich aus diesem Aufweis der jeweilige literarische Kontext, in dessen Rahmen das Textstück bei der abschließenden *historischen Sinnbestimmung* sachgemäß interpretiert werden kann[36].

D Literatur

I. Einführung, Grundlegung und Übersicht

G. Fohrer, Exegese, § 5 (F. Huber)
N. Habel, Literary Criticism of the Old Testament, Guides to Biblical Scholarship. Old Testament Series, ed. J. C. Rylaarsdam, Philadelphia 1971
O. Kaiser, Exegese, S. 23–28
K. Koch, Formgeschichte, S. 84–96
M. Noth, Überlieferungsgeschichte des Pentateuch, Stuttgart 1948 (1960, 1966), S. 1–44, bes. 20–25

36 Beispiele: Am 8,1–2 ist zunächst im Zusammenhang des Visionenzyklus zu interpretieren, entsprechend Bestandteile der jahwistischen Urgeschichte zunächst allein im Rahmen des jahwistischen Werkes usw.

II. Weiterführung und kritische Gegenpositionen

I. Engnell, Methodological Aspects of Old Testament Study, VTS 7, 1960, S. 13–30, bes. 21ff

R. Rendtorff, Literarkritik und Traditionsgeschichte, EvTh 27, 1967, S. 138–153

W. Richter, Exegese, S. 49–72

H. Ringgren, Literarkritik, Formgeschichte, Überlieferungsgeschichte. Erwägungen zur Methodenfrage der alttestamentlichen Exegese, ThLZ 91, 1966, Sp. 641–650

S. Segert, Zur Methode der alttestamentlichen Literarkritik, ArOr 24, 1956, S. 610–621

H. J. Stoebe, Grenzen der Literarkritik im Alten Testament, ThZ 18, 1962, S. 385–400

III. Exemplarische Durchführung

H. Gunkel, Genesis, HK I 1, Göttingen ³1910 (= ⁹1977), S. 137–140: LK an Gen 6,5–9,17.28f

W. Richter, Die Bearbeitungen des »Retterbuches« in der deuteronomischen Epoche, BBB 21, Bonn 1964, S. 1–62: LK an Ri 2–12

W. H. Schmidt, Die deuteronomistische Redaktion des Amosbuches, ZAW 77, 1965, S. 168–192, bes. 169–178.185–188: LK im Amosbuch, bes. zu 1,1; 3,1; 1,9f.11f; 2,4f; 3,7

K. Seybold, Bilder zum Tempelbau. Die Visionen des Propheten Sacharja, Stuttgarter Bibelstudien 70, Stuttgart 1974, S. 11–23: LK in Sach 1–8

IV. Zur Forschungsgeschichte

W. Baumgartner, Wellhausen und der heutige Stand der alttestamentlichen Wissenschaft, ThR NF 2, 1930, S. 287–307, bes. 295ff

O. Eißfeldt, Art. Literarkritische Schule, RGG³, Bd. IV, Sp. 388–390

H. Greßmann, Die Aufgaben der alttestamentlichen Forschung, ZAW 42 (NF 1), 1924, S. 1–33, bes. 2–8

H. F. Hahn, Old Testament in Modern Research, Philadelphia 1954, Kap. I: The Critical Approach to the Old Testament, S. 1–43

K. Koch, Formgeschichte, S. 84–93

H.-J. Kraus, Geschichte der historisch-kritischen Erforschung des Alten Testaments, Neukirchen-Vluyn ²1969 (s. im Sachregister s. v. »Literarkritik«)

§ 5 Überlieferungsgeschichtliche Fragestellung

A Die Aufgabe

I. Bestimmung

Ist ein alttestamentlicher Text oder Textkomplex vor seiner Niederschrift im Bereich *mündlicher* Rede entstanden und überliefert, dann kommt die ÜG zur Anwendung. Ihre Aufgabe ist es, Gestalt und Werdegang des Textes in dieser mündlichen Überlieferungsphase zu bestimmen[37].
Sie geht dabei zunächst *analytisch* vor, setzt bei der ältesten literarisch einheitlichen Fassung eines Textstücks bzw. seiner (Quellen-)Bestandteile, wie sie in der LK ermittelt wurden, an und fragt dahinter zurück in den Bereich, in dem das Textstück mündlich überliefert und ursprünglich gebildet wurde. Die ÜG zielt damit auf ein Phänomen, das zumal im Alten Israel häufig begegnet: Eine Vielzahl von Texten wie einzelne Erzählungen, Rechtsbestimmungen, Prophetensprüche, Kultgesänge gehört zunächst in den Bereich lebendiger Rede und ist auch in mündlicher Überlieferung bewahrt worden; im Verlauf seiner mündlichen Weitergabe können auch Wandlungen des Überlieferungsgutes eintreten.
Ein *synthetischer Arbeitsgang* setzt an den gewonnenen analytischen Ergebnissen an, kehrt aber die Fragerichtung um. Er versucht, den Werdegang des Textes von seiner ersten noch erkennbaren mündlichen Gestalt bis an die älteste schriftliche Fassung heran in seinem historischen Ablauf und Zusammenhang darzustellen, und erhebt die dabei wirksamen geschichtlichen Faktoren und Aussageintentionen.

II. Terminologie

Die Festlegung des Begriffs »Überlieferungsgeschichte« auf die Geschichte einer Überlieferungseinheit oder einer Verbindung von solchen Einzelstücken im Stadium *mündlicher* Weitergabe findet sich auch sonst in der exegetischen Literatur[38]. Es muß jedoch in Rech-

---

37 Sie ist damit eine Teilfrage im Rahmen der übergreifenden Frage nach dem Werdegang eines alttestamentlichen Textes (s. o. § 4 A I (S. 30f)).
38 Vgl. etwa Fohrer, EinlAT, S. 28f.30 (Schaubild); neuerdings (Exegese, S. 116f.123f) hat Fohrer seine Definition insofern modifiziert, als er auch »*mögliche* frühere und daher ›vorläufige‹ Stadien« der Verschriftung (116; Hervor-

nung gestellt werden, daß »Überlieferungsgeschichte« vielfach in einem anderen Sinne gefaßt wird und dann auch die Redaktionsgeschichte mit einbegreift[39] oder auf die Analyse der schriftlichen oder mündlichen Vorstadien eines Einzelstücks bezogen[40] wird. Weithin wird auch der Begriff »Traditionsgeschichte« als Synonym für »Überlieferungsgeschichte« im engeren, von uns gebrauchten[41] wie im weiteren, die schriftliche Überlieferung einschließenden[42] Sinne verwendet. Schließlich enthält die Methodenbezeichnung zur Unterscheidung des methodischen Verfahrens von dem Gegenstand, den es untersucht, bei vielen Forschern den Bestandteil »-kritik« (Überlieferungskritik, Traditionskritik); Entsprechendes gilt für die redaktionsgeschichtliche, die formgeschichtliche und die traditionsgeschichtliche Methode[43].

B   Erläuterungen zu Fragestellung und Methodik

I.   Verhältnis zur Literarkritik[44]

1.   Ergänzung

Eine methodisch reflektierte LK und die ÜG ergänzen sich sinnvoll, insofern die analytische Bestimmung des Werdegangs eines Textes von der LK auf der schriftlichen, von der ÜG auf der mündlichen Überlieferungsstufe durchgeführt wird.

2.   Abgrenzung

In kritischer Abgrenzung zur LK hat die ÜG zur Geltung zu bringen, daß
a)   die Entstehung und Ausgestaltung zahlreicher alttestamentlicher Texte in den Bereich mündlicher Überlieferung zurückreicht,
b)   die Gesetze der mündlichen Überlieferung sich von denen schriftlicher Weitergabe beträchtlich unterscheiden können[45].
c)   Im Stadium der mündlichen Überlieferung, besonders von erzäh-

hebung von uns) zur Überlieferungsgeschichte rechnet; jedoch hat diese Ergänzung einen bloß theoretischen Charakter, da das »vorläufige« Verschriftungsstadium bei Fohrer kein »unmittelbar greifbares« (117) mehr ist.
39   Klassisches Beispiel: Noths »Überlieferungsgeschichtliche Studien« (s. u. § 6 D III (S. 55)) und »Überlieferungsgeschichte des Pentateuch«.
40   So Koch, Formgeschichte, S. 49.64.66f.72.
41   So zB F. Baumgärtel, RGG³, Bd. I, Sp. 1187.
42   So zB v. Rad, TheolAT, Bd. 1, S. 17f.180.293f u. ö.; A. H. J. Gunneweg, BHH, Bd. III, Sp. 2018–2020.
43   Vgl. zB Fohrer, Exegese, S. 7.118.
44   Vgl. zum Problem auch § 4 B II 2f (S. 36f).
45   Vgl. dazu § 4 A II (S. 32) und B II 2f (S. 36f) mit § 5 B II (S. 42–44) sowie Koch, aaO § 7, bes. S. 110–112.

lenden Texten, liegen häufig zwar Aufriß, Kontur und wesentliche
Einzelzüge, nicht jedoch alle Einzelformulierungen fest[46].

II. Überlieferungsgeschichtliche Vorgänge[47]

Die ÜG kann bei denjenigen Texten mit Aussicht auf konkrete
Ergebnisse[48] angesetzt werden, die im Raum der mündlichen
Überlieferung entstanden sind und dort gegebenenfalls auch
bestimmten Veränderungen und umprägenden Einflüssen unterworfen waren.

1. Art und Weise der Veränderungen

Für die Art und Weise, in der die Überlieferungsstücke dabei
verändert wurden, ist zu bedenken, daß die Texte des AT
höchst unterschiedlichen Entstehungsverhältnissen entstam-
men. Der Modus der Einwirkungen auf Überlieferungsstücke
ist je nach *Entstehungsverhältnissen* sehr verschieden:
Wo Überlieferungen vor ihrer schriftlichen Fixierung *volks-
tümliches Erzählgut* gewesen sind[49], ist zu bedenken, daß sie
auf der mündlichen Stufe erst stofflich festgelegt, aber ansonsten noch relativ offen waren für Neuformulierung, breitere
Ausgestaltung, Verbindung und Verschränkung mit anderen
Erzählungen und Erzählungsteilen, so daß sich gewisse Spannungen beim Zusammenwachsen der verschiedenen Elemente zwangsläufig ergeben. Wo dagegen *Reflexionsprozesse* zu
festgelegten Formulierungen führen, die mündlich weitergegeben werden[50], ist weniger wahrscheinlich, daß der ur-

---

46 In diesen Fällen gilt: Werden im Zuge einer üg.en Analyse Verszahlen
angegeben, so ist damit im Gegensatz zur LK in der Regel nicht die Aussonderung dieser Verse oder Versteile als eines festformulierten Wortbestandes,
sondern die Umgrenzung des in ihnen enthaltenen Überlieferungsbestandtei-
les gemeint.
47 Wichtige, weiterführende Überlegungen zu den Voraussetzungen für
Entstehung und Weitergabe mündlichen Überlieferungsgutes bietet im Blick
auf Erzählungen Hermisson, Jakobs Kampf am Jabbok, S. 251–257.
48 Vgl. dazu noch unten V.
49 Soziologisch: in der Hauptsache Zeit der Stammesverfassung Israels vor
1000 vChr, aber auch noch im Nordreich; Traditionsträger: vielleicht fahrende
Erzähler; Texte im AT: besonders in Gen bis Sam; Beispiel: Gen 32,23–33
(vgl. dazu Elliger, Der Jakobskampf am Jabbok, und Hermisson aaO).
50 Soziologisch: in der staatlichen Zeit Israels und unter Einfluß höfischer
Kultur sich ausbreitend; Traditionsträger: Schulen oder schulenähnliche
Gruppen; Texte im AT: vorrangig Kultlieder, Prophetenlogien, weisheitliche
Sentenzen, aber auch theologisch durchreflektierte Erzählungen wie die Elia-
überlieferung; Beispiel: 1Kön 18,19–40 (vgl. dazu Steck, Überlieferung, S.
13–19.86–89.132f).

sprüngliche Wortbestand im Verlauf der mündlichen Weitergabe immer wieder verändert worden ist; vielmehr wird sich die Einwirkung der Überlieferungsträger allenfalls in sammelnder Anordnung, interpretierenden und aktualisierenden Vorschaltungen, Erweiterungen, Anhängen oder Verbindungsstücken äußern.

2. Inhaltlicher Charakter der Veränderungen

Für den sachlich-inhaltlichen Charakter der Veränderungen, denen Überlieferungsstücke im Laufe der Überlieferungsgeschichte unterworfen sein können, ist an eine breit gefächerte Skala von Möglichkeiten zu denken:

a) neue inhaltliche (vor allem erzählerische) Akzente[51],

b) sachlich-theologische Umgestaltungen (etwa bei der Aufnahme vorisraelitischer Stoffe in den Raum der israelitischen Religion)[52],

c) Veränderungen aufgrund von Verschiebungen (hinsichtlich Bevölkerung, Territorium, Milieu, führenden Gestalten) oder besonderen (historischen) Ereignissen im Überlieferungsbereich[53],

d) Veränderungen aufgrund von institutionellen oder theologischen Wandlungen im Trägerkreis[54],

e) Veränderungen im Zusammenhang mit der Verbindung

51 Beispiel: Die Namensszene V28–30a ist, weil sie Forderung und Erteilung des Segens (V27b.30b) auseinandertrennt und neben der Ortsbenennung V31 einen zweiten Gipfel der Erzählung bildet, ein der Pnuelsage Gen 32,23–33 sekundär zugefügtes Erzählmotiv.

52 Beispiel: In der vorisraelitisch-kanaanäischen Gestalt der Pnuelsage hat der Mensch sein göttliches Gegenüber, wie V26f erkennen lassen, in wirkliche Bedrängnis gebracht. Die israelitische Fassung bringt demgegenüber in den Zufügungen V29.31bβ (noch viel deutlicher in der Version von Hos 12,4f) zum Ausdruck, daß Jakob in diesem Kampf grundsätzlich der Unterlegene war; er hat nur »standgehalten« (*jkl* V29) und ist so »mit dem Leben davongekommen« (V31). Die Formulierungen von V26f werden ohne Änderung am Wortlaut implizit uminterpretiert (auch das sind üg.e Wandlungen!).

53 Beispiel: Die ursprüngliche Karmelgeschichte in 1Kön 18 will zeigen, wie das in der Zeit Ahabs zwischen Jahwe und Baal schwankende Volk durch Elia zu einem eindeutigen Jahwebekenntnis gebracht wird (Korrespondenz zwischen V31 und V39!); hingegen spitzen V19b.20.40 das Geschehen auf die Tötung der Baalpropheten zu. Diese Akzentverschiebung deutet auf eine aktualisierende Bearbeitung der älteren Karmelüberlieferung unter dem Eindruck der Regierung Jehus und der von ihm vorgenommenen Ausrottung der Baalsverehrer (2Kön 10,18–27).

54 Beispiel: Die Erweiterung der Pnuelsage um V33, der eine bestimmte Speisesitte der »Israeliten« (!) ätiologisch mit dem Hinken Jakobs verknüpft, ist erst erfolgt, als die Sage ihr vorisraelitisches und ihr protoisraelitisches, noch auf die Jakobleute begrenztes Überlieferungsstadium verlassen hatte und von Überlieferungsträgern mit gesamtisraelitischer Orientierung weitergegeben wurde.

von Einzelstücken zu einer Sammlung (Angleichungen, Ausgleichungen, Verklammerungen, ganze Verbindungsstücke)[55].

III. Methodische Leitfragen für den analytischen Arbeitsgang[56]

1) Ist das zur Untersuchung anstehende Einzelstück in anderer Fassung sonst im AT oder in der Umwelt Israels überliefert (*Doppel- und Mehrfachüberlieferung*), ohne daß sich literarische Abhängigkeit nachweisen ließe[57]? Was ergibt ein Vergleich?

2) Wie stellt sich das Einzelstück der *fg.en Betrachtung* dar[58]? Zeigt es sich dabei als ein geschlossenes Ganzes, das in mündlicher Tradition einmal für sich überliefert sein konnte? Lassen sich in der Ausprägung der Gattung (Höhepunkt, Spannungsbogen, Ein- und Ausleitung; erweiterte Gattung, Mischgattung) oder beim gattungsgeschichtlichen Vergleich Züge feststellen, die Rückschlüsse auf üg.e Vorgänge und eine Rekonstruktion der vorliterarischen Gestalt(ungen) erlauben[59]?

3) Wo bestehen *sachliche Spannungen und Auffälligkeiten*, die gleichwohl keine literarische Sonderung mehr erlauben?

---

55 Beispiel: 1Kön 18,18b.19a sind Bestandteil der (aufgrund späterer Überarbeitungen nur noch unvollständig erhaltenen) Überleitung eines Sammlers von der Dürreerzählung 17,1–6; 18,1–2a(.2b–16?).17–18a zur Karmelgeschichte 18,21–39. Für Beispiele aus dem Pentateuch s. Noth, ÜPent, vor allem S. 216–246.
Die für den mündlichen Überlieferungsbereich vorgenommene Differenzierung Fohrers (Exegese, S. 117.124f.135f.137f) zwischen »sammelnder Anordnung«, die der Überlieferungskritik zugewiesen wird, und »Komposition«, die in der Kompositions- und Redaktionskritik erfragt werden soll, stellt eine unnötige und im Blick auf das Textmaterial auch unpraktikable Komplizierung dar. Wir weisen demgegenüber *alle* Vorgänge im mündlichen Überlieferungsbereich der ÜG, alle Vorgänge im schriftlichen Überlieferungsbereich der LK und der RG zu.
56 Für die üg.e Analyse werden bei Richter (Exegese, S. 44.152–163; dort unter dem Terminus »Traditionskritik«, vgl. dazu oben S. 41) Argumentationen aufgrund allein inhaltlicher Kriterien abgelehnt. Solche Vorsicht ist berechtigt. Jedoch ist auch hier zu bezweifeln, ob Rückschlüsse auf vorliterarische Stadien eines Textes ausschließlich anhand sprachlich-struktureller Indizien möglich sind. Warum sachliche Spannungen, religions- und kulturgeschichtliche, also inhaltliche Phänomene im Text nicht als Anzeichen einer mündlichen Vorgeschichte der Texteinheit als solcher berücksichtigt werden dürfen, ist nicht einzusehen, zumal in einer Texteinheit mit einer vorliterarischen Vorgeschichte sprachlich-strukturelle Spannungen auch fehlen können. Der Ausgriff auf andere exegetische Arbeitsgänge über den üg.en hinaus ist dabei wieder unerläßlich!
57 Für Beispiele s. o. A19.
58 Hier kommt erneut die Interdependenz der Methoden zum Ausdruck!
59 Beispiel: die Mehrgipfligkeit von Gen 32,23–33 (s. o. A51.54).

Welche Züge sind für die Zeit der literarischen Fassung des Textes unerfindbar oder gar anstößig und weisen damit auf ein üg.es Vorstadium[60]?

4) Welche Züge lassen sich aus theologischen, historischen, sprachlichen oder religionsgeschichtlichen Gründen einer *bestimmten Überlieferungsstufe* zuordnen[61]?

IV. Der synthetische Arbeitsgang

Die synthetische Darstellung des Weges einer Überlieferungseinheit in der mündlichen Tradition hat unter Heranziehung von geschichtlichen und fg.en Überlegungen die Entstehungsgründe für die Überlieferungseinheit aufzuhellen und den Versuch der Erklärung zu unternehmen, welche geschichtlichen Nötigungen und Intentionen den Werdegang und die Wandlungen der Überlieferungseinheit im Rahmen der mündlichen Weitergabe bestimmt haben[62]. Dies gilt auch für den Vorgang der Verbindung mehrerer solcher Überlieferungseinheiten im Raum der mündlichen Überlieferung zu einem größeren Überlieferungskomplex (Sammlungen, Erzählungskränze). In der Frage nach den Überlieferungsintentionen nimmt der synthetische Arbeitsgang der ÜG immer schon Elemente der historischen Sinnbestimmung (§ 10) auf.

V. Anwendungsbreite der überlieferungsgeschichtlichen Fragestellung

Üg. lassen sich sowohl Einzelstücke wie große Textkomplexe (etwa: Pentateuchquellen) hinsichtlich der in ihnen verarbeiteten Überlieferungsbestandteile und deren Gestalt in mündlicher Tradition bearbeiten. Für eine üg.e Untersuchung ergiebig sind unter den Schriften des AT in der Hauptsache die Geschichtsbücher, in denen dabei neben der erzählenden Überlieferung besonders auch an das legislative Material[63] zu denken ist. Dagegen scheinen bei den schriftprophetischen Texten und den Psalmen[64] in der Phase mündlicher Weitergabe in der

60 Beispiel: die Vorstellung vom Ringen Jahwes mit Jakob Gen 32,26f (s.o. A52).
61 Beispiel: die Tötung der Baalspriester 1Kön 18,40 im Unterschied zum historischen Ort der Karmelszene im ganzen (s.o. A53).
62 Zwischen der ÜG und der Bestimmung des historischen Ortes von Überlieferungsschichten besteht somit eine enge Korrespondenz!
63 Man denke nur an die üg.en Untersuchungen zum Dekalog (vgl. zB Koch, aaO § 4C, und zuletzt W. H. Schmidt, VTS 22, 1972, S. 201–220).
64 Vgl. aber jüngst zwei Untersuchungen von W. Beyerlin zu Ps 80 (Schichten im 80. Psalm, in: Das Wort und die Wörter. Festschr. G. Friedrich, 1973, S. 9–24, beachte aber S. 18 + A97) und Ps 8 (Psalm 8. Chancen der Überlieferungskritik, ZThK 73, 1976, S. 1–22).

45

Regel nur wenige, bei den Weisheitssprüchen kaum Veränderungen erfolgt zu sein.

C Ertrag

I. Einsicht in Entstehung und Wandlungen einer Überlieferungseinheit in mündlicher Tradition

Wenn sich ein Text hinsichtlich Entstehung und gegebenenfalls prägender Veränderungen in den Bereich mündlicher Tradition zurückverfolgen läßt, so bereitet die ÜG Einsichten vor, die für das Verständnis dieses Textes unerläßlich sind: Raum, Zeit, Gründe und Intentionen von Entstehung und Wandlungen werden bestimmbar, die sich zusammen mit charakteristischen Bestandteilen der Überlieferungsgestalt in mündlicher Tradition bis in die älteste literarische Fassung des Textes hinein abzeichnen und diesen aufgrund solcher Vorgeschichte erst erklärbar machen.

II. Überlieferungsgeschichte als Aktualisierungsvorgang

Üg.e Forschung macht den Überlieferungsvorgang als Prozeß ständiger Vergegenwärtigung und Aktualisierung vom Bereich mündlicher Tradition an verständlich[65]. Dies läßt sich in drei Aspekte auseinanderfalten:

1) Das Weiterarbeiten an alten Überlieferungsstücken und ihre jeweils neue Vergegenwärtigung sind im AT eine auffallend häufige Erscheinung. Die Träger solcher Überlieferung gehen offenbar von der Überzeugung aus, daß Texte und Worte auch dann nicht einfach »erledigt« sind, wenn ihr konkreter zeitgeschichtlicher Bezug hinfällig geworden ist, daß sie vielmehr nach wie vor *Aktualität* in sich bergen und in gewandelter Situation »neue Inhalte aus sich zu entlassen imstande« sind[66].

2) Das alte Überlieferungsstück gewinnt in gewandelter Situation seine Aktualität aber nur durch Neuaneignung und *Interpretation*. Bloße Wiederholung reicht nicht aus.

3) Die Struktur des Überlieferungsprozesses innerhalb des AT ist in bestimmter Hinsicht Anregung und Orientierung für die Aufgabe der Aneignung und Aktualisierung alttestamentlicher Texte in der *Gegenwart*.

65 Vgl. dazu vor allem v. Rad, TheolAT, Bd. 1, S. 7f.132f u. ö.; Bd. 2, S. 51f.53–57 u. ö.

66 v. Rad, aaO Bd. 2, S. 54.

III. Überlieferungsgeschichte als Geschichte von Religion und Glauben Israels

Die üg.e Untersuchung von Texten, die in ihrem analytischen Teil den Zugang zu historischen Daten eröffnen kann[67], schafft in ihrem synthetischen Aspekt die Voraussetzung, noch eine Geschichte ganz eigener Art[68] wahrzunehmen. Bereits eine kleine Texteinheit wie Gen 28,10–22 stellt sich unter üg.er Betrachtung als eine Abfolge von Wachstumsstadien dar, die in sich eine Art religionsgeschichtliches Kompendium bergen. Erst recht läßt sich aus der Geschichte der Weitergabe größerer Textkomplexe die Geschichte des Glaubens Israels als einer Antwort auf bestimmte, als von Jahwe kommend verstandene geschichtliche Erfahrungen und als Integration neu begegnender geistiger Konzeptionen erkennen. Die ÜG eröffnet somit die Möglichkeit, den Weg des Glaubens Israels und sein Gefälle, zunächst vor allem im Bereich der Anfänge Israels, nachzuzeichnen.

IV. Zugang zu historischen und religionsgeschichtlichen Daten

In ihrer jetzt vorliegenden Endgestalt stehen Aussagen der alttestamentlichen Texte häufig in Spannung zu dem Bild, das der Historiker von der Geschichte Israels zeichnen muß. Dieser Tatbestand[69] scheint zunächst den Wert des AT als Quelle für die Erforschung der Geschichte Israels erheblich zu mindern. Die ÜG hat in dieser Situation jedoch einen Wandel herbeigeführt. Insofern sie den vorliegenden Text in verschiedenen Wachstumsstadien erkennen läßt, ist auch die Frage nach seinem historischen Gehalt dementsprechend zu differenzieren. Nunmehr läßt sich jedes der Wachstumsstadien gesondert auf seinen historischen Gehalt hin untersuchen; er kann sich einerseits auf direkt im Text gebotene Angaben beziehen, er ist aber andererseits auch indirekt gegeben in den Verhältnissen und Vorgängen, von denen die Überlieferungsträger zu ihrer eigenen Zeit bestimmt sind. Erst so werden oft Querverbindungen zwischen Archäologie oder Religionsgeschichte und den Nachrichten der alttestamentlichen Texte deutlich[70].

---

67 Vgl. unten IV.
68 Dazu vgl. Rendtorff, Geschichte und Überlieferung, bes. S. 83.85.88ff.
69 Er darf freilich nicht vorschnell negativ gewertet werden; vgl. zum Problem v. Rad, aaO Bd. 1, S. 10–12.118–125.
70 Zum Ganzen vgl. bes. Koch, aaO S. 67–69.

D Literatur

I. Einführung, Grundlegung und Übersicht

G. Fohrer, Exegese, § 9A+B

K. Koch, Formgeschichte, S. 49–70

W. E. Rast, Tradition History and the Old Testament, Guides to Biblical Scholarship. Old Testament Series, ed. J. C. Rylaarsdam, Philadelphia 1972

II. Weiterführung und kritische Gegenpositionen

H. Birkeland, Zum hebräischen Traditionswesen. Die Komposition der prophetischen Bücher des Alten Testaments, ANVAO II. Hist.-Filos. Klasse. 1938 No. 1, Oslo 1938

E. Güttgemanns, Offene Fragen zur Formgeschichte des Evangeliums. Eine methodologische Skizze der Grundlagenproblematik der Form- und Redaktionsgeschichte, BEvTh 54, München 1970, Kap. II, bes. S. 86ff.136ff

S. Mowinckel, Prophecy and Tradition, ANVAO II. Hist.-Filos. Klasse. 1946 No. 3, Oslo 1946

G. v. Rad, TheolAT, Bd. 1, bes. S. 7f.10–12.117–135 ; Bd. 2, S. 41–57

R. Rendtorff, Geschichte und Überlieferung, in: Studien zur Theologie der alttestamentlichen Überlieferungen (Festschr. G. v. Rad), Neukirchen 1961, S. 81–94

– Literarkritik und Traditionsgeschichte, EvTh 27, 1967, S. 138–153

W. Richter, Exegese, S. 152–165

H. Ringgren, Literarkritik, Formgeschichte, Überlieferungsgeschichte, ThLZ 91, 1966, Sp. 641–650

Tradition and Theology in the Old Testament, ed. D. A. Knight, Philadelphia 1977

Speziell zur Diskussion um die *Oral Tradition*:

G. Fohrer, EinlAT, § 3: S. 36–41 (dort sowie S. 568f weitere Lit.)

K. Koch, Formgeschichte, S. 97–112 (dort die wichtigste Lit., bes. S. 97)

A. B. Lord, Der Sänger erzählt, München 1965 (engl. 1960)

III. Exemplarische Durchführung

K. Elliger, Der Jakobskampf am Jabbok. Gen 32,23ff als hermeneutisches Problem, ZThK 48, 1951, S. 1–31 (jetzt auch in: K. E., Kleine Schriften zum Alten Testament, ThB 32, München 1966, S. 141–173)

H.-J. Hermisson, Jakobs Kampf am Jabbok (Gen 32,23–33), ZThK 71, 1974, S. 239–261

M. Noth, Überlieferungsgeschichte des Pentateuch, Stuttgart 1948

O. H. Steck, Überlieferung und Zeitgeschichte in den Elia-Erzählungen, WMANT 26, Neukirchen-Vluyn 1968

IV. Zur Forschungsgeschichte

H.-J. Kraus, Zur Geschichte des Überlieferungsbegriffs in der alttestamentlichen Wissenschaft, EvTh 16, 1956, S. 371–387
– Geschichte der historisch-kritischen Erforschung des Alten Testaments, Neukirchen-Vluyn ²1969 (s. im Sachregister s. v. »Überlieferung«, »Überlieferungsgeschichte«)

§ 6 Redaktionsgeschichtliche Fragestellung

A Die Aufgabe

Unter der rg.en Fragestellung setzt die Exegese den üg.en Arbeitsgang hinsichtlich seines synthetischen Aspekts für den Bereich der *schriftlichen* Überlieferung fort und schließt damit die Untersuchung des Vorgangs produktiver Überlieferung des Textes im AT[71] ab. Sie zeichnet dabei die Geschichte eines Textes von seiner schriftlichen Erstgestalt über die Ergänzung bzw. Kommentierung durch Zusätze und über die Aufnahme in größere Komplexe bis zu seiner Letztfassung im vorliegenden literarischen Kontext nach und bestimmt die hierin wirksamen geschichtlichen Faktoren[72] und Aussageintentionen.

B Erläuterungen zu Fragestellung und Methodik

I. Verhältnis zur Literarkritik

Die RG arbeitet in engem Konnex mit der LK und nimmt deren Ergebnisse auf. Beide exegetischen Schritte betreffen die *schriftliche* Überlieferungsstufe; die RG hat nun die besondere Aufgabe, die von der LK auf der analytischen Ebene erarbeiteten Teilergebnisse in der historischen Verlaufsdimension *synthetisch* zusammenzusehen. Ziel ist also, das Zusammenwachsen der lk. gesonderten Materialien als Überlieferungsvorgang zu erfassen, die jeweils bezeichnenden Merkmale der Verarbeitung zu erheben und die sachlichen Antriebe und Absichten in diesem redaktionellen Verarbeitungsvorgang aufzuspüren. In der letztgenannten Hinsicht schließt die RG Elemente historischer Sinnbestimmung (§ 10) unter der besonderen Perspektive der Aufnahme und Verarbeitung älteren Gutes ein. Die RG setzt sich dabei aber ab von der früher verbreiteten negativen Wertung von Zusätzen und redaktionellen Bearbeitungen (»sekundär« im abwertenden Sinne) und wendet der redaktionellen Geschichte eines Textes und seinen damit verbundenen Neuinterpretationen gerade ihre besondere Aufmerksamkeit zu.

---

71 S. o. § 4 A I (S. 30f).
72 Auch für die RG ergibt sich also eine enge Korrespondenz zum Arbeitsgang der HO.

1. Vorgänge bei der Erstverschriftung von mündlicher Überlieferung[73]

a)   Die Erstverschriftung kann *rein kodifizierender* Art sein:
Die erste schriftliche Fassung des Einzelstücks entspricht völlig
seiner Gestalt im letzten mündlichen Stadium. Die rg.e Frage
stellt sich für dieses Einzelstück dann nur als Frage an seine
Funktion und seinen gegebenenfalls implizit veränderten Sinn
im zugehörigen literarischen Zusammenhang, sofern es in einen solchen eingeht[74].

b)   Die Erstverschriftung vorgegebener mündlicher Überlieferung kann andererseits auch ihre weitgehende oder zumindest teilweise Neuformulierung und *Neufassung* durch den
verschriftenden Verfasser bedeuten[75]; dies wird erkennbar an
Spracheigentümlichkeiten sowie der Konvergenz mit dem redaktionellen Profil des zugehörigen literarischen Zusammenhangs, sofern das Einzelstück bei der Verschriftung in einen
solchen eingeht. Dann stellt sich das Problem von »Tradition
und Redaktion«, dh der Unterscheidung der alten Überliefe-
rungselemente vom Anteil des verschriftenden Verfassers und
der Bestimmung der Aussageintentionen, die ihn beim Aufgreifen des Überlieferungsstücks leiten.

c)   In diesem Zusammenhang ist zu beachten, daß bei der Unterscheidung von »Tradition und Redaktion« auf der Seite der Tradition
keineswegs nur festumrissene, ausgrenzbare, ehedem selbständig

---

73   Daß Fohrer (Exegese S. 136) dafür den Begriff »Redaktion« nicht gelten
lassen will, ist zT ein terminologisches Problem; wir fassen auch kompositio-
nelle literarische Vorgänge wie die in a) gekennzeichneten unter »Redaktion«;
Fohrer differenziert hier zwischen »Komposition« und »Redaktion« (aaO S.
135–139). Wenn Fohrer allerdings die im Zuge der Verschriftung vorgenommene und hier unter b) beschriebene Neufassung mündlicher Überlieferung
aus der Redaktionskritik herausnimmt, stellt sich die Frage, in welchem methodischen Schritt dieser Vorgang, der ja mitnichten »ein rein schriftstelle-
risch-schöpferische(r)« (aaO S. 136) ist, bei ihm dann erfaßt wird.
74   Beispiele: Aufnahme von Gen 12,10–20 ins Werk des Jahwisten, von
1Sam 19,19–24 in die Geschichte vom Aufstieg Davids, von Hag 1,2+4–8 in
die redaktionelle Bildung des Haggaibuches.
75   Beispiele: Gen 32,23–33 (zu den vom Jahwisten gesetzten Akzenten vgl.
die oben S. 48 genannte Arbeit von Elliger bes. S. 162–168); 1Sam 25,2–42
(zum Anteil des Verfassers der Aufstiegsgeschichte vgl. zB A. Weiser, VT 16,
1966, S. 325–354, dort 334ff). Von größter Bedeutung scheint dieser Vorgang
entgegen einer verbreiteten Auffassung auch bei der Verschriftung prophetischer Überlieferung zu sein, wobei es methodisch gesehen unerheblich ist, daß
der Autor des mündlichen Spruchmaterials und der verschriftende Redaktor
identisch sein können: vgl. vor allem O. H. Steck, EvTh 33, 1973, S. 77–90,
dort bes. 84ff, zu Jes 7,3–9; ferner: H.-J. Krause, ZAW 85, 1973, S. 39, zu den
Wehe-Sprüchen Jes 5,8–24; Barth, Jesaja-Worte, S. 10f, zu Jes 28,7b–22.

weitergegebene Überlieferungsstücke zu erwarten sind, die in die üg. erhobene Vorgeschichte des Textstücks selbst gehören. Vielmehr ist in Rechnung zu stellen, daß ein unter Verwendung alter Überlieferungsstücke neu konzipierender Verfasser zur Artikulation seiner redaktionellen Intentionen und Konzeptionen daneben noch weitere Bildungsgehalte einbringen kann, die vor ihrer planvollen Aufnahme im Zuge der redaktionellen Gestaltung mobile, isolierbare *Wissensmaterialien* des Verfassers dargestellt haben[76]. Solchen Vorgängen ist im Rahmen der TG nachzugehen.

d) Die Komposition eines vorgegebene mündliche Überlieferung zu einem Gesamtwerk verarbeitenden Verfassers bietet ihr *redaktionelles Profil* dar zum einen in der Art der Auswahl, Anordnung und Zusammenstellung der alten Überlieferung sowie in deren Neuformulierung und Neufassung (s. o. »Tradition und Redaktion«); zum anderen sind zur Herausarbeitung der Intentionen des Redaktors vor allem die rein redaktionellen (dh ohne Anhalt an Überlieferungs*stücken* neuformulierten) Bestandteile des Gesamtwerks heranzuziehen[77]. Sie liegen meistens vor in:
Rahmenformulierungen (Ein- und Ausleitung),
Verbindungsstücken,
Redestücken und Gebeten (Konzentrierung theologischer Leitgedanken).

2. Die folgenden Stufen

Sofern ein Text nach seiner ersten schriftlichen Niederlegung eine weitere literarische Geschichte hat, ist die rg.e Frage auf *allen* seinen Redaktionsstufen erneut zu stellen. Für die redaktionellen Vorgänge, die dabei eine Rolle spielen, gelten die für die Erstverschriftung gegebenen Hinweise entsprechend: Ein Redaktor kann bei der Erstellung eines literarischen Zusam-

---

76 So hat der Jahwist für die Gestaltung seiner Paradieserzählung Gen 2,4b–3,24 neben einer älteren Paradiesgeschichte, die als festumrissenes Überlieferungsstück in Gen 2,4b–3,24 eingegangen ist und somit zur *überlieferungsgeschichtlichen* Vorstufe dieses Textes gehört, noch Wissensmaterialien wie die hinter 2,7 stehende Schöpfungsvorstellung oder die Vorstellung vom Lebensbaum benutzt. Er hat diese zwar gewiß auch im Medium von Texten kennengelernt, aber eben nicht zusammen mit diesem ursprünglichen Kontext in seine Paradieserzählung eingebracht; sie können darum methodisch nur auf *traditionsgeschichtlichem* Wege erfaßt werden (vgl. O. H. Steck, Die Paradieserzählung, 1970, S. 54–58).
77 Beispiele: Gen 6,5–8 + 8,20–22 und Gen 32,10–13 (Jahwist); 1Sam 23,14–18 und 26,25a (Verfasser der Aufstiegsgeschichte, vgl. R. Rendtorff, Beobachtungen zur altisraelitischen Geschichtsschreibung anhand der Geschichte vom Aufstieg Davids, in: Probleme biblischer Theologie. Festschr. G. v. Rad, 1971, S. 428–439, dort 431A17).

menhangs neben mündlichen Überlieferungen zugleich
schriftliche Textstücke aufgreifen, für welche diese Neuver-
wendung dann uU bereits eine zweite Redaktionsstufe darstellt[78]; er kann zwei oder mehr allesamt bereits schriftlich
vorliegende Einzelstücke bzw. Komplexe zu einem größeren
Ganzen vereinigen, wobei die Überlieferungsstücke entweder
in ihrem Wortbestand *ineinander*gearbeitet[79] oder in Blöcken
*aneinander*gefügt[80] werden können; bei den genannten Vorgängen, aber auch unabhängig von der Bildung größerer literarischer Kompositionen bzw. Werke kann sich die redaktionelle
Tätigkeit schließlich darin äußern, daß vorliegendes schriftli-
ches Textmaterial durch redaktionelle Eigenformulierungen
erweitert und bearbeitet wird[81]. Richtet sich die RG auf einen
umfangreichen Textkomplex mit mehreren literarischen
Schichten, so besteht ihr Ziel darin, Zusammenhänge zwischen den redaktionellen Bearbeitungen der je einzelnen Textstücke zu erkennen, daraus ganze Redaktions*schichten* zu rekonstruieren und diese historisch und theologiegeschichtlich
zu orten[82].

78 Beispiel: der Einbezug der ›Denkschrift‹ Jesajas c. *6–8 in eine umfangreichere Sammlung der Jesajaüberlieferung (vgl. dazu Barth, aaO S. 282–284).
79 Für Beispiele s. o. A22.
80 Für Beispiele s. o. A21.
81 Für Beispiele s. o. A23; zur Typisierung der Glossen (kleine erläuternde
Zusätze von uU nur einem Wort) s. G. Fohrer, Die Glossen im Buche Ezechiel,
ZAW 63, 1951, S. 33–53.
Wo die redaktionellen Bearbeitungen im Zusammenhang mit der Erstellung
eines umfangreichen (besonders erzählenden) Werkes stehen, gilt für sie wieder das oben S. 52 zu 1d Gesagte; vgl. zB im Falle des deuteronomistischen Ge-
schichtswerkes Stellung und Art der redaktionellen Eigenformulierungen in
Jos *1; Ri 5,31b; 1Kön 8,14ff; 2Kön 17,7–23; 22,1f; 23,24–30 u.ö.
82 Beispiele: Ausgrenzung deuteronomistischer Redaktionsschichten in dem
Komplex Dtn-2Kön (vgl. Kaiser, EinlAT, § 16), einer deuteronomistischen
Redaktionsschicht im Amosbuch (zB durch H. W. Wolff, Dodekapropheton 2,
BK XIV/2, 1969) bzw. im Jeremiabuch (zB durch W. Thiel, Die deuteronomistische Redaktion von Jeremia 1–25, 1973), einer in der Josiazeit erfolgten Re-
daktion der Jesajaüberlieferung (durch Barth aaO).

C Ertrag

I. Einsicht in die Wandlungen eines Textes in schriftlicher Tradition

Das in § 5 C I für die Überlieferungsgeschichte Gesagte gilt entsprechend für die Redaktionsgeschichte.

II. Redaktionsgeschichte als Aktualisierungsvorgang

Das in § 5 C II für die Überlieferungsgeschichte Gesagte gilt entsprechend für die Redaktionsgeschichte.

III. Redaktionsgeschichte als Geschichte des Glaubens in Israel

Das in § 5 C III für die Überlieferungsgeschichte Gesagte gilt entsprechend für die Redaktionsgeschichte.

D Literatur

I. Einführung, Grundlegung und Übersicht

G. Fohrer, Exegese, § 9B
K. Koch, Formgeschichte, S. 72–80

II. Weiterführung und kritische Gegenpositionen

H. Birkeland, Zum hebräischen Traditionswesen (s. § 5 D II)
E. Güttgemanns, Offene Fragen zur Formgeschichte des Evangeliums (s. § 5 D II)
H. W. Hertzberg, Die Nachgeschichte alttestamentlicher Texte innerhalb des Alten Testaments, in: Werden und Wesen des Alten Testaments, BZAW 66, Berlin 1936, S. 110–121 (jetzt auch in: H. W. H., Beiträge zur Traditionsgeschichte und Theologie des Alten Testaments, Göttingen 1962, S. 69–80)
S. Mowinckel, Prophecy and Tradition (s. § 5 D II)
G. v. Rad, TheolAT, Bd. 2, S. 41–57, bes. 47–57
W. Richter, Exegese, S. 165–173

III. Exemplarische Durchführung

H. Barth, Die Jesaja-Worte in der Josiazeit. Israel und Assur als Thema einer produktiven Neuinterpretation der Jesajaüberlieferung, WMANT 48, Neukirchen-Vluyn 1977

M. Noth, Überlieferungsgeschichtliche Studien, Halle 1943 (Tübingen 1957, 1967): RG des deuteronomistischen und des chronistischen Werkes

G. v. Rad, Das formgeschichtliche Problem des Hexateuchs, BWANT IV 26, Stuttgart 1938, S. 44–72 (jetzt auch in: G. v. R., Gesammelte Studien zum Alten Testament, ThB 8, München ³1965, S. 55–86): RG des jahwistischen Werkes

IV. Zur Forschungsgeschichte

K. Koch, Formgeschichte, S. 80–83

§ 7 Formgeschichtliche Frage-stellung

A Die Aufgabe

I. Die übergreifende Frage nach den Voraussetzungen eines Textes bzw. seiner Textstufen

Mit § 7 betreten wir abermals ein Feld eng zusammengehöriger Methoden, die sich alle auf die Voraussetzungen eines Textes bzw. seiner ermittelten Textstufen in der jeweils vorgegebenen Welt richten. Den Standort eines Textes in seiner vorgegebenen *sprachlichen* Welt bestimmt die FG (§ 7), den Standort des Textes in seiner *geistig vorgeprägten* Welt bestimmt die TG (§ 8), den Standort in der *realen geschichtlichen* Welt die HO (§ 9).

II. Ausgangspunkt

In der FG wird der Text hinsichtlich seiner *sprachlichen Gestalt* untersucht, um die Sinnhinweise zu erkennen, die sich aus der sprachlichen Gestaltung ergeben. Deshalb muß man wissen, wie diese sprachliche Gestalt eines Textes zustande kommt. Der Verfasser hat wie seine Adressaten an einer *vorgegebenen Sprachwelt* teil; aus ihr greift er zur Mitteilung dessen, was er sagen will, bereitliegende sprachliche Muster und Möglichkeiten auf und wandelt sie gegebenenfalls auch ab. Hinsichtlich der Beziehung, die die sprachliche Gestalt seiner Aussage zu der vorgegebenen Sprachwelt hat, lassen sich – vom Einzelnen zum Ganzen fortschreitend – verschiedene Ebenen unterscheiden: die *Lautebene,* auf der das Klangbild der Aussage beachtet wird; die *Wortebene,* auf der die einzelnen Wörter des Textes untersucht werden; die *Satzebene* für die einzelnen Sätze; schließlich die *Textebene* für den Text als ganzen mit seinen Sätzen und Wörtern. Auf der *Ebene der Laute, Wörter und Sätze* zählen zu den vorgegebenen sprachlichen Mustern und Möglichkeiten schon die allgemeinen Bauelemente der Sprache wie der lexikalisch erfaßbare Wortbestand oder die Regeln der Syntax, ferner Stilmittel wie Alliteration und Assonanz, metaphorische Redeweise oder parallelismus membrorum. Von besonderer Bedeutung sind die geprägten Sprachmuster auf der *Textebene,* die dem Text als ganzem sprachliche Kontur geben; solche Texttypen nennt die Exegese Gattungen. Wir kennen derartige Gattungen auch noch in unserer heutigen

Sprachwelt: die öffentlichen Anzeigen von Geburt, Hochzeit und Todesfall, Bewerbungsschreiben, Communiqués usw.[83]; im Zeitraum der alttestamentlichen Überlieferungen sind die sprachlichen Äußerungen in noch weit höherem Maße weder frei noch beliebig, sondern in Bindung an vorgegebene, prägende Textmuster formuliert worden.

Die Wahl der sprachlichen Muster und Möglichkeiten für die Gestaltung eines Textes ist zumal in der Antike nicht zufällig oder willkürlich. Sie hängt nicht zuletzt davon ab, unter welcher Perspektive der Verfasser einen Sachverhalt aussagen und aufgenommen wissen will (*Aussagehinsicht*) und welche Intentionen er mit seiner sprachlichen Äußerung verbindet (*Aussageabsicht*); deshalb ist auf den Lebensvorgang (*Sitz im Leben*) zu achten, in dessen Rahmen die sprachliche Äußerung ergeht. Ein Beispiel aus unserer Sprachwelt mag das verdeutlichen: Wer öffentlich Tod und Bestattung eines Angehörigen mitteilen will, verfaßt eine Todesanzeige gemäß ihrem bis zu Wortwahl und Satzbau geprägten Gestaltungsmuster; derselbe Todesfall wird, wenn sich konventionierte Vorgänge unterschiedlicher Art auf das Geschehen richten und entsprechend Perspektive und Absicht wechseln, auch in anderen Textmustern ausgesagt: der amtlichen ärztlichen Feststellung der Todesursache, der Sterbeurkunde, der persönlichen, taktvoll-einfühlenden Mitteilung, die einen Angehörigen schonend in Kenntnis setzt, dem Nachruf auf den Verstorbenen usw.; je nachdem sind neben der Gattung auch Satzgestaltung und Wortwahl verschieden und folgen unterschiedlichen Mustern. Zwischen einer bestimmten sprachlichen Gestalt eines Textes[84] und einer bestimmten Aussagehinsicht und Aussageabsicht im Blick auf den ausgesagten Sachverhalt besteht also eine *Korrelation*. Wer heute spricht, weiß, welche sprachliche

---

83 Vgl. zahlreiche Beispiele bei Lohfink, Jetzt verstehe ich die Bibel.

84 Richter (Exegese, S. 32.41–43) setzt voraus, daß an einer sprachlichen Äußerung die *Aspekte Form und Inhalt* unterschieden werden können. Daß der Aussagegehalt dieser Äußerung nicht ohne Bestimmung ihrer Form angemessen erfaßt werden kann (aaO S. 38.42f.114.119), entspricht auch unserer Auffassung. Jedoch liegen in zweifacher Hinsicht tiefgreifende Differenzen vor. Die erste betrifft die *Bestimmung der Begriffe* Form und Inhalt: Während sich bei R. die formalisierte Ausdrucksseite der sprachlichen Äußerung (einschließlich der Inhalte in ihrer Formalisierbarkeit) und alles Inhaltliche samt dem Aussagegehalt gegenüberstehen (aaO S. 32.41f), versteht das Arbeitsbuch unter Form ohne prinzipielle Formalisierung die sprachliche Äußerung in ihrer vorliegenden konturierten Gestalt, was geformtes Inhaltliches einschließt (vgl. unten S. 60f). Die zweite Hinsicht betrifft die *Funktion der Unterscheidung* von Form und Inhalt für Ansatz und Durchführung der Methodik: Während R. den exegetischen Vorgang als ganzen so anlegt, daß in einem ersten Teil (Literarkritik bis Redaktionskritik) zur Abwehr willkürlicher Eintragungen jeglicher Ansatz beim Inhalt ausgeschlossen und der alleinige Ansatz bei der formalisierten Ausdrucksseite der sprachlichen Äußerung gefor-

Gestaltung er vornehmen muß, um etwas in einer bestimmten Perspektive und Absicht auszusagen; seine Zuhörer haben an derselben Sprachwelt teil und können deshalb aus der Aussagegestalt die Intentionen des Sprechers erkennen. Auch wir als Leser eines alttestamentlichen Textes müssen die Korrelation in dieser Richtung befragen: Von der sprachlichen Gestaltung ist auf die Aussagehinsicht und Aussageabsicht des Verfassers zurückzuschließen; da uns aber die Sprachwelt des Alten Israel nicht mehr unmittelbar vertraut ist, kann dies nur im *Vorgang fg.er Rekonstruktion* geschehen. Fazit: Wer fg. am AT arbeitet, hat also die konkrete hebräische (bzw. aramäische) Sprachgestalt zu beachten, in der ein Text einen bestimmten Sachverhalt in Blick nimmt, und von dieser Gestalt auf die Aussageintentionen zurückzuschließen, die in ihr zum Ausdruck kommen.

Man muß allerdings bedenken, daß unsere Einsicht in die Merkmale und Gesetze des Aufbaus und in die Verwendung der hebräischen (bzw. aramäischen) Sprache begrenzt ist. Schon die originale Aussprache des Hebräischen bleibt uns unbekannt; der Befund auf der Lautebene (Klangbild, Rhythmus, Metrum) ist daher auf weite Strecken ungesichert[85]. Ferner

dert wird, um von daher die Untersuchung der Inhaltsseite, die in einem zweiten Teil folgt, differenziert und kontrollierbar einzugrenzen, bringt das vorliegende Arbeitsbuch in der FG (und damit auf allen Überlieferungsstufen eines Textes, insofern sie der fg.en Untersuchung unterliegen) den unauflöslichen Zusammenhang von Form und Inhalt in Anschlag, und zwar bereits im Ansatz.

Wie bereits oben A25 bzw. A56 zu LK und ÜG ausgeführt, ist auch hier zu fragen, ob R.s Ansatz allein bei der formalisierten Ausdrucksseite statt eines umfassenderen historischen Ansatzes nicht zu Fehlschlüssen und Fehlurteilen führt und der strukturalen Analyse zur Bestimmung des Sachgehaltes einer historischen Aussage nicht mehr abverlangt, als sie zu leisten vermag. Bei der Entstehung einer sprachlichen Äußerung stehen *Sachintention und sprachliche Gestaltung* von vornherein in *Verbindung;* die exegetische Analyse darf diese Verbindung nicht auseinanderreißen und in ein methodisches Nacheinander auflösen. Was ist eine Aufbauanalyse, eine Gattungsbestimmung, was ist gattungsgeschichtliche Arbeit, wenn man von der inhaltlich-topischen Prägung und der thematischen Direktion sprachlicher Äußerungen absehen und sich allein an formalisierbare Phänomene halten soll? Daß der *Ansatz beim Inhaltlichen* zwangsläufig der Gefahr unsachgemäßer Eintragungen erliegen muß, wie R. unentwegt annimmt, ist nachdrücklich zu bestreiten: Daß Vorverständnisse kontrollierende, nachprüfbare Bestimmungen von Aussageinhalten von Anfang an möglich sind, zeigen zB in der FG die Topikanalyse und überhaupt vor allem die tg.e Arbeit (s. unten § 8). Ergebnisse der strukturalen Sprachwissenschaft können einer historisch angesetzten formgeschichtlichen Methode uU eingeordnet werden, sofern sie sich im historischen Bereich des Alten Israel und der toten Sprache des biblischen Hebräisch als tragfähig erweisen; sie dürfen aber mit ihren Implikationen den dem historischen Gegenstand entsprechenden, umfassend historischen Ansatz der FG in keiner Weise beeinträchtigen.

85 Vgl. auch Koch, Formgeschichte, S. 299f.

steht die Erforschung der Sprachmuster und ihrer Bedeutung noch in den Anfängen; dies gilt bereits für Arbeiten auf dem Gebiet der hebräischen Syntax (zB »Tempora«) und Stilistik (zB verschiedene Erzählstile); führen sie in Zukunft zu eindeutigen, überzeugenden Ergebnissen, gewinnt allerdings auch die FG neue *Fragemöglichkeiten*. Wir begrenzen die FG im Rahmen dieses Arbeitsbuches auf die Untersuchung solcher sprachlichen Eigentümlichkeiten und Gestaltungsweisen, deren Strukturmerkmale sich in stetem Zusammenhang mit ihrer Bedeutung gegenwärtig hinreichend klar ermitteln lassen[86]. Dabei ist festzustellen: Die Frage nach den Sprachmustern auf der Textebene (Gattungen) ist für den fg.en Arbeitsgang gegenwärtig immer noch am ergiebigsten[87]. Jedoch lassen sich darüber hinaus auch andere Merkmale aller Ebenen der sprachlichen Gestalt eines Textes auswerten; sie können typische Bauelemente der Gattung selbst sein[88], es kann sich aber auch um gattungsunabhängige Formmerkmale des Textes handeln, die gegebenenfalls gerade für die sprachliche Abwandlung der Gattung eingesetzt werden[89].

---

86 In der neueren exegetischen Literatur (bis hin zu den methodischen Anleitungen: Fohrer, Exegese, S. 176–192; Koch, aaO S. 303f.309–314) hat die Rezeption sprachwissenschaftlicher Fragestellungen vielfach dazu geführt, entsprechende sprachformalisierende Strukturuntersuchungen auch dann durchzuführen, wenn sich ein Ertrag für das sachliche Verständnis und die Interpretation eines Textstücks nicht abzeichnet. Der Forschung müssen solche neuen Wege und Versuche natürlich unbenommen bleiben; in der exegetischen Praxis sollte man sich jedoch hüten, solche aufwendigen und im Effekt formalistischen Untersuchungen für besonders »objektiv« und wissenschaftlich zu halten. Man gewinnt Baupläne und Strukturschemata und verliert das Leben.

87 Im Unterschied zu Fohrer aaO (§ 6) und Kaiser, Exegese (Abschnitt 4), behandeln wir darum auch die Untersuchung der sprachlichen Gestalt eines Textes, wie sie vor und neben der Gattungsbestimmung erforderlich ist, nicht in einem separaten Paragraphen, sondern zusammen mit der Gattungsfrage unter dem Oberbegriff der formgeschichtlichen Fragestellung. Die semantische Analyse (vgl. dazu im einzelnen Wanke in: Fohrer, aaO S. 74–76; Koch, aaO S. 316–330), die unter einem methodisch-theoretischen Gesichtspunkt der Analyse des Textes hinsichtlich seiner *sprachlichen* Gestalt zuzuweisen ist und insofern in die FG hineingehört, wird praktisch weitgehend bereits im Zuge der ersten, vorläufigen Übersetzung erfolgen (dazu s. o. S. 4). Sofern sich im Rahmen eines umfassenderen Vorstellungskontextes zusätzliche Bedeutungsgehalte an einen Begriff ankristallisieren, geht die semantische Analyse in tg.e Arbeit über (s. u. S. 82).

88 Beispiele: die Satzart »Aufforderung« im Mahnwort, das Stilmittel des parallelismus membrorum in der Sentenz.

89 Beispiel: das über die Gattung »Heilsorakel an den König« in Jes 7,4–9 überschießende Element V9b, das als bedingte Drohung gefaßt ist und die Korrespondenz von Verhalten und Ergehen durch die Verwendung der Paronomasie *tăʾămînû/teʾamenû* zusätzlich betont.

III. Bestimmung

Die FG arbeitet die besondere *sprachliche Gestalt einer einzelnen Texteinheit* (gleich welchen Umfangs) auf jeder ihrer ermittelten Wachstumsstufen heraus. Im Zuge dessen bestimmt sie insbesondere Aufnahme und Verwendung von Gattungen und den zugehörigen Sitz im Leben; sie muß dafür allerdings auf andere, unabhängige Gattungsbelege ausgreifen können. Die FG zielt auf ein methodisch sachgemäßes Verständnis der Anlage und Aussageintention des betreffenden Textes, insofern die Eigenart der sprachlichen Gestaltung, vor allem die Wahl der Gattung, erkennen läßt, unter welcher Hinsicht der ausgesagte Inhalt gesehen und mit welcher Absicht er formuliert ist.

Zu den fg.en Arbeitsfeldern gehört aber nicht nur die Untersuchung der sprachlichen Gestalt *einzelner* Texteinheiten und der im Zuge dessen heranzuziehenden Parallelbelege. Zu ihren Aufgaben gehört ebenso, die hebräische (bzw. aramäische) *Sprachwelt im ganzen* zu erforschen und die Geschichte von Textmustern (*Gattungsgeschichte*) zu erhellen. In diesem Fall ist die Bearbeitung von Einzeltexten nicht Ziel, sondern Mittel und Material der Untersuchung.

IV. Terminologie

1. »Form« und »Gattung«

Der Begriff »Form« wird in der Forschung in verschiedenem Sinne verwendet: gelegentlich gleichbedeutend mit »Gattung«[90], häufiger jedoch davon in unterschiedlicher Weise abgehoben[91]. In diesem Arbeitsbuch ist »Form« verstanden als ein Wechselbegriff für »sprachliche Gestalt«, also nicht als etwas, das auch abgesehen vom ausgesagten Inhalt untersucht werden könnte. Form und Inhalt lassen sich innerhalb einer sprachlichen Äußerung nicht trennen; jedoch ist der Inhalt in unterschiedlicher Konkretion für die Sprachmuster konstitutiv; je elementarer und einfacher die Ebenen sprachlicher Äußerung sind, desto stärker sind ihre Inhalte verallgemeinert: Lautformen, Stilfiguren oder Satzarten sind wegen ihrer breiten Sprachverwendung inhaltlich überaus allgemein, Formeln hingegen oder Gattungen können in ihrer Form von konkreten Inhalten überhaupt nicht gelöst werden, erst recht nicht ein vorliegender Text als ganzer. Der Begriff *»Form«* bezeichnet somit *die vorliegende sprachliche Gestalt eines Textes*, ebenso die in ihm verarbeitete(n) Gattung(en) mit ihren sie

90 Vgl. zB C. Kuhl, RGG³, Bd. II, Sp. 996.
91 Vgl. zB H.-J. Hermisson, Studien zur israelitischen Spruchweisheit, 1968, S. 138A1; Crüsemann, Studien, S. 13fA1; Richter, aaO S. 33.74.126f.131ff; Markert in: Fohrer, aaO S. 84f; Kaiser, aaO S. 33f.

kennzeichnenden und bestimmenden Formmerkmalen, die nicht von der Gattung bestimmten sprachlichen Züge oder Kunstformen (parallelismus membrorum u.ä.). Diese erarbeiteten Sachverhalte der Benutzung *und* Abwandlung vorgegebener sprachlicher Gestaltungsmuster sind Ausdruck von Sinn.

2. »Formel«

Von »Gattung« abzusetzen ist der Begriff »Formel«. Eine Formel ist eine kurze, festgeprägte Wortverbindung[92].

3. »Formgeschichte« und »Gattungsgeschichte«

»Formgeschichte« und »Gattungsgeschichte« werden teilweise – im Anschluß an die entsprechende Verwendung von »Form« und »Gattung« – ebenfalls promiscue gebraucht. Jedoch sollte »Formgeschichte«[93] der begrifflichen Verständigung halber auf die Arbeitsmethode im ganzen bezogen und »Gattungsgeschichte« der Benennung der Geschichte einer bestimmten Gattung vorbehalten bleiben[94].

---

92 Beispiele: »mit starker Hand und ausgerecktem Arm« (*bᵉjād ḥᵃzāqā ûbizrôᵃᶜ nᵉṭûjā*) für das machtvolle Handeln Jahwes (zB Dtn 4,34; 2Kön 17,36; Jer 21,5); »ich bin Jahwe (, dein/euer Gott)« (*ᵃnî jhwh*) für die Selbstvorstellung Jahwes (zB Ex 20,2; Lev 18,2; Ps 50,7). Richter, aaO S. 99–103 (aufgenommen bei Kaiser, aaO S. 30, abgewandelt bei Wanke, aaO S. 71), will zwischen »Formel« und »geprägter Wendung« (letztere beschränkt auf *ein* literarisches Werk) noch differenzieren.
93 Eine speziellere Bedeutung haben »Formgeschichte« und »Gattungsgeschichte« in Verbindung mit den Begriffen »Formkritik«, »Gattungskritik« und »Formengeschichte« bei Richter, aaO S. 120–125.149–151 (s. dazu in der 2.–7. Auflage dieses Arbeitsbuches S. 97f). Markert, aaO S. 85, läßt den Terminus »Formgeschichte« überhaupt fallen und bezeichnet die verschiedenen Arbeitsschritte mit den Begriffen »Formkritik«, »Formenkritik«, »Gattungskritik«, »Formengeschichte« und »Gattungsgeschichte«.
94 Es ist zu beachten, daß im Unterschied zu den hier verwendeten Begriffsbestimmungen Koch (aaO S. 49.66.72.95 u. ö.) »Formgeschichte« als Oberbegriff für alle exegetischen Methoden faßt. Wenn Koch in seinem Vorwort zur 3. Auflage (aaO S. XV) bedauert, daß »Formgeschichte« in unserem Arbeitsbuch »auf Gattungsgeschichte eingeengt« war, meint er wohl entgegen der von uns definierten Terminologie »Gattungsgeschichte« im Sinne von Gattungsfrage, was aber auch so für die 1.–7. Auflage nicht uneingeschränkt zutrifft.

B   Erläuterungen zu Fragestellung und Methodik

I.   Teilfragen

Die fg.e Untersuchung eines Textes läßt sich in vier Teilfragen
untergliedern:
1)   Welche Formmerkmale weist der Text auf, wie ist seine
sprachliche Gestaltung näher zu kennzeichnen? (*Frage nach
der sprachlichen Gestaltung*)
2)   Ist diese Weise der Gestaltung insgesamt oder in bestimmten Teileelementen als Gattung zu identifizieren? (*Gattungsbestimmung*)[95]
3)   Wie ordnet sich die Ausprägung der Gattung in diesem
speziellen Fall in die Geschichte jener Gattung ein? (*gattungsgeschichtliche Frage*)
4)   Welcher äußeren Lebenssituation, welcher ihrer Erfor-
dernisse und Gesetzmäßigkeiten gehört die Gattung zu? (*Frage
nach dem Sitz im Leben*)

II.   Zur Frage nach der sprachlichen Gestaltung

In einem ersten Akt wird eine *Deskription der sprachlichen Gestaltung des Textstücks selbst* durchgeführt. Sie erbringt erste
und vorläufige Resultate, die bei der im zweiten Akt vorzu-
nehmenden Gattungsbestimmung (s. III) vertieft und gegebenenfalls korrigiert werden.
1)   Die Untersuchung beginnt mit der *Abgrenzung* des gegebenen Textstücks: Ist es ein völlig auf sich stehendes Ganzes?
Ist es jedenfalls ein in sich geschlossenes Ganzes mit sinnvol-
lem Anfang und Ende? Welche Fortsetzung nach vorn und hinten setzt es gegebenenfalls voraus[96]? Der Umfang des Text-

---

95   Die abweichend von der 1.–7. Auflage dieses Arbeitsbuches vorgenommene Sonderung der beiden Aspekte: sprachliche Gestaltung und Gattungs-
prägung in zwei eigenständige Teilfragen trägt dem Umstand Rechnung, daß
die Formung eines Einzeltextes nicht lediglich als Formung durch vorgegebene
Gattungen und deren Formenwelt zu verstehen ist (s. schon oben S. 59).
Die Unterscheidung der Gattungsgeprägtheit eines Textes von seiner gat-
tungsunabhängigen sprachlichen Gestaltung war in der Forschung bislang und
in der 1. Auflage unseres Arbeitsbuches zwar durchaus auch vorausgesetzt, ist
aber in der neueren Methodendiskussion zuerst von Richter (aaO S.
33.74.126f.131ff), danach auch in den Methodenbüchern von Schreiner (Einführung), Fohrer aaO und Koch aaO (3. Auflage) mit Recht betont und in Versuchen näherer Entfaltung dem verbreiteten Trend einer Reduktion der FG auf
die Gattungsfrage entgegengesetzt worden.
96   Beispiele: Psalmen stehen in der Regel (s. aber zB Ps 42/43!) völlig auf
sich. Dagegen kann ein gegebenes Textstück aus der Thronnachfolgegeschichte
allenfalls in sich relativ geschlossen sein (zB 2Sam 11,2–12,25; 20,1–22), ist
aber zugleich Ausschnitt aus einem größeren Erzählungsganzen.

stücks spielt dabei keine Rolle; die FG richtet sich nicht nur auf die kleinen Einheiten, sondern grundsätzlich ebenso auf Sammlungen und literarische Großkomplexe.

2) Grundlegend ist sodann die Frage nach *Aufbau* und *Aufbaugliedern*. Erkennbar sind diese vor allem an szenischen oder funktionalen Einschnitten, an charakteristischen Einleitungs- oder Schlußformeln, Satzarten (wie Aufforderung, Nominalsatz), Stilmitteln (wie der Wiederholung) sowie an den Vokabeln, die die Sätze miteinander verknüpfen (wie »weil«, »darum«)[97].

3) Die einzelnen *sprachlichen Gestaltungsmittel* unterhalb der Textebene, über deren Verwendung und Bedeutung sich grundsätzlich nicht ohne den Ausgriff auf eine Mehrzahl von Texten Klarheit gewinnen läßt[98], haben gegebenenfalls nicht ausschließlich und zum Teil überhaupt keine Gliederungsfunktion. Entsprechend ist auch unabhängig von der Frage nach dem Aufbau auf die verwendeten Satzarten (besonders Nominal- und Verbalsatz), Formeln, Substantiv- und Verbklassen (wie Abstracta/Concreta, Zustandsverben/Handlungsverben), Stilmittel (besonders den Gebrauch von metaphorischer Redeweise, von Alliteration, Assonanz und Paronomasie oder von parallelismus membrorum) sowie die Darstellungsweise (Bericht, Argumentation, Instruktion u. ä.; szenische Zweiheit, Einsträngigkeit u. ä.) zu achten und ihre Funktion im ganzen zu erheben[99].

4) Schließlich müssen Fragen zum Zuge kommen, die unmittelbarer der *Hinsicht des Verfassers auf Gegenstand/Sachverhalt* und Hörer gelten: Wie stellt sich der ausgesagte Sachverhalt der Wahrnehmung, der Erfahrung und dem Denken zur Zeit der Aussagebildung als solcher dar? Worauf legt aber näherhin der Verfasser der Aussage das Schwergewicht (zB Beten, Verfluchung, Belehrung)? Was läßt er weg, was im Zusammenhang der Aussage an sich auch von Interesse sein

---

97 Beispiel: Jes 10,5–19. Für die Bestimmung von Aufbau und Aufbaugliedern sind hier vor allem wichtig: die begründende Konjunktion »darum« *laken* V16, der zweimalige, verschiedene Aspekte des Vergehens thematisierende Wechsel von Jahwerede (V 5–7.12b) und einbezogenen Zitaten des Assyrers (V8–11.13f) innerhalb von V5–15, das Stilmittel des Rückbezugs von V15 auf V5.

98 Im praktischen Vollzug seiner Arbeit wird sich der Exeget freilich die bereits vorliegenden Einsichten der Forschung zunutze machen und Wörterbücher, Grammatiken, Stilistiken, die EinlAT u. ä. heranziehen.

99 Beispiele: die Verwendung von Alliteration und Assonanz zur Heraushebung des abschließenden Urteils über das Mißraten Jerusalems und Judas in Jes 5,7b (*mišpaṭ/mispaḥ, ṣᵉdaqā/ṣᵉᶜaqā*) bzw. des Nominalsatzes zum Ausdruck des *zuständlichen* göttlichen Schutzes für den Zion in Ps 46 (V2.6a.8 u. ö.). Im Blick auf Erzählungen vgl. den berühmten Stilvergleich zwischen Homer und Gen 22 bei E. Auerbach, Mimesis, ⁵1971, S. 5–27, bes. 9ff, und die Analyse von Gen 28,10–22 bei Fohrer, aaO S. 176–192 (mit § 6).

könnte[100]? Welches ist in der Absicht des Verfassers das Verhältnis des Hörers/Lesers zu der Aussage bzw. zum ausgesagten Sachverhalt (etwa in der Historiographie anders als bei volkstümlichen Erzählungen, bei Lobaussagen anders als bei Listen)? Was will der Verfasser beim Leser/Hörer erzielen (Aussageabsicht)[101]?

III. Zur Gattungsbestimmung

1. Der Vorgang der Gattungsbestimmung

Ob und in welcher Weise die sprachliche Gestaltung eines einzelnen Textstücks oder eines Textkomplexes einem vorgegebenen Textmuster für einen bestimmten Lebensvorgang folgt, läßt sich nur im *Vergleich mit weiteren Texten* näher bestimmen. Eine Gattung liegt dann vor, wenn mehrere, literarisch voneinander unabhängige[102] Texte hinsichtlich Aufbauglieder, Topik (bestimmte, für diese Gattung typische Wörter, Inhalte, Vorstellungen[103]) und Formmerkmale eine gemeinsame Grundlage besitzen.

Wie ist bei der Gattungsbestimmung eines gegebenen Textes nun *im einzelnen vorzugehen*[104]? Die im Rahmen der Frage nach der sprachlichen Gestaltung erkennbar gewordene Aussagehinsicht und -absicht im Blick auf einen konkreten Sachverhalt (zB Gebet, Rechtssatz, Kultbegründung, Geschichtserzählung) weist auf den alttestamentlichen Textbereich hin, in dem (zunächst anhand einer deutschen Bibel, kontrollierend

---

100 Diese Fragestellung ist besonders geeignet, die spezielle Hinsicht, unter der ein Text redet, zu erkennen: Was wird in Ps 6 oder einem entsprechenden Klagelied über die zugrunde liegende Not, was in Jes 7,1–17 über die politische Entscheidungssituation des Ahas gesagt, was nicht?

101 Da Richter einen Ansatz bei nicht formalisiertem Inhaltlichem ablehnt, kommen bei ihm im Rahmen des auf Form und Gattung zielenden methodischen Schrittes (aaO S. 75–78.128–137.183) die hier genannten Fragehinsichten, entsprechend dann in der Gattungsbestimmung die nach der Gattungstopik (als nicht formalisierter!) nicht zum Zuge. Vgl. dagegen oben A84.

102 Die übereinstimmende Formung von Texten kann bei literarischer Abhängigkeit auf Nachahmung in Kenntnis des vorliegenden Vorbilds beruhen; sie kann auch auf die einheitlich gestaltende Hand eines Verfassers (zu den Rahmenstücken im Richterbuch vgl. Markert, aaO S. 90A88) zurückgehen.

103 Beispiel Leichenlied: Kennwort ' *ek*, Gegensatz von Einst und Jetzt, preisende Darstellung des Toten u. a. Besonders reichhaltig ist die Gattungstopik vieler Psalmengattungen (vgl. H. Gunkel/J. Begrich, Einleitung in die Psalmen, 1933, beispielsweise zum Klagelied des Einzelnen S. 184ff).

104 Im praktischen Vollzug seiner Arbeit wird sich der Exeget auch hier (s. schon oben A98) die bereits vorliegenden Einsichten der Forschung zunutze machen und die in den EinlAT oder Kommentaren vorgenommene Gattungsbestimmung des untersuchten Textes aufnehmen und kritisch prüfen (vgl. auch Markert, aaO S. 92; Kaiser, aaO S. 38).

dann auch anhand der Biblia Hebraica) vorrangig nach entsprechend gestalteten Texten zu suchen ist. Darüber hinaus können mit Hilfe einer hebräischen Konkordanz diejenigen Texte identifiziert und überprüft werden, in denen die für Aufbau und Aussageabsicht tragenden Wörter des untersuchten Textes (etwa bei der Unheilsprophezeiung: »weil« *jăʿ ăn* oder »darum« *laken*, beim Klagepsalm: »wie lange?« *ʿăd matăj* oder »erhören/antworten« *ʿnh*) ebenfalls belegt sind.

Werden auf diesem Wege entsprechend gestaltete, literarisch unabhängige Texte gefunden, so können in vergleichender Betrachtung die *Merkmale der zugrunde liegenden Gattung* und zugleich ihre individuelle Abwandlung in den verschiedenen Exemplaren nunmehr *näher bestimmt* werden; daraus ergeben sich uU wichtige Präzisierungen und Korrekturen der bei der Untersuchung der sprachlichen Gestaltung vorgenommenen Abgrenzung, Aufbauanalyse und Bestimmung der leitenden Hinsicht. Falls sich jedoch herausstellen sollte, daß die in der Untersuchung der sprachlichen Gestaltung beobachteten Eigentümlichkeiten eines Textes auf diesen beschränkt sind, dann ist es in der Regel nicht möglich, von einer besonderen Gattung, die der Textgestaltung vorgegeben wäre, zu sprechen. Es kann sich aber auch erweisen, daß der untersuchte Text lediglich Teilstück einer Gattung ist[105]. Für die Gattungsbezeichnung ist es aus Gründen rascher Verständigung ratsam, der in der Forschung eingebürgerten Terminologie zu folgen.

2. Variationen und Abwandlungen von Gattungen

Die Gestaltung sprachlicher Äußerungen nach vorgegebenen Textmustern kann aufgrund der Lebendigkeit der Sprache nicht einfach ihre schematische Gleichheit bedeuten; Unterschiede zwischen den einzelnen Exemplaren einer Gattung und Differenzierung einer Gattung in Zweiggattungen sind deshalb von vornherein als selbstverständlich zu erwarten. Stärkere Abwandlungen und Umformungen der Gattung müssen allerdings entweder als Indiz einer Wandlung der Gattung im Verlauf ihrer Geschichte[106] oder als Hinweis auf besondere, die Aussagemöglichkeiten des Texttyps sprengende Inhalte und/oder ausgeprägte Eigenart der (des) Verfasser(s) verstanden werden; in diesem letztgenannten Fall geben sie häufig wertvolle Hinweise auf den spezifischen Aussagewillen des betreffenden Abschnitts[107].

---

105 Beispiel: Gen 39 ist gattungsmäßig nur Teilstück der in der Josepherzählung im ganzen vorliegenden Gattung Novelle.
106 Vgl. unten IV.
107 Beispiel: Jes 7,4–9 (s. o. A89).

3. Verschränkung und Mischung von Gattungen

Eine sprachliche Einheit ist häufig nach einer einzigen Gattung gestaltet. Jedoch ist auch darauf zu achten, daß innerhalb eines Textes eine Gattung (in diesem Fall »*Gliedgattung*« genannt) im Rahmen einer anderen Gattung (dann »*Rahmengattung*« genannt) auftreten kann (K. Koch[108]). Ferner liegen nicht selten auch Verschränkungen oder Mischungen von Gattungen vor; über das Alter solcher sprachlicher Einheiten ist damit noch nicht entschieden; die Hypothese einer allmählichen Entwicklung von einfachen zu komplexen Gattungstypen ist problematisch.

IV. Zur gattungsgeschichtlichen Frage

1. Ansatzpunkt

Eine Gattung ist in ihren einzelnen Exemplaren selten durch Gleichheit der sprachlichen Gestaltung gekennzeichnet; vielmehr treten Veränderungen und Wandlungen auf. Diese Unterschiede können ihren Grund in bewußter Abwandlung der gattungstypischen Merkmale bei der Aufnahme der Gattung haben[109]; sie können aber auch auf Entwicklungen und Veränderungen der Gattung im Verlauf der langen Geschichte ihres Gebrauchs weisen. Besonders das letztgenannte Phänomen ist der Ansatzpunkt der gattungsgeschichtlichen Frage: Insofern jede Gattung in dem Zeitraum ihres Gebrauchs eine Geschichte hat, kann das auf einer bestimmten Überlieferungsstufe eines Textstücks vorgefundene Exemplar einer Gattung nach vorwärts wie nach rückwärts von anderen Ausprägungen dieser Gattung charakteristisch unterschieden sein.

2. Vergleichsmaterial

Das Material für die gattungsgeschichtliche Untersuchung bieten die Ausprägungen der in Frage stehenden Gattung im AT sowie in der Umwelt Israels. Gattungsgeschichtliche Erscheinungen ergeben sich dabei aus der Beobachtung von solchen Wandlungen, die aus der Entwicklung von Gattungselementen in der Geschichte resultieren und nicht einfach aus der einmaligen Modifikation durch die Gattung verwendende Verfasser (es sei denn, daß derartige Modifikationen ihrerseits auch gattungsgeschichtlich wirksam wurden). Gattungsgeschichtliche Untersuchungen erfolgen in der Regel in monographi-

---

108   AaO S. 29–31.
109   Vgl. oben B III 2 (S. 65) und unten B V 3 (S. 69f).

scher Form[110] und sind im Rahmen der Exegese eines Einzeltextes
stets nur in beschränktem Umfang möglich.

Fragestellung
und Methodik

V. Zur Frage nach dem Sitz im Leben

1. Begriffsklärung

Fg.e Untersuchung, wie sie in der alttestamentlichen Exegese
durchgeführt wird, hat es in der Regel mit solchen Gattungen
zu tun, die eine Zuordnung bestimmter sprachlicher Formen
zu bestimmten *soziokulturellen Bedingungen und Gegebenheiten* (Sitz im Leben) erlauben. Von dieser Zuordnung kann
aber nur gesprochen werden, wenn die Gattung in einem Lebensvorgang so verwurzelt ist, daß sie mit dessen Wiederholung auch selbst wieder gebraucht wird[111]; die nur gelegentli-
che Aufnahme einer Gattung in einem anderen Lebensbereich
bedeutet für sie noch keineswegs einen neuen Sitz im Leben[112].

Der mit Sitz im Leben bezeichnete geprägte Lebensvorgang bezieht
sich auf einen bestimmten Sachverhalt, auf den sich durchaus auch
andere Lebensvorgänge beziehen können. In diesem Fall richten sich
auch *ganz verschiedene Gattungen* auf diesen Sachverhalt und sehen
ihn je nach dem zugehörigen Lebensvorgang auch in unterschiedlichen Perspektiven. So sind *mit ein und demselben Sachverhalt* eines
Kriegszuges geprägte sprachliche Äußerungen verbunden, die etwa
folgenden Gattungen angehören: Orakelanfrage, Orakelkundgabe,
Wortteile zu Reinigungsriten, Gelübde, Befehlsausgabe, Aufforderung zum Kampf, Heroldsinstruktion, Siegeslied, Beutelisten, Kö-
nigsdanklied, Feldzugsbericht, Steleninschrift. Diese Gattungen re-
präsentieren verschiedene Lebensvorgänge hinsichtlich des Kriegszuges und sehen ein und dasselbe Geschehen jeweils unter eigentümlicher Hinsicht.

Unter dem besonderen Aspekt der Frage nach dem Sitz im Leben ist die FG auch eine *literatursoziologische* Betrachtungs-
weise und nicht mit einer zeitlosen Morphologie zu verwech-
seln, welche phänomenologisch eine ästhetische Formenwelt
beschreibt.

Einschränkend muß jedoch hinzugefügt werden, daß die genannte
Verwurzelung von Gattungen in einem bestimmten Sitz im Leben
nicht bedeutet, daß der Rückschluß von der gattungsmäßig geprägten

---

110 Vgl. zB Crüsemann, Studien, S. 210–284, bes. 284, zum Danklied des
Einzelnen.
111 Beispiele: die Verwurzelung des Leichenliedes im Vorgang der Klagebe-
gehung anläßlich eines Todesfalles (2Sam 1,17–27) oder der Tempeleinlaßli-
turgie im Vorgang des Einzugs von Pilgern in den Jerusalemer Tempel (Ps 15).
112 Beispiel: das Aufgreifen von Tier- und Pflanzenfabel in Ez 17 und 19 (zu
den Einzelheiten s. W. Zimmerli, Ezechiel, BK XIII, 1969, zSt).

sprachlichen Gestalt eines Textes auf seinen kulturellen und institutionellen Rahmen durchgängig möglich sei. Zum einen können Gattungen ihren angestammten Sitz im Leben verlassen (s. unten 3.); zum anderen spiegelt sich in einigen Gattungen ihr Sitz im Leben so wenig deutlich, daß ein Zugang von der sprachlichen Gestalt entsprechend geformter Texte zu den soziokulturellen Bedingungen und Gegebenheiten, denen sie zugehören, nicht eröffnet wird.

2. Methodischer Zugang

Methodisch muß die Beziehung zwischen Sitz im Leben und zugehöriger(-en) Gattung(en) in einer doppelten Bewegung erhellt werden:

a) Von der *Gattung* (Texten) ausgehend:
Um den Sitz im Leben zu erkennen, sind im Blick auf die Merkmale der Gattung sowie des Kontextes, innerhalb dessen sie erscheint, folgende Fragen zu stellen:
»wer ist es, der redet? wer sind die Zuhörer? welche Stimmung beherrscht die Situation? welche Wirkung wird erstrebt?«[113]
Setzt die Aussage auf seiten des Redenden die Ausübung einer bestimmten Funktion, eine bestimmte »Kompetenz oder Zuständigkeit« voraus? Sind die »Interessen und Belange« bestimmter Personen oder Personengruppen angesprochen[114]?
Erlauben Stil und Darstellungsart (zB volkstümliche oder theologisch durchreflektierte Erzählweise) Rückschlüsse auf die soziokulturelle Verwurzelung?
Auf welche geordneten Lebensvorgänge in Israel weisen Aufbau, Formmerkmale, Sehweise und Inhalte der Gattung[115]?

b) Von den *soziokulturellen Bedingungen und Gegebenheiten* ausgehend:
Hier sind Kenntnisse der israelitischen und überhaupt der altorientalischen Wirtschafts-, Sozial-, Kult- und Religionsgeschichte notwendig, soweit deren Erarbeitung bislang gelungen ist[116]. Sie bilden ihrerseits das Material, um den Sitz im Leben zu erfassen bzw. zu präzisieren.

113 Gunkel, Reden und Aufsätze, S. 33.
114 Vgl. Kaiser, aaO S. 40.
115 Beispiel Danklied des Einzelnen: Die einleitende Toda-Formel (Jes 12,1) bzw. die Nennung des Dankopfers im Verlauf des Psalms (Ps 116,17) weisen auf den Vorgang der Darbringung der Toda; die Bipolarität des Redens in zwei Richtungen (Ps 30,2–4.7–13/5f) läßt erkennen, daß der Beter im Vorgang der Toda einerseits Jahwe in *Anrede* an ihn das Opfer übereignet und andererseits den Teilnehmern am Opfermahl *von* Jahwes Tat berichtet; vgl. weiter Crüsemann, aaO S. 282–284.
116 Für Lit. s. o. § 2 K.L.

3. Beziehung zwischen Gattung und Sitz im Leben

Diese Beziehung ist *im einfachsten Fall eine unmittelbare:* Die Gattung wird im Rahmen ihres Sitzes im Leben verwendet. Jedoch stellt sich das Verhältnis beider im AT *vielfach komplexer* dar, was für die FG besondere Probleme aufwirft:

a)   Eine Gattung kann *außerhalb ihres Sitzes im Leben* verwendet werden, sei es daß sie ad hoc in einem anderen Lebensbereich aufgegriffen wird, ohne jedoch fest in ihm einzuwurzeln[117], sei es daß sie integrierender Bestandteil eines anderen Lebensbereichs wird und somit in einen neuen Sitz im Leben eintritt, was im Wandel oder Absterben des ursprünglichen Sitzes im Leben begründet sein kann[118].

b)   Geht eine Gattung von ihrem angestammten in einen anderen Lebensbereich über, so treten jedoch, wie sich vor allem an unzähligen Fällen der ad-hoc-Aufnahme verfolgen läßt, derartige, aus jeder Gattungsgeschichte herausfallende *Veränderungen der Gattung* (zB ihrer Topik, Verschränkung mit anderen Gattungen oder Gattungselementen[119]) ein, daß nicht mehr ohne weiteres von ein und derselben Gattung gesprochen werden kann. Daraus folgt:
(1)   Die gängige Auffassung, daß eine (ein und dieselbe!) Gattung in mehrere Sitze im Leben übergehen kann, ist problematisch.
(2)   Die in der gängigen Auffassung vorausgesetzte weite Definition des Begriffs Sitz im Leben lediglich als Verwendungsort für Gattungen ganz verschiedener Herkunft ist unzureichend. Dabei bliebe ja unberücksichtigt, daß, wie oben gezeigt, ein neuer Lebensbereich (Sitz im Leben) erhebliche Veränderungen einer in ihm aufgenommenen Gattung bewirkt. Der *Begriff Sitz im Leben* muß daher *enger* gefaßt und als prägend wirksamer Lebensbereich nur der in ihm eingewurzelten und ständig gebrauchten Gattungen bestimmt werden; Gattungen, die in anderen Lebensbereichen verwurzelt sind, können in ihn eintreten, werden dann aber infolge seiner Prägekraft ihm und seinen Gattungen verändernd assimiliert.

117   Beispiele: Aufgreifen der weisheitlichen Gattung Fabel (s. o. A112) oder der Heroldsinstruktion (Jes 40,9–11; Jer 46,14 u. ö.; vgl. Crüsemann, aaO S. 53f) in der prophetischen Verkündigung.
118   Beispiele: das *prophetische* Leichenlied (Am 5,2; Jes 1,21ff; 14,4b–21; für weitere Belege und Kennzeichnung der Eigenart s. H. Jahnow, Das hebräische Leichenlied im Rahmen der Völkerdichtung, 1923, S. 162ff), Sagenüberlieferungen als Bestandteil des jahwistischen Werkes. Im letzteren Fall hat man es mit dem Übergang in den ›Sitz in der Literatur‹ (Sitz im Buch) zu tun. »Doch stellt sich dann sogleich die Frage, wo denn diese Literatur ihren Sitz im Leben hat, dh. für welchen Leserkreis und gegebenenfalls für welche öffentliche oder halböffentliche Verlesung wo und durch wen sie bestimmt war« (Kaiser, aaO S. 39).
119   Beispiele: die Verschränkung der Heroldsinstruktion mit dem imperativischen Hymnus in Jes 48,20; Jer 31,7 bzw. die Verschränkung des Leichenliedes mit der Unheilsprophezeiung Jes 1,21–26, in beiden Fällen mit entsprechender Veränderung der Gattungstopik.

c)   Wird eine Gattung aus ihrem angestammten Lebensbereich in einen anderen Lebensbereich übernommen, so geht, obwohl ihr Sitz im Leben nicht mehr vorliegt und Veränderungen an ihr eintreten, dennoch ihre ursprüngliche *Eigenart* nicht völlig verloren. Daß sie überhaupt aufgegriffen worden ist, hat doch seinen Grund offenbar darin, daß die besonderen Sachintentionen und Absichten der neuen Aussage nicht ohne Anleihe an fremden Gattungen artikulierbar waren. Daraus folgt, daß auch bei einer Gattung, die nicht in Entsprechung zur Funktion in ihrem angestammten Sitz im Leben verwendet wird, die Beachtung ihrer Merkmale und Abzweckung für die Erfassung von Absicht und Hinsicht der mit ihr gestaltenden neuen Aussage unerläßlich ist[120].

Anders liegen die Dinge nur in den Fällen, wo eine Gattung lediglich um der Reproduktion bestimmter mit ihr verbundener Inhalte oder Vorstellungen willen übernommen wird[121].

VI. Anwendungsbereich

Die FG ist nicht auf bestimmte Texte oder Überlieferungsstufen begrenzt. Vielmehr ist sie gleichermaßen bedeutsam: auf der mündlichen wie auf der schriftlichen Überlieferungsstufe, für ein Teilstück (Gliedgattung) innerhalb eines größeren Textabschnitts (Rahmengattung) wie für ein selbständiges Stück, für eine kleine Einheit wie für einen umfassenden Textkomplex (wie etwa das jahwistische Werk oder das deuteronomistische Geschichtswerk).

C   Ertrag

I. Ertrag der Frage nach der sprachlichen Gestaltung und Ertrag der Gattungsbestimmung

Die Darstellung des Ertrages dieser beiden Teilfragen kann zusammen erfolgen, weil sie übereinstimmend die Verarbeitung vorgegebener sprachlicher Muster und Möglichkeiten in einem Text untersuchen und die Gattungsbestimmung die Frage nach der sprachlichen Gestaltung lediglich auf der Textebene weiterführt.

1)   Aus der Analyse der sprachlichen Gestaltung und der Gattung ergibt sich die sachgemäße *Gliederung* der sprachlichen Äußerung in ihren Aufbauteilen und deren sachliches Verhältnis zueinander.

2)   Die formale und gattungsmäßige Geschlossenheit eines

---

120   Zu Fohrer, EinlAT, S. 27.364.
121   Beispiel: die Verwendung einer naturkundlich-onomastischen Liste in der Theophanierede Hi 38ff bei der Gottesbegegnung am Ende der Hiobdialoge.

Textstücks ist ein Indiz für seine *Einheitlichkeit* und kann auf seine ursprüngliche *Selbständigkeit* deuten, was vor allem für den Bereich mündlicher Überlieferung wichtig ist.

3) Sie erlaubt weiter die sachgemäße *Abgrenzung* gegenüber dem Kontext und führt so zur Identifikation der für die Interpretation zugrunde zu legenden Sinneinheiten.

4) *Aussageabsicht und -hinsicht* können aufgrund der Erkenntnis der sprachlichen und darüber hinaus gattungsmäßigen Gestaltung präziser erfaßt werden[122].

II. Ertrag der gattungsgeschichtlichen Frage

Der Ertrag einer solchen Untersuchung für die Exegese eines Einzeltextes besteht darin, daß

1) erst so eine präzise geschichtliche Bestimmung der dem Verfasser des Textes vorgegebenen Gattung durchgeführt werden kann,

2) Intention und Aussagewille der vorliegenden Verwendung der Gattung durch Unterscheidung von gattungsgeschichtlich Vorgegebenem und ad hoc Verändertem konturiert und profiliert werden,

3) Rückschlüsse auf die historische Einordnung des Einzeltextes bzw. seiner verschiedenen Überlieferungsstufen möglich werden[123].

III. Ertrag der Frage nach dem Sitz im Leben

1) Wo eine sprachliche Äußerung eine Gattung im Rahmen ihres angestammten Sitzes im Leben verwendet, ergeben sich für das Verständnis des Textes wichtige *Hinweise auf seine Intention und Begrenzung* angesichts bestimmter Hörer und Sprecher sowie angesichts von Einrichtungen bestimmter sozialer und kultureller Entwicklungsstufen.

---

122 Es ist sachgemäß, die *Funktion* der Gattung und die *Intention* des Verfassers einer sprachlichen Äußerung, die er mit ihr gestaltet, zu unterscheiden. Aber »die Ergebnisse der Gattungskritik (*können*)« nicht nur »wichtige Hinweise auf die Absicht geben, die ein Redender oder Verfasser eines Schriftstücks mit seinem Text verfolgt«, sondern die Bestimmung der Gattung bzw. ihrer konkreten Verwendung in einem gegebenen Text und die Erfassung der Intention seines Verfassers stehen in einem *unauflöslichen* Wechselverhältnis. Die Bestimmung der Intention einer sprachlichen Äußerung ohne Rückbezug auf und Orientierung an den Ergebnissen der FG oder gar gegen sie läßt sich in methodisch nachprüfbarer Weise nicht durchführen und muß daher außer Betracht bleiben (zu H. W. Hoffmann, ZAW 82, 1970, S. 345f; ders. in: Fohrer, Exegese, S. 152–155, dort 155 das Zitat; Hervorhebung von uns).

123 Vgl. aber oben B III 3 (S. 66).

2) Auf der Beziehung zwischen Gattung und Sitz im Leben beruht die Bedeutung der FG für die *Erforschung der historischen Vorgänge* und Verhältnisse im Alten Israel. Die Gattung erlaubt einen Rückschluß auf geschichtlich-gesellschaftliche Verhältnisse, die Gattungsgeschichte reflektiert Wandlungen in diesen Verhältnissen. Jedoch ist es methodisch nicht angängig, die Gattungsgeschichte direkt auf die historische Verlaufsebene zu übertragen; denn Gattungen können in einer Art Trägheitseffekt noch lange nach dem Verschwinden ihres Sitzes im Leben weiterexistieren[124].

D Literatur

I. Einführung, Grundlegung und Übersicht

K.-H. Bernhardt, Die gattungsgeschichtliche Forschung am Alten Testament als exegetische Methode, Aufsätze und Vorträge zur Theologie und Religionswissenschaft, H. 8, Berlin 1959

G. Fohrer, Exegese, § 6 (G. Wanke) und § 7 (L. Markert)

H. Gunkel, Die Grundprobleme der israelitischen Literaturgeschichte, in: H. G., Reden und Aufsätze, Göttingen 1913, S. 29–38

– Die israelitische Literatur, Leipzig 1925 (Darmstadt 1963)

A. Jolles, Einfache Formen, Halle 1930 (Tübingen 1958)

O. Kaiser, Exegese, S. 28–43

K. Koch, Formgeschichte, S. 3–48

G. Lohfink, Jetzt verstehe ich die Bibel. Ein Sachbuch zur Formkritik, Stuttgart 1973 (= 61976)

F. Stolz, Das Alte Testament, Studienbücher Theologie. Altes Testament, Gütersloh 1974, S. 43–93

G. M. Tucker, Form Criticism of the Old Testament, Guides to Biblical Scholarship. Old Testament Series, ed. J. C. Rylaarsdam, Philadelphia 1971

II. Weiterführung und kritische Gegenpositionen

D. Greenwood, Rhetorical Criticism and Formgeschichte: Some Methodological Considerations, JBL 89, 1970, S. 418–426

J. Muilenburg, Form Criticism and Beyond, JBL 88, 1969, S. 1–18

Old Testament Form Criticism, ed. J. H. Hayes, San Antonio 1974

W. Richter, Exegese, S. 72–152

H. Schweizer, Form und Inhalt, Biblische Notizen Heft 3, 1977, S. 35–47

M. Weiss, Die Methode der »Total-Interpretation«, VTS 22, 1972, S. 88–112

124 Vgl. Koch, aaO S. 43–45.

Zu *einzelnen Gattungen* vgl.
O. Eißfeldt, EinlAT, §§ 2–16: S. 10–170 passim (sowie Nachträge
   S. 981–995)
G. Fohrer, EinlAT, §§ 7–14.38–41.47.53: S. 54–109.276–301.
   339–344.384–391 (sowie Nachträge S. 569–572.578f.581f)
K. Koch, Formgeschichte, S. 271–275
A. Ohler, Gattungen im AT. Ein biblisches Arbeitsbuch, Düsseldorf,
   Bd. 1 1972, Bd. 2 1973
J. Schreiner, Einführung, S. 194–231: Formen und Gattungen im Al-
   ten Testament

Speziell zur *Stilistik:*
L. Alonso-Schökel, Das Alte Testament als literarisches Kunstwerk,
   Köln 1971 (span. 1963)
W. Bühlmann – K. Scherer, Stilfiguren der Bibel. Ein kleines Nach-
   schlagewerk. Mit einem Anhang von O. Rickenbacher: Einige Bei-
   spiele stilistischer Analyse alttestamentlicher Texte, Verlag
   Schweizerisches Katholisches Bibelwerk 1973
E. König, Stilistik, Rhetorik, Poetik in Bezug auf die biblische Littera-
   tur komparativisch dargestellt, Leipzig 1900

Zur Diskussion *Strukturalismus und Exegese:*
G. Antoine (u. a.), Exegesis. Problèmes de méthode et exercises de lec-
   ture (Genèse 22 et Luc 15). Travaux publiés sous la direction de F.
   Bovon et G. Rouiller, Neuchâtel 1975
R. Barthes (u. a.), Analyse structurale et exégèse biblique. Essais d'in-
   terprétation, Neuchâtel 1971
Exegese im Methodenkonflikt, hg. v. X. Léon-Dufour, München
   1973 (franz. 1971)
E. Güttgemanns, Offene Fragen zur Formgeschichte des Evangeliums
   (s. § 5 D II)
K. Koch, Formgeschichte, S. 289–342 (Lit.: S. 330)
– Reichen die formgeschichtlichen Methoden für die Gegenwartsauf-
   gaben der Bibelwissenschaft zu?, ThLZ 98, 1973, Sp. 801–814
K. Koch und Mitarbeiter, Amos. Untersucht mit den Methoden einer
   strukturalen Formgeschichte, 3 Teile, AOAT 30, Kevelaer und
   Neukirchen-Vluyn 1976, bes. Teil 1 S. 1–89
W. Richter, Exegese, bes. S. 21ff.27ff

III. Exemplarische Durchführung

J. Begrich, Die priesterliche Tora, in: Werden und Wesen des Alten
   Testaments, BZAW 66, Berlin 1936, S. 63–88 (jetzt auch in: J. B.,
   Gesammelte Studien zum Alten Testament, ThB 21, München
   1964, S. 232–260)
F. Crüsemann, Studien zur Formgeschichte von Hymnus und Danklied in Israel, WMANT 32, Neukirchen-Vluyn 1969
O. H. Steck, Die Erzählung von Jahwes Einschreiten gegen die Ora-
   kelbefragung Ahasjas (2Kön 1,2–8.*17), EvTh 27, 1967, S.
   546–556

73

IV. Zur Forschungsgeschichte

H. F. Hahn, Old Testament in Modern Research, Philadelphia 1954, Kap. IV: Form Criticism and the Old Testament, S. 119–156

W. Klatt, Hermann Gunkel. Zu seiner Theologie der Religionswissenschaft und zur Entstehung der formgeschichtlichen Methode, FRLANT 100, Göttingen 1969

H.-J. Kraus, Geschichte der historisch-kritischen Erforschung des Alten Testaments, Neukirchen-Vluyn ²1969 (s. im Sachregister s.v. »Formgeschichte«, »Formkritik«, »Gattung«, »Gattungsforschung«)

Anhang:
Zusammenfassende Stellungnahme zu W. Richters Methodenlehre »Exegese als Literaturwissenschaft«

Diese Methodenlehre steht auf der Basis einer an der strukturalen Sprachwissenschaft orientierten Literaturwissenschaft[125] und ist von dieser *strukturalistischen Position* in Ansatz und Anlage bestimmt. Der Benutzer des Buches muß sich im klaren sein, daß hier eine grundsätzliche Neuorientierung der Exegese ohne unmittelbare Kontinuität zur herkömmlichen alttestamentlichen Forschung vorliegt, daß die Verwendung dieser Methodik Übereinstimmung mit ihrer Grundlage, dem Strukturalismus, voraussetzt, daß also eine nur partielle Rezeption einzelner methodischer Elemente R.s nicht möglich ist und bei gleichen methodischen Begriffen in der Regel ein vom gängigen Verständnis erheblich abweichendes in Rechnung zu stellen ist. Daß R.s Entwurf für die Methodenreflexion wichtig und anregend ist und eine Reihe zu wenig beachteter Gesichtspunkte der Exegese hervorhebt, steht außer Zweifel; sein neuartiger Ansatz und die hinter ihm stehende Forschungsrichtung sind naturgemäß aber noch zu sehr im Stadium der Diskussion und Erprobung, als daß sie bereits zum gegenwärtigen Zeitpunkt in ein Arbeitsbuch für den akademischen Unterricht breiter Eingang finden könnten. Einige Beiträge zu dieser Diskussion seien im Folgenden genannt.

Zunächst fällt auf, wie die Frontstellung gegen das Eintragen herangebrachter inhaltlicher Gesichtspunkte und dogmatischer oder geistesgeschichtlicher Voraussetzungen in den Text die ganze Arbeit R.s durchzieht, ohne daß das vielfältige und methodisch reflektierte Bemühen der exegetischen Wissenschaft, derartige *Vorverständnisse* zu kontrollieren, Berücksichtigung erführe. Dies ist um so verwunderlicher, als R. die ihm bewußten geistesgeschichtlichen Voraussetzungen seiner Position einer strukturalistischen Literaturwissenschaft (vgl. aaO S. 16) im Verlauf der Darstellung nicht zum Gegenstand kritischer Kontrolle macht und seine Verstehenskategorien (vgl. aus zahlreichen Beispielen den Begriff »Informationswert«: S. 112f.177) nicht zum Anlaß der Frage ihrer Angemessenheit gegenüber dem (historisch!) Gegebenen nimmt. Dazu fügt sich, daß auch auf die Pro-

---

125 Zu dieser s. Lit. bei Güttgemanns, Offene Fragen, S. 58A116; Richter, aaO S. 24A11; 34A22.23; 78A16; 84A32.

blemdiskussion innerhalb der Literaturwissenschaft über die Tragfähigkeit und Anwendbarkeit strukturaler Sprachanalyse beim Verstehen von Literatur nicht eingegangen wird.

Wenn die Exegese auch nicht voraussetzungslos an ihren Gegenstand herangehen kann, so ist doch die Angemessenheit ihrer Erwartungs- und Fragemodelle gegenüber ihrem Gegenstand zu überprüfen. R. nimmt den Gegenstand exegetischer Untersuchung in den ersten, aber bereits sinnpräjudizierenden Aspekten ausschließlich in seinem sprachlichen Gegebensein in Blick und wählt methodisch dafür einen deskriptiv-strukturalen Frageansatz, der sich am Ideal exakter Erkenntnis orientiert (vgl. S. 12 + A13; 47f u. ö.); von der historischen Dimension des Gegenstandes wird dabei abgesehen oder allenfalls in formalisierter Gestalt Kenntnis genommen. Gegenüber solcher vorgängigen Einordnung in ein zeitneutrales System ist zu fragen, ob ein historischer Gegenstand in seiner Eigenart nicht irreversibel verkürzt wird, wenn seiner unverlierbaren historischen Dimension nicht von Anfang an ein *umfassend historischer Frageansatz* und damit eine immer auch schon auf das Inhaltliche gerichtete Methode entspricht. Ein alttestamentlicher Text ist das Ergebnis eines Wollens von Menschen in einer bestimmten Zeit mit bestimmten Intentionen, Gegebenheiten und Ausdrucksmitteln; die Methode zum Verständnis der ursprünglichen Aussageintention hat deshalb am ursprünglichen Ort dieses Textes anzusetzen und muß einen alle historischen Entstehungs- und Überlieferungskomponenten erfassenden Einsatz nehmen, der als umfassender Vorentwurf des Verstehens im methodischen Durchgang durch den Text sich allseitig korrigieren lassen und sich schließlich als dem historischen Gegenstand adäquat bewähren muß.

Die einzelnen *Arbeitsschritte* im Vorgang exegetischer Arbeit bilden in einer so angesetzten historischen Fragestellung an den Text ein zusammenhängendes, ständig in gegenseitiger Korrelation stehendes und auf gegenseitige Rückprüfung und Korrektur angewiesenes Ganzes. Demgegenüber ordnet R. die exegetischen Arbeitsschritte in Übernahme eines methodischen Modells der strukturalen Sprachwissenschaft als ein System übereinanderliegender, in starrer, unumkehrbarer Reihenfolge aufeinander aufbauender *Ebenen* an, in dem die exegetischen Einsichten immer weiter präzisiert werden und die Erkenntnis der Kontur des Aussagegehaltes in der abschließenden Inhaltsbestimmung immer mehr eingegrenzt wird. Das durch die *Methodenkorrelation* bedingte mehrfache Durchlaufen der exegetischen Arbeitsschritte, das Oszillieren zwischen ihnen, die Möglichkeit auch zu korrigierendem Rückgriff und Wiedereinsatz haben in diesem Modell starr aufeinander aufbauender und nur nach oben durchlässiger Ebenen keinen Raum. So werden aber nicht nur Einzelprobleme im gegenseitigen Verhältnis etwa von LK und ÜG (s. dazu oben S. 35–37) oder der FG zu den übrigen exegetischen Fragestellungen (s. dazu oben S. 10–12) vernachlässigt, sondern es wird auch die Eigenart historischen Fragens im ganzen als eines auf Lebensvorgänge und Lebensäußerungen gerichteten übersehen.

Ein besonderes Problem in der Anlage der Methodik R.s stellt die Abfolge: Fragestellungen an den Text als formalisiertes Sprachphänomen und erst am Ende die dadurch eingegrenzte Frage nach seinen Inhalten und seinem Aussagegehalt dar. Schon grundsätzlich ist diese Anlage mit ihrer sukzessiven Nacheinanderordnung von Formalaspekten und einem abschließenden *Inhaltsaspekt* angesichts eines ganzheitlichen historischen Phänomens höchst problematisch (vgl. schon oben A84). Im einzelnen dürfte auch die Durchführung von R.s Methodik selbst an zahlreichen Stellen zeigen, daß im Zuge dieses Ansatzes die Formalisierbarkeit der im Text vorliegenden Phänomene und die ausweisbare »Funktion« der formalen Gegebenheiten erheblich überschätzt ist (etwa S. 111–113.113–120.128–137.153–156. 184+A42) und vorgeblich rein formal gewonnene Einsichten im Grunde die Kenntnis nicht-formalisierter Inhalte zur Voraussetzung haben.

Die Problemstellung: struktural-sprachwissenschaftlicher oder umfassend historischer Ansatz scheint auch bei R. an einigen Stellen sichtbar zu werden, an denen er die *Übertragung des strukturalistischen Ansatzes auf die alttestamentlichen Quellen* in ihrer Eigentümlichkeit anspricht (S. 22ff.31fA12). In dieser Einführung der Kategorie der »Eigentümlichkeit« der alttestamentlichen Texte, darüber hinaus auch in der Nacheinanderordnung von Formalaspekten (Struktur) und Inhaltsaspekt (historischer Aussagegehalt), in der Verwendung ursprünglich geschichtlich orientierter Methodenbezeichnungen in einem formalen Sinne sowie im historischen Vermittlungsproblem könnte der Ausdruck einer Spannung in der Anlage von R.s Methodik gesehen werden, ein Indiz bei R. selbst für die keineswegs überwundene Schwierigkeit, strukturale Sprach- und Literaturwissenschaft mit einer historischen Wissenschaft zu verbinden.

§ 8 Traditionsgeschichtliche Frage-
stellung

A Die Aufgabe

I. Ausgangspunkt

Bereits die Arbeitsgänge der §§ 4–6 haben einen Text auf seine *Vorgaben* hin untersucht; gefragt war dabei nach Vorstufen des untersuchten Textes, also nach festumrissenen Textstük-ken, mit deren Aufnahme der Text bis zur vorliegenden Fassung gewachsen ist. Auch die FG und die TG richten sich auf Phänomene, die dem Text vorgegeben sind und auf die er Bezug nimmt, allerdings nicht auf solche der §§ 4–6 erfragten Art, die einem Text im Laufe seiner Überlieferung integriert wurden und entsprechend als festumrissene Textstücke analytisch gesondert werden können.

Im Blick auf das dem Text Vorgegebene haben die FG und die TG vielmehr einen anderen Ausgangspunkt. Gemeinsam liegt ihnen die Einsicht zugrunde, daß die Texte des AT auf jeder einzelnen Stufe ihrer Wachstumsgeschichte, auch schon bei ihrer ersten Ausbildung ganz am Anfang ihres Werdeganges, in ihren Aussagen nicht lediglich Ausdruck spontaner Intuition ihrer Verfasser sind, sondern unter Einflüssen und mit Gestaltungsmitteln gebildet werden, die für ihre Verfasser die Bedingung der Möglichkeit sprachlicher Äußerung darstellen.

Im Falle der FG handelt es sich um die in Sprachraum und soziokultureller Welt vorgegebenen *sprachlichen* Muster und Möglichkeiten; dabei wird untersucht, *wie* eine Aussage *sprachlich gestaltet* ist und was sich daraus für die Erfassung der Aussagehinsicht und -absicht entnehmen läßt, m. a. W.: Es wird die Frage gestellt nach der vorgegebenen Sprachwelt und ihrer konkreten Ausprägung bzw. Überschreitung in dieser Aussage.

Die TG geht nun davon aus, daß ein Verfasser zugleich in einer geistigen Welt vorgegebener und geprägter *Sachgehalte* lebt; sie fragt, *inwieweit* seine Aussagen von diesen vorgegebenen Elementen seiner geistigen Welt *inhaltlich bestimmt* bzw. nur auf ihrem Hintergrund verständlich zu machen sind und wo er sie gegebenenfalls abgewandelt hat.

Natürlich treten uns die geprägten Sachgehalte einer geistigen Welt immer nur in bestimmten Aussagen und damit sprachlich gestaltet entgegen, und ihr Geprägtsein schließt auch konstante sprachliche

Elemente (Wortfeld, Formulierungsstruktur[126]) ein. Während jedoch die FG sprachlich gestaltete Inhalte auf Besonderheit und Absicht der *sprachlichen Gestaltung* untersucht, gilt das tg.e Fragen sprachlich gestalteten Inhalten unter dem Aspekt der Aufnahme und Verarbeitung vorgegebener *Sachgehalte*.

Der in der TG untersuchte Einfluß vorgegebener, geprägter Sachgehalte einer bestimmten geistigen Welt auf die Aussagen in ihr lebender Verfasser ist nicht nur eine antike Erscheinung. Wenn heute im Rückblick auf die wirtschaftliche Entwicklung Westeuropas im vergangenen Jahrzehnt der eine Kommentator von »konjunkturellen Schwankungen«, der andere hingegen von der »krisengeschüttelten kapitalistischen Welt« spricht, so ist die Differenz nicht durch den Verweis auf individuell-spontan unterschiedliche Einfälle, sondern nur unter Ausgriff auf die je unterschiedliche, prägend wirksame geistige Welt der beiden Kommentatoren zu erklären. Ein Beispiel für die konstitutive Zugehörigkeit schon eines einzelnen Wortes zu einer abgrenzbaren geistigen Welt, aus der allein heraus es verstanden werden kann, wäre zB das Wort »Werbungskosten«; es hat an sich eine klare Bedeutung (Kosten für die Werbung); diese Bedeutung erschließt aber mitnichten den sicher mitgemeinten, aber nicht mitgesagten Sinn des Wortes; dieser Sinn ergibt sich daraus, daß das Wort ein fester, geprägter Begriff aus der geistigen Welt des Steuerwesens ist und nur in lebendiger Beziehung auf diese geistige Welt verwendet und verstanden werden kann. Oder – wie soll man folgenden Satz verstehen: »Der Anspruch Sauls, einen Nationalstaat zu errichten, ist in der davidischen Konzeption eines Territorialstaates aufgehoben«; ist mit »aufgehoben« gemeint: »beseitigt« oder »emporgehoben« oder »gut aufgehoben«? Der Sinn des Wortes ist nur dem erschlossen, der seine präzise Verwendung in der von Hegel geprägten geistigen Welt kennt. Die Beispiele lassen sich unschwer vermehren und veranschaulichen das auch für die alttestamentlichen Texte gestellte Problem.

II. Bestimmung

Die TG fragt für jede einzelne Wachstumsstufe nach dem besonderen *Gepräge eines Textes durch geistes-, theologie- oder religionsgeschichtliche Zusammenhänge.* Sie bestimmt dazu die von ihm vorausgesetzten, in ihn aufgenommenen, von seinem Verfasser verarbeiteten Denkstrukturen, Stoffe, Vorstellungen oder Vorstellungskomplexe sowie deren Abwandlung. Sie orientiert sich dabei in keinem Fall an einer Thematik, wie sie vom heutigen Standpunkt aus konstruierbar wäre (etwa: das Mutterbild im AT), sondern an ganz bestimmten im Text gegebenen Anhaltspunkten, die den geprägten Sachgehalt ei-

---

126 Zu den konstanten sprachlichen Elementen zählt jedoch nicht die Gattung. Vorgegebene, geprägte Sachgehalte werden nicht in der Bindung nur an eine einzige Gattung überliefert, sondern können in ganz unterschiedliche Gattungen eingehen. Eine relativ feste Verbindung von Gattung und vorgegebenen, geprägten Sachgehalten liegt nur dann vor, wenn diese als Topik einer Gattung auftreten.

ner Aussage und damit ihre Teilhabe an einer vorgegebenen geistigen Welt kennzeichnen.

Parallel zur Befragung von Einzeltexten und diese übergreifend wendet sich die TG auch *den geistes- und theologiegeschichtlichen Zusammenhängen selbst* zu, insbesondere der Geschichte der verschiedenen Vorstellungen und ihrem Zusammenbestand im Rahmen einer größeren, profilierten Konzeption[127].

Als Frage nach den traditionellen Sachgehalten eines Textes ist die TG unterschieden von der Frage nach der Geschichte des Textstücks als solchem (ÜG und RG), nach seiner sprachlichen Gestalt (FG), aber auch nach der Wirkungsgeschichte, die von den Aussagen eines Textstücks ausgegangen ist.

III. Terminologie

Der Begriff »Traditionsgeschichte« ist infolge der Mehrdeutigkeit seines ersten Wortbestandteiles in der exegetischen Literatur nicht eindeutig festgelegt. Häufig wird er von traditio (Vorgang des Überlieferns) her verstanden, auf den Überlieferungsvorgang eines Textes bezogen und dann synonym mit Überlieferungsgeschichte oder Überlieferungs- und Redaktionsgeschichte verwendet[128]. Die von uns in Übereinstimmung mit anderen Exegeten[129] benutzte Nomenklatur,

---

127 Der für die kontrollierte und nachprüfbare Sinnerfassung des Textinhaltes wichtige, für die Erkenntnis von sachlich Vorgegebenem und dessen Abwandlungen wesentliche und für alle Überlieferungsstufen relevante Arbeitsgang tg.er Fragestellung taucht bei Richter nur am Rande als Problemanzeige für seine methodisch erst am Ende stehende Inhaltsuntersuchung auf (Exegese, S. 156.182ff, bes. 184). Dies ist nicht verwunderlich angesichts seines methodischen Vorgehens, bei dem Inhaltliches, geistige Gehalte und geistesgeschichtlich-theologiegeschichtliche Zusammenhänge wenn überhaupt, dann nur durch das Raster formalisierender, struktural er Sprachanalyse bestimmt werden können. Im übrigen zitiert R. auf S. 184A42 zwar eine Definition der TG, hat aber die bereits vorliegenden, die Methode an großen Textbereichen entfalteten tg.en Untersuchungen (s. u. D III (S. 92)) nicht weiter berücksichtigt.

128 Vgl. oben S. 41. Umgekehrt verwendet aber zB R. Bach (in: Probleme biblischer Theologie. Festschr. G. v. Rad, 1971, S. 19f u. ö.) »Überlieferungsgeschichte« auch im Sinne dessen, was wir mit »Traditionsgeschichte« bezeichnen!

129 Vgl. zB Fohrer, EinlAT, S. 27f.30; ders., Exegese, S. 26 (Hoffmann). 115 (Wanke); F. Stolz, Das Alte Testament. Studienbücher Theologie, 1974, S. 114f. Koch (Formgeschichte, S. 71.326ff) faßt die tg.en Erscheinungen unter dem Begriff »sondersprachliche Phänomene, für deren Erhellung semantische Methoden nötig sind«; s. zum Problem auch unten A152.
Bei Kaiser bleibt unklar, wie er auf der einen Seite aus unserem Arbeitsbuch ohne jeden Anhalt herauslesen kann, daß Barth/Steck »zwischen Überlieferung als mündlicher und Tradition als schriftlicher Weise der Weitergabe des geistigen Erbes differenziert zu sehen wünschen« (EinlAT, S. 48A15; ebenso Exegese, S. 46+A85), und selbst mit dieser Unterscheidung arbeitet (vgl. Exegese, S. 46–48), während er an anderer Stelle (EinlAT, S. 49) die üg.e und die tg.e Fragestellung in unserem Sinne unterscheiden kann.

die Traditionsgeschichte von traditum (das, was überliefert wird; Tradition[130] als überlieferter Sachgehalt) her definiert und sie auf das
Auftreten geprägter Sachgehalte in Texten und die Geschichte solcher
Sachgehalte und Vorstellungen bezieht, ist in Ermangelung eines
treffenderen Begriffs lediglich der Versuch, terminologische Festlegungen um der Möglichkeit knapper Verständigung willen zu treffen.

B Erläuterungen zu Fragestellung und Methodik

I. Abgrenzung von der überlieferungsgeschichtlichen Fra-
gestellung

Die terminologische Uneindeutigkeit der Begriffe »Überlieferungsgeschichte« und »Traditionsgeschichte« geht verschiedentlich mit einer
inhaltlichen Vermischung einher, so daß unter demselben Begriff
beide Sachaspekte verhandelt werden[131]. Die TG geht aber von dem
Befund aus, daß geprägte Sachgehalte in verschiedenen Texten konstant wiederkehren, *ohne daß* literarische Abhängigkeit nachweisbar
oder auch nur wahrscheinlich ist und *ohne daß* dieses Auftreten ausschließlich mit der Aufnahme eines bestimmten Überlieferungsstücks
zusammenhängt. Daraus folgt: Die tg.e Fragestellung kann nicht einfach mit der üg.en identifiziert werden, weil das Vorgegebene, auf das
sie gerichtet ist, kein als solches in den Text aufgenommenes fixiertes
Überlieferungsstück ist[132].

130   »Tradition« in diesem weiten Sinne bezeichnet die Gesamtheit der geprägten Sachgehalte, nach denen in der TG gefragt wird; diese Definition liegt
auch unserer Bezeichnung der Methode als traditionsgeschichtlicher zugrunde. Mit dem selbständigen Begriff »Tradition« ist herkömmlich ein engerer
Sinn verbunden: »Tradition« ist dann synonym mit »Vorstellungskomplex«/»Vorstellungszusammenhang«.
131   Vgl. zB E. Zenger in: Schreiner, Einführung, S. 135f; W. Zimmerli,
Alttestamentliche Traditionsgeschichte und Theologie, in: Probleme biblischer Theologie. Festschr. G. v. Rad, 1971, S. 632–647; Rast, Tradition History (s.o. S. 48), bes. S. 59ff neben S. 1ff.
132   Beispiele: Eine tg.e Untersuchung von Jer 7,1–15 hat etwa nach der in
V4.10 vorausgesetzten Vorstellung von dem im Jerusalemer Tempel gewähr-
ten Schutz, die üg.e Untersuchung hingegen nach den Vorstufen der jetzt vorliegenden deuteronomistischen Fassung des Textstücks Jer 7,1–15 selbst zu
fragen. In Ri 4 richtet sich die tg.e Frage zB auf die Vorstellung von der alleini-
gen Aktivität Jahwes in der Erringung des Sieges (V14f), während üg. nach der
mündlichen Vorgeschichte der ältesten literarisch einheitlichen Fassung des
Textes Ri 4 selbst gefragt wird. In beiden Fällen hat die TG mit Vorstellungen
zu tun, die selbstverständlich auch in konkreten, einzelnen Texten sprachlich
Gestalt gewonnen haben (und nur aus diesen noch erhebbar sind), die aber
nicht *als* einer dieser konkreten Texte in Jer 7 bzw. Ri 4 Eingang gefunden haben.

Die geprägten Sachgehalte, nach denen die TG fragt, sind nicht alle von der gleichen Art. Folgende Bereiche tg.en Fragens müssen dementsprechend unterschieden werden:

1) Bezieht man die geistige Welt, in der ein israelitischer Verfasser lebt und von der er geprägt ist, auf den kulturellen Raum des Alten Israel (und des Alten Orient) im ganzen, so ist in tg.er Hinsicht eine eigentümliche *Weltsicht mit ihren einzelnen Denkmustern*[133] zu berücksichtigen. In diesem Zusammenhang stellt sich auch das Problem eines besonderen ›hebräischen Denkens‹[134].

2) Geprägte Sachgehalte von der Art, wie sie im weiteren aufgeführt werden, sind jeweils in einer *besonderen* geistigen Welt innerhalb des Alten Israel (und des Alten Orient) beheimatet: in bestimmten geographischen Räumen, bei bestimmten gesellschaftlichen Gruppen, an bestimmten Stätten, Institutionen sowie bei einem bestimmten Personenkreis. Auch hier sind zunächst eigentümliche Denkmuster in Blick zu nehmen, religiöse und theologische *Überzeugungen*[135], die die Wahrnehmung und erfahrungsmäßige und geistige Verarbeitung von Wirklichkeit bestimmen.

3) Ferner gehört zu den geprägten Sachgehalten der Schatz an *Wissen und Kenntnissen*, der einem Verfasser als Bestandteil seiner Bildung zur Verfügung steht, ihm aus einzelnen Überlieferungsstücken bekannt ist, ihm in solchen auch präsent sein mag, jedoch nicht als Überlieferungsstück in seine Aussage integriert wird[136]. Darin sind selbstverständlich auch umfangreichere *Stoffe* eingeschlossen, die der Verfasser kennt und bei der Formulierung eines Textes berücksichtigt. Da solche Bildungsgehalte hinsichtlich Wortfeld und Formulierungsstruktur in der Regel nur wenig festgelegt sind und darum bei ihrer Aufnahme in einen Text eine freie Gestaltung zulassen, sind sie methodisch schwerer zu fassen[137].

133 Beispiel: die Vorstellung eines Tat-Ergehen-Zusammenhangs (vgl. Koch, Vergeltungsdogma).
134 Hierzu zuletzt Koch, Formgeschichte, S. 333–336 (Lit.).
135 Beispiele: die Überzeugung, daß das Sehen Gottes den Tod zur Folge hat (Gen 32,31; Ex 33,20; Ri 6,23 u. ö.) oder daß die Welt in einen Bereich des Reinen und des Unreinen zerfällt (vgl. Num 19,11–13; Hag 2,11–13).
136 S. schon oben S. 52+A76; dort auch Beispiele aus Gen 2,4b–3,24; vgl. ferner Steck, Schöpfungsbericht, S. 28f u. ö., zu Gen 1,1–2,4a (zB zu den Aussagen über die Gegebenheiten vor der Schöpfung Gen 1,2 ebd. S. 228ff).
137 Ein Bestand an Wissen, Kenntnissen und Stoffen wird methodisch dann sichtbar, wenn man Aussagegehalte daraufhin befragt, ob es Lern- und Bildungsgehalte sind, ob es sich um Erkenntnisse des Verfassers aus eigener, realer Erfahrung handelt, und insbesondere bei den Stoffen, ob sich trotz differenter Formulierung und Verwendung literarisch unabhängige Paralleltexte finden lassen, die die Annahme weiterer Verbreitung des gemeinsamen Inhalts nahelegen.

4) *Begriffe* können im Rahmen einer besonderen geistigen Welt Bedeutungsgehalte an sich ziehen, die über ihre lexikalisch erfaßte Bedeutung weit hinausgehen[138]. Die Begriffsanalyse kann sich darum häufig nicht auf die unter Heranziehung von Lexika und Konkordanz erfolgende semantische Klärung eines Begriffs im Kontext seiner verschiedenen Belegstellen beschränken und muß ergänzt werden durch eine »Untersuchung des theologischen, sachlichen Zusammenhanges, in den ein Begriff eingebettet ist (Wortfeld!), und dessen Heimat und Herkunft«[139]; die neuen Theologischen Wörterbücher[140] geben hier wichtige Hinweise.

5) Geprägte Sachgehalte treten schließlich noch als *Themen*[141] und *Vorstellungen*[142] auf. Gemeint sind solche, die das Alte Israel selbst ausgebildet, nicht aber der Exeget einfach aus seiner Welt genommen und an die Texte herangetragen hat. Anders als die unter 3) genannten Bildungsgehalte sind sie nicht lediglich Wissensmaterialien, sondern sprachlich verdichtete Reflexionsvorgänge, die Wirklichkeit interpretieren und hinsichtlich Wortfeld und Formulierungsstruktur auch erheblich stärker geprägt sind; von den unter 4) behandelten vorstellungsmäßig gefüllten Begriffen, die vielfach ihrerseits Bestandteile von Themen und Vorstellungen sind, unterscheiden sie sich naturgemäß hinsichtlich des Umfangs, von den unter 1) und 2) aufgeführten Denkmustern und Überzeugungen durch größere thematische Geschlossenheit, stärkere gedankliche Bearbeitung und entsprechende sprachliche Festlegungen. Themen und Vorstellungen sind demnach gekennzeichnet durch einen thematischen Kristallisationspunkt, einen festen Zusammenhang von Aussagen und durch ihre Geprägtheit hinsichtlich Wortfeld und Formulierungsstruktur. Vorstellungen gehen aber über Themen in der theologisch-reflektierenden Durcharbeitung, der gedanklichen Differenziertheit

---

138 Beispiele: *g'r* »anschreien« (vgl. Gen 37,10; Jer 29,27 mit den im Rahmen eines größeren Vorstellungskontextes stehenden Belegen Ps 104,7; Jes 17,13); *mäḥ°säˁ/mäḥsä* »Zuflucht« (vgl. Ps 104,18; Hi 24,8 mit Ps 46,2; 61,4).

139 Steck, Problem theologischer Strömungen, S. 447A4.

140 S. o. § 2 M.

141 Beispiele: das Thema »Auszug aus Ägypten« (vgl. zB Dtn 6,12; Ri 2,12; Ps 136,10–15, hier jeweils mit der Formulierung vom »Herausführen« Israels (*jṣˀ* hif.), bzw. Ri 6,13; Hos 12,14; Ps 81,11 u. ö., hier jeweils mit der Formulierung vom »Heraufführen« Israels (*ˁlh* hif.); ferner zB Hos 12,10; Jes 10,24–26; 51,9f; 52,11f); das Thema »Tag Jahwes« (vgl. zB Am 5,18–20; Jes 2,10 + 12–17; 13,2–22); das Thema »Umkehr« in der Prophetie (vgl. zB Hos 5,4; 14,2ff; Am 4,6–12; Jer 3,1–4,4; Jes 10,20–23).

142 Beispiele: die Völkerkampfvorstellung (vgl. zB Ps 48,2–9; 76,2–7; Jes 17,12–14), die Jerusalemer Königskonzeption (vgl. zB Ps 2; 72), die deuteronomistische Prophetenaussage (vgl. zB 2Kön 17,13–17; Jer 7,25f; Neh 9,26.30).

sowie der Festlegung auf ein bestimmtes Aussagegefälle und *ein* bestimmtes Profil sprachlicher Fassung noch hinaus[143]; die Frage nach den von einem Text vorausgesetzten, in ihn aufgenommenen bzw. in ihm abgewandelten Vorstellungen ist ein besonders wichtiger Bereich tg.er Arbeit und wird unten in Abschnitt IV noch eigens behandelt.

III. Das Erkennen geprägter Sachgehalte

Wie läßt sich erkennen, ob und in welcher Weise in einem Text geprägte Sachgehalte vorausgesetzt, verarbeitet bzw. abgewandelt sind? Hier ist von vornherein zu bedenken, daß ein geprägter Sachgehalt in keinem Text vollständig entfaltet und ausformuliert vorliegt. Für das Phänomen, auf das sich die TG richtet, ist es vielmehr gerade charakteristisch, daß der geistige und vorstellungsmäßige *Rückraum* eines Textes in Blick genommen wird, also die Elemente geprägter geistiger Welt, die im Text nicht mitformuliert, aber ohne Zweifel mitgedacht, mitgemeint sind, damals mitverstanden und durch ausdrückliche Textelemente zwangsläufig indiziert wurden; so stehen geprägte Sachgehalte im Text wie die Spitze eines Eisbergs.

1)   Für das Erkennen geprägter Sachgehalte in einem Text bestehen darum dort die besten Voraussetzungen, wo (in einem hermeneutischen Zirkel!) die geistige Welt des Alten Israel (und des Alten Orient) bzw. die verschiedenen Ausprägungen geistiger Welt in diesem Raum wie die Weisheit oder die Jerusalemer Kulttheologie bereits vorläufig rekonstruiert und bekannt sind[144]. Auf der *Grundlage eines entsprechenden Vorwissens* wird der Exeget bei der Untersuchung eines Textes auf Züge aufmerksam, die ihn an geprägte Sachgehalte erinnern und die darum auch Parallelen in weiteren Texten haben müssen. Nur wenn solche Parallelen in mindestens einem weiteren, literarisch unabhängigen Text nachzuweisen sind, kann überhaupt von einem *geprägten* Sachgehalt gesprochen werden.

2)   Um ein synthetisches Bild vom geistes- und theologiege-

143   Ob sich nur für Vorstellungen/Vorstellungszusammenhänge »das Überlieferungsinteresse eines bestimmten Tradentenkreises« erkennen läßt, wie Huber (in: Fohrer, Exegese, S. 108f.112) annimmt, ist fraglich; die Weiterüberlieferung des Themas »Tag Jahwes« (dazu Huber, aaO S. 106) ist ohne ein Interesse prophetischer Kreise an diesem Thema doch nicht denkbar. S. noch unten Abschnitt V »Traditionsgeschichte als historischer Vorgang«.
144   Umfassende Darstellungen liegen derzeit noch nicht vor; zT lassen sich die Lehrbücher und Monographien zur alttestamentlichen Theologie und israelitischen Religionsgeschichte (s. o. § 2 N) entsprechend auswerten; ein orientierender Überblick kann aber jetzt der Skizze »Strömungen theologischer Tradition im Alten Israel« von Steck entnommen werden.

schichtlichen Raum des Alten Israel überhaupt erst zu gewinnen und ebenso um dessen hypothetische Entwürfe kritisch zu kontrollieren, ist *Konkordanzarbeit* an Einzeltexten das grundlegende Hilfsmittel tg.er Analyse. Insoweit Wortfeld und Formulierungsstruktur geprägter Sachgehalte konstant bleiben, lassen sich nämlich, von einem bestimmten Text und einem darin enthaltenen, vorstellungsmäßig auffallenden bzw. interessierenden Wort (oder Formulierung) ausgehend, über die Konkordanz gegebenenfalls vorhandene weitere Belegstellen für den vermuteten geprägten Sachgehalt auffinden[145].

Die speziellere Frage nach Vorstellungen, ihrer tg.en Erkennbarkeit und ihrer Geschichte wird anschließend in Abschnitt IV noch des näheren behandelt.

3)   Schließlich deuten manche Texte etwa schon durch Zitate oder ausdrückliches Ansprechen von *Hörerauffassungen* an, daß sie auf geprägte Sachgehalte Bezug nehmen[146].

IV. Die vorstellungsgeschichtliche Fragestellung

Die Frage nach Vorstellungen, Vorstellungszusammenhängen und ihrer Geschichte ist ein besonders wichtiger Bereich der TG und kann terminologisch als »vorstellungsgeschichtliche Frage« ausgegrenzt werden.

1.   Kennzeichen einer Vorstellung

Eine *Vorstellung,* die gegebenenfalls in verschiedene Vorstellungs-*elemente* und diese wiederum in einzelne Vorstellungs*momente* zu untergliedern ist, ist gekennzeichnet durch festes Wortfeld, charakteristische Formulierungsstruktur, bestimmte Vorstellungskontur und durch typisches Aussagegefälle (Sachlogik). Dabei ist zu beachten, daß hinsichtlich Wortfeld und Formulierungskonstanz unter Umständen eine gewisse Variationsbreite in Anschlag zu bringen ist[147].

145 Beispiel: Die auffallende Formulierung (*jṣ*ʾ) *bᵉḥippazon* »in angstvoller Eile (ausziehen)« Jes 52,12 läßt sich über die Konkordanz noch in Ex 12,11; Dtn 16,3 nachweisen und führt so auf das in Jes 52,11f offenbar im Hintergrund stehende Thema »Auszug aus Ägypten«.
146 Darauf macht Huber, aaO S. 110f, aufmerksam; weitere Beispiele: Mi 3,9–12 (V11); Jer 7,4.10.
147 Beispiel: die oben in Anm. 142 für die Völkerkampfvorstellung angeführten Texte (so werden die angreifenden Mächte in Ps 48 unter *mᵉlakım* (V5), in Ps 76 unter *ʾabbîrê leb/ʾănšê ḥajil* (V6) und in Jes 17 unter *ʾăm-mım/lᵉʾummım* (V12) gefaßt; ebenso gibt es Unterschiede bei der Formulierung des Handelns Jahwes und der darauffolgenden Reaktion der Angreifer).

Mehrere Vorstellungen in einem thematisch zentrierten Verbund und reflektierter Beziehung bilden einen *Vorstellungskomplex* oder *-zusammenhang*. Erfaßt dieser Vorstellungskomplex die Erfahrungswelt in einer geschlossenen Perspektive, so kann er als *Konzeption* qualifiziert werden. Im AT bieten solche Konzeptionen etwa die Jerusalemer Kulttheologie, die Weisheit in Israel, aber auch die geistige Rahmengröße des deuteronomistischen Geschichtsbildes mit all seinen anderwärts (zB Deuteronomium) entfalteten Implikationen.

2. Fragehinsichten

a) Greift ein Text vorgegebene Vorstellungen auf?
Diese Fragestellung fächert sich in verschiedene Einzelfragen auf; der Vergleich mit anderen Texten anhand der Konkordanz ist unerläßlich:

- Weist der Text ein *Wortfeld* (im Sinne von Wortumfeld[148]) auf, das literarisch unabhängig auch in anderen Texten begegnet[149]?
- Hält sich dabei eine feste *Formulierungsstruktur* durch? (zu denken ist etwa an: aktivische oder passivische, transitive oder intransitive Verben; charakteristische Aussagegehalte als Subjekt oder Objekt)
- Kehren dabei charakteristische *Vorstellungsgehalte* wieder, die gegebenenfalls in gleichbleibende Elemente und Momente zerfallen?
- Sind diese in konstanter Anlage miteinander verbunden und stimmen sie in bezeichnendem, gleiche Sachlogik anzeigendem *Aussagegefälle* überein?

b) In welchen größeren Zusammenhang gehört die Vorstellung?
Konnte eine vorgegebene Vorstellung ermittelt werden, dann ist weiter zu fragen, welchem größeren Zusammenhang von Vorstellungen (Vorstellungskomplex) sie angehört und ob sie gar Bestandteil einer Konzeption ist:

- Ergeben die Parallelenvergleiche, daß mit der konstanten Vorstellung auch ein *konstanter Vorstellungskontext* verbunden ist?

---

148 Es ist also nicht der sprachwissenschaftliche Begriff des Wortfeldes (dazu Koch, Formgeschichte, S. 321f) oder Worthofes (dazu Koch, aaO S. 327f) gemeint, sondern der für die Vorstellung typische Bestand an bezeichnenden Wörtern und Wortverbindungen.
149 Beispiel: In der thematisch um Zion/Jerusalem kreisenden Einheit Mi 3,9–12 weist die Formulierung, daß »Jahwe in der Mitte (*bᵉqæræb*)« der Zionsbewohner ist (V11), auf die Vorstellung von der schutzgewährenden Anwesenheit Jahwes auf dem Zion (vgl. die entsprechende Formulierung und den Kontext in Ps 46,6; Jer 14,9; Zeph 3,15.17).

- Läßt sich an sachlichen Beziehungen und Überschneidungen zeigen, daß dieser konstante Vorstellungskontext einen *sachlich geschlossenen Vorstellungszusammenhang*, gegebenenfalls eine Konzeption, darstellt?
- Wie ist das Zentrum, der *thematische Kristallisationspunkt* oder Kern dieses Vorstellungszusammenhanges zu bestimmen?
- Ist dieser Vorstellungszusammenhang durch charakteristische, ihn verdichtende Termini (*Leitbegriffe*) ausgezeichnet?
- Ist dieser Vorstellungszusammenhang in Sachradius, Gefälle, Denkstruktur, *eigentümlicher Perspektive* der Erfahrungswelt charakteristisch gekennzeichnet?

c)   Wo ist dieser Vorstellungszusammenhang beheimatet?
Die Ausbildung von Vorstellungen in Vorstellungszusammenhängen setzt erhebliche Reflexionsprozesse voraus, die sich in einer mehr oder minder stereotypen, in jedem Falle aber eigengeprägten charakteristischen Terminologie verdichten. Deshalb kann die Heimat solcher Vorstellungszusammenhänge nur in *Stätten ausgesprochener Lehrbildung* gesucht werden, die in der Regel an *langzeitige Institutionen* angeschlossen sind; man denke an den Jerusalemer Kult, den Königshof oder die Weisheitsschulung. Mit solchen Lehrstätten sind deshalb auch charakteristische Funktionen verbunden, die sich darstellen in Funktionsträgern (zB Weisheitslehrer, Hofkanzlei, Tempelsänger) und in bezeichnenden Gattungen.

d)   Welche Indizien weisen auf die Präsenz geistiger Welten in einem Text hin?
Die geistige Welt, auf die ein Text vorstellungsmäßig bezogen ist, ist in ihrer Präsenz in erster Linie erkennbar aus den *Formulierungen des Textes* im Vergleich mit unabhängigen Parallelformulierungen (vgl. a und b). Schon Beispiele aus der Gegenwart zeigen, daß mit der Präsenz einer geistigen Welt auch zu rechnen ist, wenn *Gattungen* verwendet werden, die dieser geprägten Welt spezifisch zugehören (vgl. c). Mit der Gattung »Steuererklärung« ist auch die geistige Welt des Steuerwesens präsent, und entsprechend treten charakteristische Begriffe dieser Welt wie unser oben verwendetes Beispiel »Werbungskosten« in der Topik verschiedener zugehöriger Gattungen (Steuererklärung, Steuergesetz, Steuerratgeber, Steuerbescheid) auf. Ebenso im AT: Die geistige Welt der Jerusalemer Kulttheologie steht als ganze, wenn auch nur in Teilen formuliert, hinter jeder der Jerusalemer Kultgattungen (Hymnen, Gattungen zur Notlage des Königs und des Einzelnen) und wird mit ihren bezeichnenden Formulierungen (Jahwe als König, Zuflucht, Schutz, Retter aus Chaoswassern usw.) in der Topik dieser Gattungen sichtbar.
Die Präsenz einer bekannten geistigen Welt kann aber bei einem Minimum an eigentümlichen Formulierungen schon dadurch gegeben sein, daß ein *Repräsentant* dieser geistigen Welt spricht oder handelt. In unserem modernen Beispiel ist der Begriff »Werbungskosten« auch

eindeutig definiert, wenn er ohne stützenden Kontext und nicht in einer charakteristischen Gattung von einem Finanzbeamten gebraucht wird, der die Kompetenz des Steuerwesens repräsentiert. Entsprechend wird man das Auftreten von Repräsentanten geprägter Welten im Alten Israel wie Rechtssprechern, Weisheitslehrern, Tempelsängern, Priestern usw. als selbstverständliche Vergegenwärtigung der Welt, für die sie stehen, verstehen müssen; wenn Jesaja oder Jeremia zu den Priestern oder wenn Micha zu den Jerusalemern spricht, muß als Hintergrund ihres Redens die jeweilige geistige Welt als eine beim Sprecher wie bei den Hörern gegenwärtige angesehen werden, auch wenn dafür ausdrückliche Formulierungsindizien im Text nicht ausreichend gegeben sind.

Die TG hat es deshalb wesentlich mit der Frage nach dem in einer Aussage Mitgegebenen, Mitgemeinten, Mitgedachten zu tun.

e) In welcher Weise schreitet der Text gegebenenfalls über seine vorgegebene geistige Welt hinaus?

Die ausgesprochenen Abwandlungen, die ein Verfasser an den vorgegebenen Vorstellungen vornimmt, seine Anwendung der Vorstellungen, seine Abweichungen von Aussagegefälle, Denkstruktur und Radius des Vorstellungszusammenhanges zeigen, daß Tradition keineswegs immer homogen aufgenommen wird. Diese Überschreitungen sind *für die Bestimmung der Aussageintentionen* des Textes *von größter Bedeutung*, dürfen aber nicht zu dem Fehlschluß verführen, als könne sich ein Verfasser völlig aus seiner geistigen Welt lösen und als seien nur seine neuen Aussagen die für ihn bezeichnenden.

3. Dimension der vorstellungsgeschichtlichen Frage

Vorstellungsgeschichtliche Arbeit vollzieht sich, wie deutlich geworden ist, in unterschiedlicher Reichweite und Dimension: Sie kann sich auf eine *einzelne Vorstellung* samt dem zugehörigen Vorstellungskomplex beziehen oder auf den Bestand an traditionellen Vorstellungen in einem *Einzeltext* oder schließlich synthetisch auf den Verlauf *theologischer Strömungen* mit den für sie charakteristischen Vorstellungen.

Die umfassenden, die Einzeltexte übergreifenden Fragen nach einzelnen Vorstellungen, Vorstellungskomplexen und den theologischen Strömungen müssen speziellen Abhandlungen vorbehalten bleiben; im Rahmen der Exegese eines Einzeltextes kann in der Regel nur die Verarbeitung von Vorstellungen in diesem besonderen Text untersucht werden.

a) Untersuchung einzelner Vorstellungen

Grundlegend ist die – die Einzeltexte übergreifende – Untersuchung der Geschichte von einzelnen Vorstellungen und ihnen zugeordneten Vorstellungskomplexen. Von der *Geschichte einer Vorstellung* ist

dann zu reden, wenn dieselbe Vorstellung in den literarischen Äußerungen des biblischen Raumes mehrfach und zu verschiedenen Zeiten
aufgefunden wird, eine unmittelbare literarische Abhängigkeit zwischen den einzelnen Belegen dabei nicht vorliegt und statt dessen lebendige geschichtliche Überlieferung als Vermittlungsinstanz (Träger, Ort!) in Anschlag zu bringen ist[150]. Im Verlauf dieser Überlieferung können sich einzelne Vorstellungen oder einzelne Teile eines
Vorstellungskomplexes durchaus im Rahmen ihrer homogenen Welt
ändern (zB die Fassung des Chaos innerhalb der Jerusalemer Kulttheologie als Drachenwesen bzw. als »Meer«); auch die Sprache der Tradition ist nicht stereotype, uniforme Wiederholung, sondern Ausdruck
eines lebendigen geistigen Vorgangs.

b) Untersuchung eines Einzeltextes

Erst auf dem Hintergrund solcher die Einzeltexte übergreifenden Untersuchungen und unter Verwertung des durch sie bereitgestellten
Materials kann die vorstellungsgeschichtliche Frage sinnvoll an einen
Einzeltext gerichtet werden. Sie zielt dabei auf die Herausarbeitung
der in dem Einzeltext vorliegenden festen Vorstellungen bzw. – ausgesprochen oder implizit mitgegeben – Vorstellungszusammenhänge
(Traditionen) sowie deren Abwandlung.

c) Theologische Strömungen

Die Synthese vorstellungsgeschichtlicher Arbeit besteht – theologiegeschichtlicher Forschung vergleichbar – in der Aufhellung der theologischen Strömungen und geistigen Räume der biblischen Zeit. Solche geistigen Räume sind in der Regel dadurch gekennzeichnet, daß
ein fester Vorstellungskomplex als Leitkonzeption andere theologische Aussagen und Gattungen ankristallisiert oder sich in charakteristischer Weise mit anderen Vorstellungskomplexen verbindet; die so
entstandene Größe kann *Vorstellungsbestand*, der Raum ihrer Weitergabe kann *Traditionsbereich* genannt werden. Wenn auch die Forschung bei der Aufhellung solcher Traditionsbereiche und theologischer Strömungen allererst am Anfang steht, so zeichnet sich doch soviel ab, daß die verschiedenen theologischen Strömungen nicht nur
mit besonderen Trägergruppen, sondern in charakteristischer Weise
auch mit bestimmten geographischen Räumen verbunden sind (Nordreich: etwa Bund, Gottesvolk; Stadt Jerusalem: etwa kosmische Konzeptionen; Landjuda)[151].

V. Traditionsgeschichte als historischer Vorgang

Tg.e Arbeit fragt nicht in Abstraktion von geschichtlich-gesellschaftlichen Bedingungen nach charakteristisch ausgeprägten

---

150 Beispiel: die Geschichte der deuteronomistischen Prophetenaussage
bzw. des deuteronomistischen Geschichtsbildes im ganzen (zu beidem s. Steck,
Israel und das gewaltsame Geschick der Propheten, bes. S. 79f.193–195.278f
bzw. S. 184–189.312f).
151 Vgl. den oben A144 angeführten Beitrag von Steck.

Gedankengehalten und ihrer Geschichte, stellt also keinen vom historischen Ablauf gelösten Entwicklungsprozeß von Ideen dar. Es kommt ihr vielmehr auch auf die Aufdeckung derjenigen Vorgänge an, welche die reale geschichtliche *Vermittlung* von geprägten Sachgehalten ermöglichen[152]. Dementsprechend fragt sie:
Wer sind die Träger solcher Gedankengehalte?
Welches Interesse haben sie an ihnen?
Wo haben die Träger ihren historischen Ort?
Welche Erfahrungsaspekte von Welt sind für sie bezeichnend?
Das Kriterium der realen geschichtlichen Vermittlung wehrt im übrigen der vorschnellen Herstellung von Zusammenhängen zwischen den Texten des Alten Israel und der *Religionsgeschichte;* die Frage nach dem Einfluß religionsgeschichtlicher Gedankengehalte, wesentlich aus der altorientalischen Umwelt Israels, auf die alttestamentlichen Texte ist ein wichtiger Aspekt tg.er Arbeit, muß aber streng nach den dafür gültigen methodischen Gesichtspunkten betrieben werden.

VI. Traditionsgeschichte und Motivgeschichte

Der in der Literatur auftretende, mit »Traditionsgeschichte« verbundene[153] oder sogar synonym verwendete Begriff »Motivgeschichte« zielt auf die Geschichte kleinster thematischer Bausteine in Texten. Zur Geltung und zum Stellenwert motivgeschichtlicher Untersuchungen ist Folgendes zu bedenken:
1) Als *eigenständige Fragehinsicht* empfiehlt sich die motivgeschichtliche Arbeitsweise nicht: Sie steht immer in der Gefahr, unter herangetragenen Themen sachlich Verschiedenartiges und historisch nicht miteinander in Verbindung Stehendes zu verknüpfen. Weiter neigt sie dazu, durch unzulässige Vereinzelung von Themen konstitutive Sinnzusammenhänge zu übergehen[154]; wie die tg.e Arbeit zeigt,

---

152 Dies gilt, wie oben S. 86 schon angesprochen wurde, insbesondere im Blick auf die Vorstellungen und Vorstellungskomplexe. Denn die dort genannten Fragehinsichten für die vorstellungsgeschichtliche Analyse setzen natürlich im geschichtlichen Raum Bedingungen voraus, unter denen die Weitergabe geistiger Gehalte und Denkbewegungen in *derart geprägter und konstanter* Gestalt möglich ist. Es ist zu überlegen, ob solche soziokulturellen Bedingungen für vorstellungsgeschichtliche Phänomene auf breiterer Basis nicht erst im Rahmen einer arbeitsteiligen, höfisch-staatlichen Kultur gegeben waren und ob nicht Stätten bestanden, in denen Vorstellungen sachlich und sprachlich konstant ausgestaltet und überliefert wurden. In der Zeit davor dürfte der Bestand an solch durchgestalteten Vorstellungen noch geringer gewesen sein; bei festgeprägten Traditionselementen wäre hier insbesondere an Wortteile ritueller Vorgänge und an das Rechtswesen zu denken.
153 Vgl. zB Fohrer, Exegese, S. 26 (Hoffmann). 99ff (Huber). 196ff.
154 Das zeigt sich auch wieder bei Huber, aaO S. 103, wenn er die Bezeichnung Jahwes als Fels (ṣur) in Ps 28,1; 31,3 als Motiv faßt und damit den konstitutiven Zusammenhang dieses Vorstellungselements mit der Jerusalemer Kulttheologie (vgl. Steck, Friedensvorstellungen, S. 37A87) zerschlägt.

stellen solche kleinsten thematischen Bausteine sehr häufig feste Vorstellungen oder Vorstellungselemente dar, die in unlöslichem Sinnbe-
zug auf größere Vorstellungszusammenhänge stehen, in diesem
Rahmen überliefert werden und in diesem Verbund als charakteristisch formulierte Sinn und Kontur erhalten. Motivgeschichtliche Arbeit scheitert an der unerläßlichen Aufgabe, die Lebendigkeit der an
verschiedenen Stellen auftretenden Motive als historisch vermittelte
aufzuweisen und verständlich zu machen; der Rekurs auf konstante
Bewußtseinsstrukturen ist allenfalls eine Bezeichnung des Problems,
aber keine Lösung.

2) Der *sachliche Anhalt* motivgeschichtlicher Fragestellung liegt
darin, daß einzelne Vorstellungselemente als solche in neuen Zusammenhängen und Kontexten auftreten können; jedoch muß diese
Isolierung von Einzelvorstellungen zum Problem erhoben und gefragt
werden, inwieweit ihr genuiner Vorstellungskontext noch mitzuden-
ken ist. Darüber hinaus wird der Motivbegriff für weitere Erscheinungen wie etwa bedeutungsvolle Zahlen oder bestimmte Erzäh-
lungstopoi (Erwählung des nach menschlichem Ermessen untaugli-
chen Mannes o. ä.) verwendet, wobei freilich gerade im letzteren Fall
die Unterscheidung zwischen Gattungsmotiven und frei schweifenden
Motiven häufig nicht einfach ist[155].

C   Ertrag

I.   Erfassung des Aussageprofils eines Textes

Eine sprachliche Äußerung kann aus sich heraus nicht zurei-
chend verstanden werden; sie muß vielmehr *im Zusammenhang* der geschichtlichen Lage, in der sie getan wird[156], im
Rahmen ihrer soziokulturellen Bedingungen und Gegebenheiten[157] und nicht zuletzt auf dem Hintergrund *der theologischen Strömung und des geistigen Raumes,* in dem sie steht
und ergeht, betrachtet werden. Solche Zuordnung zu bestimmten Vorstellungen, theologischen Konzeptionen und einer geprägten Denkwelt ist unerläßlich, wenn das Profil eines
Textes deutlich und dh wenn erfaßt werden soll, von woher
eine sprachliche Äußerung gedacht ist, in welcher geprägten
Perspektive sie den Sachverhalt wahrnimmt, in welchem Gefälle sie argumentiert und in welchem Denkrahmen sie von ihren Hörern oder Lesern vernommen wurde. Dies gilt auch –
und gerade! – dort, wo traditionelle Elemente abgewandelt
werden und sich somit bestimmen läßt, wo eine sprachliche
Äußerung über ihre traditionelle Verwurzelung zu einer besonderen Aussage hinausschreitet. Die äußerste Spitze solcher

155   Vgl. Koch, aaO S. 70f.
156   S. u. § 9.
157   S. o. § 7 B V (S. 67ff) und C III (S. 71f).

Abwandlung liegt dann vor, wenn in einem Text eine traditionelle Vorstellung kritisch aufgegriffen und umgekehrt wird[158]; das Verständnis eines derartigen Textes ist unabdingbar daran gebunden, daß seine polemische Spitze und die kritische Abgrenzung, die er vollzieht, im Zuge tg.er Untersuchung wahrgenommen werden.

II. Einsicht in Zusammenhänge

Tg.e Arbeit im umfassenden Sinn zielt auf die Erhellung der theologischen Strömungen und geistigen Räume der biblischen Zeit, dh auf eine *Theologiegeschichte des Alten Israel und des frühen Judentums.* Wo in Teilbereichen solche Forschung bereits zu tragfähigen Ergebnissen gelangt ist, haben sich aufschlußreiche Zusammenhänge zwischen zuvor scheinbar unverbundenen Texten und Textgruppen oder aber stützende Argumente für die aus anderen Gründen bereits geäußerte Vermutung solcher Zusammenhänge ergeben. Solche Erkenntnis größerer Zusammenhänge kommt auf der einen Seite wieder dem Verständnis der Einzeltexte zugute, und sie ist andererseits ein Ansatzpunkt, den geschichtlichen Zusammenhang zwischen AT und NT zu erarbeiten und damit eine Biblische Theologie historisch sachgemäß vorzubereiten.

D   Literatur

I. Einführung, Grundlegung und Übersicht

G. Fohrer, Exegese, § 8 (F. Huber)
O. H. Steck, Israel und das gewaltsame Geschick der Propheten, WMANT 23, Neukirchen-Vluyn 1967, S. 18f (dort weitere Lit.). 107A4

II. Weiterführung und kritische Gegenpositionen

G. Fohrer, Tradition und Interpretation im Alten Testament, ZAW 73, 1961, S. 1–30 (jetzt auch in: G. F., Studien zur alttestamentlichen Theologie und Geschichte (1949–1966), BZAW 115, Berlin 1969, S. 54–83)
H. Gese, Zur biblischen Theologie. Alttestamentliche Vorträge, BEvTh 78, München 1977
O. Keel, Die Welt der altorientalischen Bildsymbolik und das Alte Te-

---

158 Beispiel: die Abwandlung der Völkerkampfvorstellung in Jes 29,1–7 (in V1–5bα zieht Jahwe an der Spitze der Völker *gegen* Jerusalem).

stament. Am Beispiel der Psalmen, Zürich – Einsiedeln – Köln und Neukirchen-Vluyn ²1977
- Wirkmächtige Siegeszeichen im Alten Testament, Orbis Biblicus et Orientalis 5, Freiburg/Schweiz und Göttingen 1974

D. A. Knight, Rediscovering the Traditions of Israel, Society of Biblical Literature Dissertation Series 9, Missoula 1973

K. Koch, Formgeschichte, S. 70f.326–342

W. Richter, Exegese, S. 75fA11; 136f.153–155.178.182f (zu »Motiv« und »Stoff«)

Tradition and Theology in the Old Testament, ed. D. A. Knight, Philadelphia 1977

G. Wanke, Die Zionstheologie der Korachiten in ihrem traditionsgeschichtlichen Zusammenhang, BZAW 97, Berlin 1966, bes. S. 39f.64ff.109ff

III. Exemplarische Durchführung

K. Koch, Gibt es ein Vergeltungsdogma im Alten Testament?, ZThK 52, 1955, S. 1–42 (jetzt auch in: Um das Prinzip der Vergeltung in Religion und Recht des Alten Testaments, hg. v. K. Koch, Darmstadt 1972, S. 130–180): Frage nach der eigentümlichen Weltsicht (Tat-Ergehen-Zusammenhang)

H.-M. Lutz, Jahwe, Jerusalem und die Völker, WMANT 27, Neukirchen-Vluyn 1968, S. 47–51.155–177: tg.e Untersuchung eines Einzeltextes (Jes 17,12–14)

G. v. Rad, Weisheit in Israel, Neukirchen-Vluyn 1970

W. H. Schmidt, Königtum Gottes in Ugarit und Israel, BZAW 80, Berlin ²1966: religionsgeschichtliche Untersuchung

O. H. Steck, Israel und das gewaltsame Geschick der Propheten: tg.e Untersuchung einer Vorstellung und ihrer Verbindung mit anderen Vorstellungen (deuteronomistisches Geschichtsbild)
- Das Problem theologischer Strömungen in nachexilischer Zeit, EvTh 28, 1968, S. 445–458, bes. 445–448
- Friedensvorstellungen im alten Jerusalem. Psalmen – Jesaja – Deuterojesaja, ThSt(B) 111, Zürich 1972: tg.e Untersuchung einer Konzeption (Jerusalemer Kulttheologie)
- Der Schöpfungsbericht der Priesterschrift, FRLANT 115, Göttingen 1975: Frage nach Wissensstoffen/Bildungsgehalten
- Strömungen theologischer Tradition im Alten Israel, in: Zu Tradition und Theologie im Alten Testament, BThSt 3, 1978, S. 27–56

H. W. Wolff, Hoseas geistige Heimat, ThLZ 81, 1956, Sp. 83–94 (jetzt auch in: H. W. W., Gesammelte Studien zum Alten Testament, ThB 22, München²1973, S. 232–250)
- Amos' geistige Heimat, WMANT 18, Neukirchen-Vluyn 1964

§ 9 Bestimmung des historischen Ortes

A Die Aufgabe

Die alttestamentlichen Texte treten uns heute in einer zur Einheit der Heiligen Schrift zusammengehörigen, in jeder Gegenwart erneut aktuell werdenden Sammlung der Glaubensüberlieferungen des Alten Israel entgegen. An ihrem Ursprung sind sie jedoch alle *in einer je besonderen historischen Situation* verwurzelt: Sie ergehen zu einer bestimmten Zeit in einem bestimmten geographischen Raum; sie haben Verfasser mit verschiedenem gesellschaftlichem Standort und verschiedener geistig-theologischer Prägung; sie sprechen zu bestimmten Adressaten mit ihrem je eigentümlichen Erfahrungs- und Welthorizont; sie setzen besondere politische und soziale Gegebenheiten, einschneidende gesellschaftliche Wandlungen und prägende historische Ereignisse voraus. Ohne eine historische Anschauung von diesen Bedingungen und Komponenten, die bei jedem Text mitgegeben sind, ist Verstehen unmöglich. Der Arbeitsgang der HO hat darum die Aufgabe, für einen gegebenen Text auf jeder einzelnen Stufe seines Werdegangs[159] die Verwurzelung in einem bestimmten historischen Ort zu erfassen[160] und zu beschreiben.

B Erläuterungen zu Fragestellung und Methodik

I. Die Datierung eines Textstücks

Grundlegend für den Arbeitsgang der HO ist die Datierung des gegebenen Textes bzw. seiner zur Untersuchung anstehenden Schicht. Aufgrund welcher Beobachtungen ist die Bestimmung der Entstehungszeit eines Textstücks möglich? Mehrere Anhaltspunkte sind hier zu nennen[161]:

---

159 Daraus folgt, daß die HO und die lk.e, üg.e und rg.e Fragestellung eng aufeinander bezogen sind (s. schon oben A25.62.72).
160 Mehr als bei jedem anderen Arbeitsschritt ist die exegetische Praxis hier auf die Heranziehung bereits vorliegender Forschungsergebnisse (vor allem auf den Gebieten »Einleitung in das Alte Testament« und »Geschichte Israels«) und der entsprechenden Literatur (s. o. § 2 G.J–L) angewiesen.
161 Vgl. auch die Hinweise von Fohrer, Exegese, S. 144f.

1) die Voraussetzung oder Erwähnung zeitgenössischer oder bereits zurückliegender historischer Ereignisse[162],

2) gesellschaftliche, verfassungsmäßige oder kulturgeschichtliche Gegebenheiten, die historische Grenzpunkte markieren[163],

3) die – allerdings kritisch zu prüfende – Datierung des einzelnen Textstücks[164] bzw. des ganzen zugehörigen Textkomplexes[165] in einer Überschrift,

4) die Voraussetzung oder Verarbeitung anderer, datierbarer Texte aus dem AT[166],

5) die Einordnung in die Geschichte einer Gattung[167], einer Vorstellung oder einer theologischen Strömung[168],

6) das relative Verhältnis zu den anderen Überlieferungs- bzw. Redaktionsschichten desselben Textkomplexes[169].

II. Das zeitgeschichtliche und soziale Umfeld eines Textstücks

Ist die Datierung des untersuchten Textstücks je nach Sachlage mehr oder minder genau gelungen, so muß versucht werden, die zeitgeschichtlichen und sozialen Gegebenheiten im Umfeld seiner Entstehung näher zu bestimmen. Dies geschieht zunächst im *Querschnitt*: Von welcher politischen Lage im vorderorientalischen Großraum ist auszugehen (zB das neuassyri-

---

162 Beispiele: Klgl blicken auf den Untergang Jerusalems im 6. Jh. vChr zurück (vgl. 1,3f.7; 2,5ff; 4,20–22; 5,18 u. ö.) und stehen den Ereignissen noch ziemlich nahe; Mi 7,8–20 setzt u. a. das Darniederliegen der Mauern Jerusalems (terminus ad quem: Mauerbau unter Nehemia) voraus; vgl. ferner noch oben A18 zum Jesajabuch. Bei der Auswertung entsprechender Anhaltspunkte ist verschiedentlich das Phänomen des vaticinium ex eventu zu berücksichtigen.

163 Beispiele: Ein Text nimmt auf das zeitgenössische Königtum im Lande Bezug (vgl. zB Jes 8,21f); ein Text setzt voraus: die Domestizierung des Kamels, eisenbeschlagene Kriegswagen, Ortsnamen und ihre Wandlungen, Bezeichnungen von Völkern und Ländern usw.

164 Beispiele: Jes 14,28–32; Ez 20.

165 Beispiel: die Überschriften vieler Prophetenbücher (zB Jes 1,1; Am 1,1); sie können natürlich nur für die authentischen Worte des Propheten ausgewertet werden.

166 Beispiele: Die Chronikbücher benutzen Gen-Kön als Quelle; Jes 2,2–4 setzt Deuterojesaja voraus. Die Verwechslung tg.er mit literarisch-üg.er Abhängigkeit kann hier nur zu erheblichen Fehlschlüssen führen.

167 Beispiel: knapper (zB Gen 32,23–33) und ausgeführter (zB Gen 24) Sagenstil; beachte aber die Einschränkung oben § 7 B III 3 (S. 66).

168 Beispiel: die Stellung von Dtn 30,1–10 innerhalb der Geschichte des deuteronomistischen Geschichtsbildes (dazu O. H. Steck, Israel und das gewaltsame Geschick der Propheten, 1967, S. 140f.185f).

169 Beispiel: das relative Verhältnis der verschiedenen literarischen Schichten in Jes 10,5–27a (V5–15.16–19.20–23.24–26.27a) zueinander (dazu H. Barth, Die Jesaja-Worte in der Josiazeit, 1977, S. 17ff).

sche Reich als Hegemonialmacht)? Welche besonderen Ver-

hältnisse bestanden in Israel (zB Juda noch selbständig, das
ehemalige Nordreich in assyrische Provinzen aufgelöst)? Was
waren folgenschwere zeitgenössische Ereignisse? Durch welche gesellschaftlichen Ordnungen, Spannungen oder Umbrüche ist die sozialgeschichtliche[170] Situation in Israel damals
charakterisiert?
Eine solche Querschnittuntersuchung macht sehr bald auch
Längsschnitte durch die politische Geschichte und – soweit
möglich – die Sozialgeschichte des Alten Israel bzw. des Alten
Orient erforderlich, weil sich die besonderen Gegebenheiten an
einem bestimmten historischen Ort nur unter Ausgriff auf die
vorausgehende und nachfolgende Entwicklung verständlich
machen lassen.

Aus einer synthetischen Zusammenschau der in § 8 erhobenen Gegebenheiten der geistigen Welt des Textes und seiner hier in § 9 bestimmten äußeren Welt sind auch die *Erfahrungen* der Menschen in
dieser Zeit zu erfragen. Sie lassen sich gegebenenfalls aus dieser Synthese und aus der Korrespondenz von geschichtlicher Welt des Textes
(Geschehnisse; soziale Vorprägungen; tg.e Anleitungen, diese Welt
wahrzunehmen und zu bewältigen) und dem Text selbst folgern. Im
Zusammenhang damit ist auch zu fragen, welche von der Zeiterfahrung unausweichlich aufgenötigten *Probleme* damals bestanden.

III. Identifizierung der im Text genannten äußeren Gegeben-
heiten

Im Rahmen dieses Arbeitsschrittes erfolgt im Dienste der historischen Anschauung der Entstehungsgegebenheiten und
der Aussagen eines Textes auch die *Klärung geographischer
und historischer Einzelfragen sowie sonstiger Realien,* die
Verfasser und Adressat zu ihrer Zeit selbstverständlich bekannt waren, heute aber erst wieder identifiziert werden müssen. Mit Realien sind dem Wortsinn nach konkrete, visuell er-
fahrbare Sachen und Sachverhalte gemeint: zB ein Berg, ein
Volk, Wanderungen eines Volkes, Gebäude, Kleidung, Tier-

170 Über der berechtigten Forderung nach einer Intensivierung der sozialgeschichtlichen Untersuchungen darf allerdings das Problem nicht übersehen
werden, inwieweit wir aus den überlieferten Texten (und archäologischen
Funden) die Sozialgeschichte Israels und des Alten Orients überhaupt noch rekonstruieren können; die bisher erst geringe Zahl sozialgeschichtlicher Arbeiten ist nicht einfach Blindheit gegenüber dem Problem. Für Lit. zur Sozialgeschichte Israels und des Alten Orients s. o. § 2 K.L; ein wichtiger Beitrag zum
methodischen Problem sozialgeschichtlicher Auswertung religiöser Überlieferung bei G. Theißen, Die soziologische Auswertung religiöser Überlieferungen, Kairos NF 17, 1975, S. 284–299.

und Pflanzenwelt usw. Die Klärung solcher Realien kann aber nicht absehen von ihrer *Verbindung mit bestimmten inneren Vorgängen oder religiösen Lebensäußerungen* und greift insofern notwendig auf weitere Bereiche über, als sie in dem Begriff »Realien« seinem genuinen Sinne nach enthalten sind; das Reale »Kultstein« etwa ist mit der Praxis der Inkubation, das Reale »Thron« mit bestimmten religiösen Herrschaftsvorstellungen verbunden. Auch hier muß wieder in Quer- und Längsschnitt gearbeitet werden[171].

Ein besonderes Problem ergibt sich, wenn ein Verfasser im Text nicht einfach allbekannte, unstrittige Gegebenheiten anspricht, sondern die *Darstellung historischer Vorgänge* seiner eigenen jüngsten Vergangenheit und vor allem zurückliegender Zeiten zum Gegenstand seiner Aussage macht. Auch solche Vorgänge müssen in diesem Arbeitsgang historisch identifiziert werden; denn die Bestimmung dessen, was hier historisch tatsächlich geschehen ist, ist eine unerläßliche Voraussetzung dafür, zu erkennen, welche aspekthafte Perspektive (zB selektive Akzentuierung der Vorgänge der Nachfolge Davids in der Thronnachfolgegeschichte) oder gar abweichende Interpretation von diesen Geschehnissen (zB Gefährdung Abrahams in Gerar als Gefährdung eines Propheten, Gen 20) der Text gibt, und zwar gegebenenfalls durchaus aufgrund realer historischer Erfahrungen in der Zwischenzeit. Im Rahmen der Exegese ist selbstverständlich aber die dienende Funktion dieser historischen Identifizierung zu beachten; Ziel der Exegese ist, auszusagen, wie der Verfasser diese Ereignisse interpretiert hat, während die Bestimmung dessen, was tatsächlich passiert ist, eine selbständige Funktion im Rahmen der Disziplin »Geschichte Israels« hat.

IV. Die Bestimmung von Verfasser und Adressat

Die Bestimmung des *Verfassers* eines Textstücks zielt weniger auf seine namentliche Identifizierung, die im ganzen nur selten möglich ist, als vielmehr auf seine Zuordnung zu einem bestimmten geistig-religiösen und sozialen Standort. Die alttestamentliche Literatur ist weithin anonyme Literatur, und überdies handelt es sich dort, wo Namen genannt werden, nicht selten um pseudepigraphische Erscheinungen (wie zB in zahlreichen Psalmenüberschriften oder im Sprüchebuch). Auch da, wo wir den Namen eines Verfassers oder einer Verfassergruppe erfahren, bleiben die Personen meist im Dunkeln (zB im Falle von Amos oder noch stärker bei Micha, den Korachiten usw.); sie treten hinter ihren Aussagen fast völlig zurück. So sind wir auf verstreute einzelne Hinweise in den Texten[172] und auf fg.e und tg.e Rückschlüsse, und zwar nicht nur aus dem untersuchten Einzeltext, sondern aus der zugehörigen literarischen Schicht insgesamt, angewiesen: Was lassen der Sitz im Leben der einzelnen Einheiten bzw.

---

171 Vgl. noch einmal ausdrücklich den Hinweis oben A160.
172 Beispiel Jesaja: vgl. 7,3; 8,2f.16; 28,7b–22.

des Werkes im ganzen und gegebenenfalls der Stil[173] über den gesellschaftlichen Standort und die Funktion des Verfassers erkennen[174]?
Welcher theologischen Richtung und Strömung gehört der Verfasser
zu[175]?

Auch im Falle des *Adressaten* ist die Exegese abgesehen von einigen
Ausnahmen in der prophetischen Literatur (wie zB 2Kön 1; Am
7,10–17; Jes 7; Jer 28) für dessen Bestimmung auf Rückschlüsse aus
den Texten angewiesen; insbesondere lassen sich wieder die Ergebnisse zum Sitz im Leben auswerten[176]. Die Kenntnis des Adressaten
gibt wesentliche Hinweise auf die besondere Problemstellung, Hinsicht und Abzweckung einer Aussage. Fehlen konkrete Anhaltspunkte
für die Identifizierung des Adressaten, so kann zumindest versucht
werden, den Erfahrungs- und Erwartungshorizont eines Adressaten
am historischen Ort des Textes imaginativ zu rekonstruieren.

V. Zur historisch-materialistischen Interpretation alttesta-
mentlicher Texte

Das Aufgreifen von biblischem Textmaterial zB durch Ernst
Bloch und Stefan Heym und die in ihren Werken zutage tre-
tende besondere Weise seiner Verarbeitung und Interpretation
hat das Problem der historisch-materialistischen Interpretation alttestamentlicher Texte in die aktuelle Diskussion gebracht[177]. Das Urteil über diesen Interpretationsansatz hängt
wesentlich von seiner Definition ab. Wenn mit historisch-ma-
terialistischer Interpretation dies gemeint ist, daß die religiösen Überlieferungen des Alten Israel strikt *im* geschichtlich-
sozialen Kontext ihrer Entstehung erklärt werden müssen und
daß der theologische und gesellschaftliche Standort eines Verfassers die Sachtendenz seiner Aussagen beeinflußt, dann kann
sich die historisch-kritische Exegese des AT diese Perspektive
durchaus zu eigen machen und hat dies, freilich in unterschiedlicher Klarheit und Entschiedenheit, auch schon immer getan[178]. Die historisch-materialistische Interpretation muß al-

---

173   Vgl. die Hinweise bei Kaiser, Exegese, S. 29–31.
174   Vgl. als Beispiel die entsprechende Befragung von Lev 1–7 und Dtn
4,1–8 bei Kaiser, aaO S. 41f.
175   Beispiele: die deuteronomistische Herkunft einer sekundären literarischen Schicht im Amos- (vgl. vor allem 2,4f) und im Jeremiabuch (vgl. zB
11,1–14; 19,2b–9; 44,2–6).
176   Beispiel: die Teilnehmer am Opfermahl als einer der Adressaten im
Danklied des Einzelnen (s. schon oben A115, dort auch Lit.).
177   Vgl. Dietrich, Wort und Wahrheit, bes. S. 27ff; dort S. 35f auch die Angaben für die Werke von Bloch und Heym.
178   Vgl. die Fragen nach dem Sitz im Leben (s. o. S. 67ff), der realen historischen Vermittlung von Texten und Traditionen (Problem der Träger, s. o. S.
88f) und dem historischen Ort, ferner tendenzkritische Fragestellungen wie
etwa bei A. Weiser, Die Legitimation des Königs David, VT 16, 1966, S.
325–354, im Blick auf die Geschichte vom Aufstieg Davids; die Diskussion von

lerdings auf Widerspruch treffen, wenn sie die alttestamentlichen Texte *aus* ihrem historisch-sozialen Ort heraus als dem
grundsätzlich »in letzter Instanz bestimmende(n) Moment«[179]
für die Bildung gedanklicher Gehalte begreifen und die Interes-
sen- und Standortgebundenheit menschlichen Redens zur beherrschenden Erklärungskategorie erheben wollte.

C Ertrag

Die HO stellt einen Text in das Wirkungsfeld der geschichtlichen, gesellschaftlichen Kräfte und prägenden Erfahrungen
hinein, in dem er gebildet wurde und in dem allein er darum
auch historisch sachgemäß interpretiert werden kann. Die historische Anschauung von Verfasser, Adressat und Entste-
hungsraum des Textes ist der Schlüssel zur Erkenntnis seines
besonderen Aussageprofils, aber auch seiner Grenzen. Indem
kritische Exegese den Text an seinen ursprünglichen historischen Ort rückbindet, wehrt sie damit auch seiner vorschnellen
Übertragung in völlig andere historische Situationen der Gegenwart und zeigt die Notwendigkeit für eine hermeneutisch
begründete Vermittlung in die Gegenwart.

D Literatur

G. Fohrer, Exegese, § 9C
O. Kaiser, Exegese, S. 52–55
Vgl. ferner die oben § 2 I–L genannte Literatur

Übereinstimmung und Differenz zwischen derartigen exegetischen Ansätzen
zur Interpretation der Davidsüberlieferung und Heyms »König David Bericht«
fehlt leider in Dietrichs Bemerkungen zu Heyms Roman (aaO S. 41–67).
179   So eine Formulierung von Friedrich Engels (zitiert bei Dietrich, aaO
S. 29).

§ 10   Interpretation als historische Sinnbestimmung des Textes

A Die Aufgabe

Das Ziel aller exegetischen Arbeitsvorgänge, die historische Auslegung des Textes, kommt zu Durchführung und Darstellung in einem besonderen Arbeitsakt nach den einzelnen methodischen Untersuchungsgängen, in der Interpretation. Aufgabe der Interpretation ist es, wissenschaftlich ausgewiesen zu bestimmen, welcher *historische Aussagewille und Sinn* in der konkreten Gestalt des Textes *innerhalb des geschichtlichen Entstehungsraumes* und in den verschiedenen Stadien seines alttestamentlichen Werdeganges zur Sprache gebracht werden sollte. Interpretation als historische Sinnbestimmung des Textes sucht somit zu erarbeiten und darzustellen, inwiefern die Gestalt eines Textes zum Träger von Aussagesinn eigener Kontur im genuinen historischen Umfeld des Textes wird. Geschichtliche und soziale Gegebenheiten, geistige Vorprägungen, verarbeitete Erfahrungen, wirksame Impulse, Zielvorstellungen des Verfassers, Eigenart der Adressaten werden dabei als Faktoren lebendiger Artikulation von Sinn in der zugehörigen geschichtlichen Situation erfaßt und lassen die Sinnartikulation in einem konkreten Text als geschichtlichen Lebensvorgang sehen.

Da sich die Interpretation auf den Text im geschichtlichen Verlauf seiner produktiven Gestaltung richtet, ist sie prinzipiell *für jedes ermittelte Wachstumsstadium des Textes gesondert* vorzunehmen. An die historische Sinnbestimmung der einzelnen Textstadien je für sich ist gegebenenfalls eine *Interpretation des alttestamentlichen Werdeganges des Textes* als Sinnbewegung mit ihren Gründen anzuschließen, um die produktive Überlieferung des Textes innerhalb des AT exegetisch zusammenzusehen. Den Abschluß können Überlegungen bilden, wie sich der erarbeitete *historische Sinn des Textes in Ansehung unserer Gegenwart* darstellt. Die Interpretation mündet in den Versuch einer sachgerechten deutschen *Übersetzung* des Textes, wie sie sich aufgrund der Exegese ergibt.

Mit dieser Aufgabenbestimmung ist eine Reihe von Abgrenzungen gegeben:

1) »Interpretation« steht hier an der Stelle des Arbeitsganges, der sonst vielfach »*Einzelexegese*«[180] und/oder »Zusammenhangsexegese« genannt wird; um falsche Assoziationen auszuschließen, verzichten wir jedoch auf diese gängigen Bezeichnungen. Vor allem soll nachdrücklich vor dem Mißverständnis gewarnt werden, als habe dieser Arbeitsgang lediglich die Klärung noch offener *Einzelheiten des Textes* nachzuholen. Die Klärung der Einzelheiten im Text ist zum größten Teil, wenn nicht durchgängig, schon im Rahmen der voraufgehenden methodischen Arbeitsgänge unerläßlich: Geographische und historische Klärungen sowie die Klärung sonstiger Realien müssen im Rahmen der HO (§ 9) erfolgen[181]; Begriffsanalysen[182] sowie die sonstigen traditions- und religionsgeschichtlichen Bestimmungen einzelner Aussagen werden im Rahmen der TG (§ 8) erarbeitet[183].

2) Ziel der Interpretation ist die historische Bestimmung der eigentümlichen Sinnkontur des Textes, der *sachlichen Aussageintention,* die der *Text als Text* zu seiner Zeit hatte, also nicht allein die Bestimmung der *subjektiven Aussageintentionen seines Verfassers,* so wesentlich diese auch für die Interpretation sind[184]. Die Interpretation wird sich zwar zunächst auf diese Verfasserintentionen richten, die bei der Gestaltung eines Textes im Blick auf bestimmte Adressaten im Rahmen einer historischen Situation wirksam waren, die konkrete Textgestalt auf sie zurückführen und so als absichtsvolle Lebensäußerung begreifen. Sie muß aber darüber hinaus beachten, daß der Text in einer bestimmten Situation einen Aussagegehalt vermittelt und faktisch gewinnt, der über den ursprünglich intendierten historischen Horizont des Verfassers hinausgeht (Jesajas Unheilsankündigungen gegen Juda kommen entgegen seiner Meinung erst 587 vChr zur Verwirklichung) und der noch mehr oder anderes bedeutet, als der Verfasser intendiert hat (zB die Auswertung der alten Eliaüberlieferung

---

180 Vgl. die Anleitungen von Fohrer (Exegese, S. 147ff: Hoffmann) und Kaiser (Exegese, S. 43ff), die dafür jeweils einen eigenen Arbeitsakt ansetzen. In den bisherigen Auflagen unseres Arbeitsbuches war in § 9 »Einzelexegese« als gängiger Begriff gegen den Wortsinn für die Gesamtinterpretation des Textes verwendet worden. Dietrich (Wort und Wahrheit, S. 11f) hat im Blick auf die Beschreibung der »Interpretation« und deren Verhältnis zu den einzelnen methodischen Arbeitsgängen in den Methodenbüchern berechtigte Kritik geäußert; wir hoffen, ihr mit der Neufassung von § 1 und dem § 10 Rechnung getragen zu haben.
181 S. o. S. 95f.
182 S. o. S. 82.
183 S. o. S. 81ff.
184 An der Verfasserintention bzw. den Verfasserintentionen im Falle des Werdeganges eines Textes richtet Hoffmann, aaO S. 147.152ff, die »zusammenfassende Exegese« ausschließlich aus; doch ist die Kritik dieses subjektiven Intentionsbegriffes in der wissenschaftstheoretischen Diskussion zu beachten; vgl. Gadamer, Wahrheit und Methode, S. 230ff; Pannenberg, Wissenschaftstheorie, bes. S. 208ff.

als Klärung für Ereignisse erst der Folgezeit, die sekundäre Beziehung der »Gottesknechtslieder« auf Israel)[185].

»Sinn« ist also eine Zielkategorie der Interpretation, die die Bestimmung der Verfasserintention überschreitet und dem Rechnung trägt, daß ein Text schon bei den Hörern in der ursprünglichen Situation (zB Jon 3f: der Sinn der Unheilsankündigung für Ninive ist am Ende ein anderer als die ursprüngliche Aussageintention Jahwes und Jonas), erst recht aber in der Folgezeit noch mehr bedeuten kann, als der Verfasser mit seiner Aussage intendierte, wobei andere oder neue Erfahrungskonstellationen, als sie der Verfasser einbrachte, eine wesentliche Rolle spielen. Zielt die Interpretation neben und nach der Bestimmung des Aussagegehaltes, den der Verfasser intendierte, also auch auf eine Erfassung des historischen Sinnes eines Textes über subjektive Absicht des Verfassers und subjektive Rezeption seiner Hörer hinaus, so fragt sie (historisch!) nach der Angemessenheit und erhellenden Kraft, die einer Aussage angesichts der Zeitgegebenheiten und ihrer Erfahrungswirklichkeit gleichsam objektiv eignet.

Dies gilt insbesondere für Bezug und Deckung der *Gottesaussagen* hinsichtlich der jeweiligen Erfahrungswirklichkeit; dahingehende Bestimmungen machen den theologischen Kern historischer Interpretation aus und schließen auch Gewichtung, Wertung und Kritik ein[186]. Unter Bezug auf die Tiefe gegebener Erfahrungswirklichkeit der Zeit kann so die kritische Position Michas gegenüber den im Sinne Jerusalemer Kulttradition orthodoxen Gottesaussagen der Jerusalemer (Mi 3,11f) ebenso als wirklich begründete erfaßt werden wie das Hinausschreiten der produktiven Jesajaüberlieferung über die Jesaja-Worte angesichts neuer Wirklichkeitserfahrungen in der Josiazeit[187]; ebenso aber wird die Einseitigkeit der Gottesaussagen Qohelets unter dieser Interpretationsperspektive erkennbar[188].

185 Auf wesentliche, wissenschaftstheoretische Überlegungen zur Unterscheidung von »subjektiver Intention« und »Sinn«, den der Text für das (spätere) Verstehen freigibt, kann hier nur hingewiesen werden; vgl. H. R. Jauß, Literaturgeschichte als Provokation, edition suhrkamp 418, ²1970; W. Iser, Die Appellstruktur der Texte. Unbestimmtheit als Wirkungsbedingung literarischer Prosa, Konstanzer Universitätsreden 28, 1971; Pannenberg, aaO passim, bes. S. 195ff.206ff.

186 Vgl. neben der groß angelegten Wissenschaftstheorie von Pannenberg jüngst auch Dietrich (aaO S. 21ff), dessen sachkritische Wertung alttestamentlicher Texte mit Hilfe des Bezugs auf »die Mitte des Alten Testaments« freilich davon abhängt, ob man eine solch interne Mitte des AT für gegeben und bestimmbar hält, was wir bezweifeln. Einen sprachwissenschaftlich orientierten Weg zu methodisch ausgewiesener Interpretation der Gottesaussagen des Textes versucht Wanke in: Fohrer, Exegese, S. 155ff.

187 Vgl. dazu die oben S. 54 genannte Untersuchung von Barth.

188 Die Möglichkeit der Interpretation, Gewichtungen, Wertungen und Kritik vorzunehmen durch die Konfrontation der Textaussage mit der Erfahrungswirklichkeit der Zeit, meint mitnichten, daß die Textaussage selbst nur Artikulation *verbreitet* zugänglicher Erfahrung wäre und einfach *aufgrund* der Verarbeitung solcher Erfahrungen zustande käme. Hier sind vielmehr kontingente Faktoren festzuhalten, die sich beispielsweise in der alttestamentlichen Prophetie als Kundgabe des Wortes Jahwes darstellen (vgl. O. H. Steck, KuD 15, 1969, S. 281A1): Das Aufbrechen der Heilsverkündigung Deuterojesajas schlug aller Zeiterfahrung ins Gesicht, die prophetischen Gerichtsworte dia-

3) Wird damit die exegetische Interpretation als Wahrnehmung der Artikulation theologischer Sinntiefe der Erfahrungswirklichkeit auf dem historischen Feld begriffen, so ist damit der Anspruch der Texte, Sinn zu erschließen, aufgenommen. So gewiß dieser Anspruch der Texte kein historisch beschränkter und vergänglicher sein will, sondern sich auf zukünftige Zeiten ausdehnt und unsere Gegenwart faktisch einbezieht, so wenig ist jedoch die exegetisch-historische Disziplin als solche imstande, diesen *Anspruchcharakter des Textes aktuell und konkret für heute zu artikulieren* und die Relevanz der Texte für die Gegenwart gültig auszusagen; verantwortliches, ausgewiesenes theologisches Reden ist hier wesentlich auf die Arbeit der anderen theologischen Disziplinen angewiesen[189]. Wohl aber kann und soll der Exeget im Aufgreifen seiner Imaginationen des Textes als Bestandteil der heutigen Welt[190] die historisch erarbeitete, theologische Interpretation des Textes als eines geschichtlichen Lebensvorgangs seinem Leben und unserer gegenwärtigen Welt konfrontieren, in Ansehung dessen charakterisieren, Bezüge, Differenzen feststellen und mögliche Impulse für gegenwärtige Selbst-, Welt- und Gotteserfahrung namhaft machen.

4) Die Zielbestimmung der Interpretation, die sachliche Aussageintention des Textes als Verfasserintention und darüber hinausgehend als Sinnerschließung von Erfahrungswirklichkeit in der Gestaltungszeit des Textes zu erfassen, darf nicht zu der Reduktion verführen, Interpretation leiste dies durch Formulierung mehr oder weniger allgemeiner theologischer Sätze oder gar durch Scopusformulierungen, die Sachgehalt und Zielrichtung eines Textes scheinbar konzentrieren. Der *Sinngehalt des Textes* ist in spezifischer geschichtlicher Lage im konkreten Aussagegefüge des Textes gegeben und hat damit selbst *konkret geschichtliche und sprachliche Gestalt,* von der er exegetisch gerade nicht gelöst werden darf. Die Interpretation hat darum Aussageverlauf und Aussagegestalt des Textes in seinem gesamten Umfang und allen seinen Bestandteilen als konkret sprachlich-geistigen Vorgang von Sinnerhellung nachzuzeichnen.

gnostizieren nicht einfach die krisenhafte Zeitlage, Jesaja war nicht nur der bessere Realpolitiker. An diesen Beispielen wird zugleich deutlich, daß die Kraft und Angemessenheit von Aussagen keineswegs schon damit zu bestreiten ist, daß sie in der Erfahrungswelt ihrer Zeit ohne volle Deckung bleiben.
189 Vgl. Lehmann, Der hermeneutische Horizont; Pannenberg, aaO S. 374ff, und oben § 1 A. Das schließt nicht aus, daß sich der Exeget dem Anspruchcharakter des Textes an ihn in seiner heutigen Welt, auch wenn er ihn im Rahmen historisch-exegetischer Untersuchungen nicht umfassend erarbeiten kann, zu stellen hat, worauf neuerdings besonders P. Stuhlmacher (Schriftauslegung; Zum Thema: Biblische Theologie des Neuen Testaments, in: K. Haacker u.a., Biblische Theologie heute, BThSt 1, 1977, S. 25–60, dort S. 31f) und F. Hahn (Probleme historischer Kritik; Die neutestamentliche Wissenschaft, in: W. Lohff/F. Hahn (Hg.), Wissenschaftliche Theologie im Überblick, 1974, S. 20–38, dort S. 28ff; Exegese, Theologie und Kirche, ZThK 74, 1977, S. 25–37) mit Recht hingewiesen haben; vgl. auch Dietrich, aaO S. 11.21ff; Barth/Schramm, Selbsterfahrung, bes. S. 47f.67ff.101ff.
190 S. o. § 1 B II 1 (S. 4f).

B Verhältnis zu den methodischen Fragestellungen

Wie schon erwähnt[191], sind die in §§ 3–9 dargestellten *methodischen Arbeitsgänge* Teilfragen historischen Verstehens, gerichtet auf je besondere Aspekte des Textes und somit sämtlich nichts anderes als *Vorarbeiten für die Interpretation*[192]. Hat in vielfach interdependenten und mehrfach durchlaufenen Arbeitsgängen die TK den ursprünglichen hebräischen Text festgestellt, haben LK, ÜG und RG den Werdegang des Textes in sich und/oder hinsichtlich seiner prägenden Kontexte aufgehellt, seine Gestaltungsstadien umrissen und den Vorgang seiner Überlieferung bis zur vorliegenden Fassung sichtbar gemacht, haben schließlich die FG, die TG und die HO die unausgesprochene oder artikulierte Teilhabe des Textes an seiner vorgegebenen Welt in geschichtlicher, sozialer, sprachlicher, geistes- und theologiegeschichtlicher Hinsicht freigelegt und markiert, wo der Text Vorgegebenes überschreitet, so richtet sich die *Interpretation* nunmehr *ganzheitlich* auf den Text in jedem seiner produktiven Gestaltungsstadien, die im ermittelten Werdegang zutage getreten sind. In dieser Interpretation ist jetzt sein Sinn als Text zu bestimmen, wie er sich in der je besonderen historischen Situation in Aufnahme und Überschreitung vorgegebener Elemente äußert[193].

191 S. o. § 1 C I (S. 9).

192 Die Feststellung, daß die Arbeitsgänge von §§ 3–9 die Funktion von Vorarbeiten für die Interpretation (§ 10) haben, hat ihre Gültigkeit auf der Ebene *theoretisch-definitorischer Erfassung* der exegetischen Arbeit. Eine andere Ebene ist der *konkrete Ablauf exegetischen Arbeitens*, wie er in § 11 exemplarisch gezeigt werden soll; in ihm wird jeder die Erfahrung machen, daß sich die verschiedenen Arbeitsgänge der §§ 3–9, wie oben vielfach betont, nicht nur gegenseitig bedingen und verschränken, sondern bereits von den Zielen der Interpretation geprägt sind und dementsprechend schon Fragen der historischen Sinnbestimmung mit bearbeiten; es erscheint deshalb häufig unklar, was im Arbeitsakt der Interpretation eigentlich noch getan werden soll. Durch die besonderen Zielbestimmungen, die wir in § 10 geben, sollte diesem Eindruck jedoch begegnet werden können: Auf das Ziel der Interpretation sind die methodischen Arbeitsgänge zwar allesamt ausgerichtet, sie klären aber je für sich nur Teilaspekte und Teilfragen; die Interpretation hat demgegenüber eigene, sinnbezogene und darum ganzheitliche Fragestellungen. Dies hat Konsequenzen für die dritte Ebene exegetischer Arbeit – die *schriftliche Darstellung* der Arbeitsergebnisse. Hier ist darauf zu achten, daß bei der Niederschrift nicht alle Ergebnisse, die im Rahmen eines der methodischen Arbeitsgänge konkret erarbeitet werden mußten, auch voll in den entsprechenden Darstellungsabschnitt eingehen; vielmehr sollte so verfahren werden, daß man sich in der Darstellung streng auf die Klärung der jeweiligen Teilfrage und die zugehörige Begründung beschränkt und sich die im Zuge dessen erarbeiteten spezifischen Interpretationsmaterialien für die Darstellung der historischen Sinnbestimmung aufspart.

193 Mit allem Nachdruck ist dem verbreiteten Mißverständnis zu wehren, als kämen für Aussagewillen und Sinn eines Textes nur die Textelemente in

C   Erläuterungen zur Durchführung

I.   Die Interpretation des Textes in seinem jeweiligen Gestaltungsstadium

1.   Was ist Gegenstand der Interpretation?

Prinzipiell ist die Interpretation für jede Wachstumsphase, die sich als Veränderung im Text niedergeschlagen hat, gesondert vorzunehmen und hat sich auf den jeweiligen Textbestand im ganzen zu richten. Gegenstand der Interpretation ist also der in lk.er und üg.er Fragestellung analytisch ermittelte *Gesamtbestand des Textes auf den einzelnen Stufen seines Werdeganges*, keineswegs nur die im Überlieferungsvorgang jeweils neu hinzugekommenen Textelemente; vielmehr muß gezeigt werden, wie sich durch die neuen Elemente das jeweilige Textganze verändert und in seinem Sinn verschiebt[194].

In der Praxis der Darstellung wird sich die Interpretation in Breite und Ausführlichkeit allerdings auf die sachlich profilierten und textextensiven Gestaltungsstadien konzentrieren und die anderen Stufen, die entweder nur vage rückerschlossen werden können (zB eine vorisraelitische Ortslegende von Mamre Gen 18) oder den Sinn des Textganzen (!) durch kleinere Zusätze nur geringfügig verändern (zB Jes 7,8b), in der Darstellung zu- und unterordnen, so daß schon ausgeführte Einzelelemente der Interpretation für die jüngeren Wachstumsstufen nicht unnötig wiederholt werden müssen. Die Entscheidung darüber kann aufgrund der bereits erarbeiteten Erkenntnisse aus der methodischen Bestimmung des Textwerdeganges getroffen werden.

Betracht, in denen der Verfasser eines Textes durch Überschreitung sprachlicher, fg.er und tg.er Vorgaben »Neues« sagt. Zu Intention und Sinn seiner Aussage gehören völlig gleichgewichtig auch die Züge, in denen er ungesagt oder ausdrücklich solche Vorgaben in seiner Aussage integriert. Deren Neuartigkeit und Besonderheit ergibt sich aus dem Zusammenbestand traditioneller und traditionsüberschreitender Elemente in der besonderen Abfassungssituation; aber auch eine bloße Wiedergabe von Tradition kann in einer geschichtlich veränderten Situation den Charakter des Neuen und Besonderen gewinnen. Exegese ist Sinnerfassung eines sprachlich verdichteten, umfassend-geschichtlichen Lebensvorgangs und darf sich keineswegs auf die Herausarbeitung geistesgeschichtlicher Innovationen reduzieren!

194   So kann sich die Interpretation von Gen 22 auf der entsprechenden Überlieferungsstufe keineswegs auf die jetzt zur Erzählung neu hinzugekommenen theologischen Interpretamente V1a.12b beschränken, die ja die vorgegebene Erzählung als ganze im neuen Licht (Gehorsamsprobe angesichts der göttlichen Verheißungsgabe des Sohnes) zeigen wollen. Ebensowenig kann man Gen 28,10ff auf der Überlieferungsstufe, die die Verheißungen V13−15 zugefügt hat, nur hinsichtlich dieses Zuwachses interpretieren; er ist Zuwachs zu einer voll rezipierten Überlieferung, die dadurch im ganzen neu gesehen werden soll. Auch in der produktiven Prophetenüberlieferung mit ihren zahlreichen jüngeren Zusätzen ist dies streng zu beachten!

2. Welche Rahmenbedingungen umschließen den Interpretationsvorgang?

a) Grundlegend wichtig ist, daß sich der Exeget von Anfang an und während des gesamten Interpretationsvorganges in die geschichtliche Entstehungssituation versetzt, in der der Text gebildet und als aktuelle Sinnäußerung mit bestimmten Absichten an konkrete Adressaten gerichtet wird. Er wird sich eine *historische Anschauung von den Entstehungsgegebenheiten* aufbauen, wie er sie imaginativ schon vor den methodischen Arbeitsgängen versucht hat (§ 1B), aber nun geklärt, korrigiert, präzisiert durch die wissenschaftlichen Bestimmungen aus der Untersuchung des historischen Ortes (§ 9). Verfasser(kreis), Hörerkreis, Ort, Zeit, konkrete Situation werden ihm nach Maßgabe wissenschaftlicher Klärbarkeit dann vor Augen stehen. Es wird ihm aber unter Heranziehung von Ergebnissen aus der Untersuchung der geistigen Vorprägungen von Verfasser und Hörer (FG und TG, §§ 7 und 8) ebenso deutlich sein, wie beide durch solche traditionellen Vorgaben angeleitet sind, ihre geschichtliche Lebenswelt mit ihren Herausforderungen damals zu erfahren. Die historische Anschauung kann damit Nötigungen aus der konkreten Erfahrungswelt freilegen, denen die Bildung und Kundgabe des Textes begegnen will.

b) Innerhalb dieses historischen Anschauungsrahmens nimmt der Exeget nun seinen Standort bei der Textaussage selbst und versucht, sie unter strenger Beachtung ihrer eigentümlichen Textgestalt als lebendigen Vorgang von Sinnäußerung in ihrem zugehörigen geschichtlichen Raum nachzuzeichnen. Im Unterschied zum Text selbst und seinen ursprünglichen Hörern kann sich die Interpretation natürlich *nicht* auf eine *bloße Wiederholung des Textes* beschränken; vielmehr kommt es gerade darauf an, wissenschaftlich begründet die Sinnmodalitäten, die bei der Entstehung des Textes fraglos mitgegeben waren, allen Späteren aber nicht mehr selbstverständlich sind, ausdrücklich einzubeziehen. Dies schließt neben der anschaulichen Vergegenwärtigung der Entstehungsgegebenheiten vor allem das Bemühen ein, Gestalt, Gehalt und Absicht der Sinnäußerung des Textes historisch zu präzisieren und darin heutigem historischen Verstehen in ausgeführter Darstellung präsent zu machen, was in dem uns allein noch gegebenen Wortlaut des Textes damals mitgesagt, mitgemeint und selbstverständlich vorausgesetzt war und sachgerechtes Verstehen ermöglichte. Auf die historische Angemessenheit der Assoziationsfelder ist bei der Wortwahl in der deutschen Abfassung der Interpretation besonders zu achten.

3. Wie kann der Interpretationsvorgang für das eine gestalt-gebende Textstadium oder für die jeweiligen gestaltgebenden Textstadien nun im einzelnen ablaufen[195]?

a) Nach einer historischen Veranschaulichung der Entstehungsgegebenheiten sind zunächst Erkenntnisse über *Einschnitte, Kontur und Zielrichtung des Textganzen* und seiner einzelnen Teile zu vergegenwärtigen, wie sie im Rahmen der FG (§ 7) erarbeitet wurden.

Die Kenntnis der Gattung und/oder ihrer Gattungselemente, gegebenenfalls einschließlich (!) der konkreten Überschreitung der Gattung durch den Verfasser, ergibt den konkreten Aussageverlauf des Textes, zeigt die *sachgemäße Gliederung* des Textes[196], den funktionalen Stellenwert (zB Einleitung, Wende, Höhepunkt, Zielaussage) und Zusammenhang der Gliederungsteile im Rahmen des Textganzen. Nicht nach Versen oder gar nach Sätzen, sondern nach diesen dem Text eigentümlichen Gliederungsteilen ist auch die nachzeichnende Interpretation aufzugliedern, die somit dem Aussageverlauf des Textes mit seinen Bestandteilen entlanggeht[197]. Kenntnis der Gattung und/oder ihrer Überschreitung durch den Verfasser zeigt zugleich die *Art und Zielrichtung* des Textganzen (Erzählung, Rechtssatz, Belehrung, Annalenstück, Kultlied, Volksklagegebet, Weisheitsspruch, prophetische Gerichtsankündigung usw.) und seiner Gliederungsteile (Erzählungseinleitung, Fixierung des Rechtsfalls, Klage, Schuldaufweis), also die eigentümliche Hinsicht auf den ausgesagten Sachverhalt sowie den Effekt, den der Text beim Hörer oder Leser über das bloße Rezipieren seines Inhalts hinaus bewirken will.

195 In der Darstellung kann die Interpretation nach dem didaktischen Prinzip, vom Ganzen zu den Teilen und dann wieder zum Ganzen fortzuschreiten, beginnen mit einer konzentrierten Vergewisserung der Entstehungsgegebenheiten und einer Darlegung von Gesamtkontur, Zielrichtung und Gliederungseinschnitten des Textes, daran die Interpretationsvorgänge für jeden einzelnen Gliederungsteil anschließen und mit einer Gesamtinterpretation der Textstufe wieder zur ganzheitlichen Perspektive zurückkehren.

196 Im Falle fg. erhobener konkreter Überschreitung der herangezogenen Gattung(en) durch den Verfasser des vorliegenden Textes ist die Gliederung des Textes uU nicht mehr einfach mit den Gattungsteilen der verwendeten Gattung(en) identisch; auch Hinsicht auf den Aussagegegenstand, Zielrichtung, Sitz im Leben können sich damit gegenüber der Gattung wandeln. Beispiel: In dem Abschnitt Jes 7,3–9 bietet die Drohung V9b einen wesentlichen, die Aussagespitze bildenden Überschuß über die V4–9a prägende Gattung; dieser ist gleichwohl für die Gliederung des Abschnitts von größter Bedeutung und verändert auch die angestammte Zielrichtung der V4–9 prägenden Gattung im jetzigen Text entscheidend; vgl. O. H. Steck, EvTh 33, 1973, S. 77–90, dort 82.

197 Anders beschreibt Kaiser, aaO S. 57ff, Vorgang und Darstellung der Gesamtinterpretation, die wir in ihren scheinbar eröffneten Wahlmöglichkeiten ebensowenig übernehmen wie in der theologischen Überforderung, als Exeget auch Anwalt der Gegenwart gegenüber dem Text zu sein.

b) Sodann wird die *Interpretation der einzelnen Gliederungs-teile* des Textes je für sich erarbeitet und dargestellt. Dabei ist auf Folgendes zu achten:

α) Nachzeichnung der Eigenart, Teilfunktion und partiellen Ziel-richtung dieses *Gliederungsabschnitts* als Teil eines Ganzen;
β) Nachzeichnung des *Aussagegehaltes,* der gemäß der Intention des Verfassers in diesem Textteil liegt, als eines zielgerichteten Ver-bundes sowohl von Ausgesagtem als auch von Mitgemeintem/Mitge-hörtem. Dafür sind auszuwerten:
(1) die *sprachliche Struktur:* Aus ihr ergeben sich die Sicht des aus-gesagten Sachverhaltes (zB Zustand, Handlung, Zeitebene) und die intendierte Hörerrezeption (zB Mitgeteiltes rezipieren, aufgrund von Fragen und Hinweisen mitdenken) gemäß den Erkenntnissen der FG (§ 7);
(2) der *ausgesagte Sachverhalt* selbst gemäß den Formulierungen des Textes. Seine Eindeutigkeit, soweit sie heute noch bestimmt wer-den kann, ergibt sich vor allem: aus dem vorliegenden Aussagekon-text; aus der lexikalischen Bedeutung der Worte und deren Präzisie-rung und Vertiefung durch den unmittelbaren Aussagekontext; durch Erhellung der tg.en Vorprägung der Formulierungen bzw. deren Überschreitung (s. TG § 8); durch Beachtung ihrer gattungstopischen Eigenart bzw. deren Überschreitung (s. FG § 7); durch Heranziehung von Parallelaussagen desselben Verfassers und/oder der ursprüngli-chen Kontexte, ermöglicht durch die Identifikation in ÜG (§ 4), LK (§ 3) und HO (§ 9); gegebenenfalls auch durch Stilfiguren (parallelismus membrorum) oder im Text gebotene Bilder, Vergleiche, Metaphern; schließlich durch Kontrastierung mit historisch in diesem Zusam-menhang ebenfalls denkbaren oder zu erwartenden Aussagen, die der Verfasser aber nicht bietet;
(3) der *sach- und hörergeleitete Aspekt,* unter dem der ausgesagte Sachverhalt vom Verfasser dargeboten wird, gemäß den Erkenntnis-sen von FG (§ 7), TG (§ 8) und HO (§ 9).

c) Anzuschließen ist an die Interpretation der einzelnen Glie-derungsteile eine *Gesamtinterpretation des Textes* als ab-sichtsvoller und sinnhafter Ganzheit im Rahmen eines ge-schichtlichen Lebensvorgangs.

Dabei ist insbesondere zu achten auf:
α) Ablauf, Kontur, überlegten Zusammenhang, Gewichtung der *Sachbewegung,* die der Verfasser in der Darbietung des Textganzen vollzieht und den Adressaten mitvollziehen läßt;
β) eine dynamische Sicht dieses Textganzen als Lebensvorgang beim *Verfasser:* Welche Widerfahrnisse und Erfahrungen setzt er ein, wel-che Nötigungen treiben ihn an, den Text zu bilden, welche tg.en Vor-aussetzungen werden dafür aktiviert, wie neu akzentuiert oder aus welchen Gründen korrigierend überschritten? Was ist das Neue in der Aussage selbst, im Blick auf die Aussagesituation, im Blick auf den Hörer? Was will der Verfasser in seinem historischen Raum bei seinen

Hörern/Lesern mit dem Text bewirken? Welche Grenzlinien und Entscheidungen richtet er im Rahmen der historischen Möglichkeiten seiner Zeit auf? Was ist das Besondere und was das Gemeinsame dieses Textes im Blick auf andere Aussagen desselben Verfasser(kreise)s? Welche Wirklichkeitserfahrung seiner Zeit will er mit dem Text klären und beeinflussen? Welche unvertauschbaren Erfahrungen, Eingriffe und Perspektiven von Wirklichkeit seiner Zeit verbindet der Verfasser mit den Gottesaussagen des Textes, welche Sicht des Menschen, Israels, bestimmter Gruppen und Personen in seiner Zeit und Welt eröffnet er?

γ) eine dynamische Sicht des Textes auf seiten der *Hörer*, wenn der Text dafür Anhaltspunkte bietet: Welchen Eingriff nimmt der Text in der Lebenswelt der Hörer vor, welche Wirkung hat er bei ihnen tatsächlich gehabt? Weicht die faktische Wirkung von der Sprecherabsicht ab, und was könnten Erfahrungsgründe dafür sein?

δ) *den historischen Sinn des Textes* über die ermittelte Aussageabsicht des Verfassers und die Rezeption seiner Hörer hinaus: Besagt der Text in seinem Aussagegehalt angesichts der faktischen Erfahrungswirklichkeit seiner Zeit gleichsam »objektiv« noch mehr, als der Verfasser intendierte? Eine Beantwortung dieser Frage kann sich ergeben, wenn man den Text über den konkreten Situations- und Verstehenshorizont des Verfassers hinaus in den weiteren Kontext seiner Zeit und Erfahrungswirklichkeit bettet und fragt, was der Text in diesem erweiterten Rahmen und auf dem Hintergrund der Wirklichkeitserfassung Israels seither beiträgt, um Erfahrungswirklichkeit angemessener, umfassender oder tiefer zu verstehen. So haben die auf dem Hintergrund entsprechender Äußerungen der Prophetie des 9. Jh.s ergehenden sozialkritischen Aussagen des Amos die Qualität einer ganz neuartigen, kritischen Sinnerfassung Israels in seiner sozialen Welt der Königszeit auch im Blick auf Juda, obwohl Amos intentional das Nordreich und nicht das Juda seiner Zeit angesprochen hatte. Insbesondere treten Sinnbestimmung und Verfasserintention eines Textes auseinander, wenn der Aussagegehalt des Textes in der Folgezeit in veränderte Erfahrungshorizonte gerät, die der Verfasser selbst noch gar nicht vor Augen hatte. Gerade im Ablauf produktiver Überlieferung des Textes kann in Überschreitung oder gar gegen die ursprüngliche Verfasserintention der Sinn eines Textes sichtbar werden: Die Tradenten der Exodustradition haben dieser Überlieferung eine Sinnbestimmung der Erfahrungswirklichkeit Israels unter dem rettenden Gott Jahwe entnommen, die zeitlich und räumlich weit über die partielle Erfahrung der Mosegruppe hinausreichte, die gesamte bisherige Erfahrung des Volkes klärte und seine Zukunft qualifizierte; die Intention der Königspsalmen, die Herrschaft der Davididen zu qualifizieren, konnte seit der Exilszeit keine erfahrungsklärende Bedeutung mehr haben, sondern mußte als Sinnvertiefung der Perserherrschaft oder als Sinnprolepse einer erst künftigen, messianischen Zeit weiterleben[198].

---

198 Vgl. für die Wandlungen in der Sinnbewegung der Psalmenüberlieferung zB J. Becker, Wege der Psalmenexegese, 1975; für die Sinnwandlungen in der Überlieferung des Exodusgeschehens zB P. Weimar/E. Zenger, Exodus.

Haben LK, ÜG und RG ergeben, daß der Text in sich einen
Werdegang durchlaufen hat und/oder im Laufe der Zeit in sich
ausweitende Kontexte einbezogen wurde, so hat sich die Interpretation neben den je einzelnen Wachstumsstadien auch auf
den inneralttestamentlichen Weg produktiver Überlieferung
des Textes im ganzen zu richten und diesen Vorgang sachlich
zu interpretieren. *Aufgabe* ist hier also die Bestimmung der
sachlichen Bewegung, die sich im alttestamentlichen Überlieferungsvorgang des Textes äußert. Statt einer überflüssigen
Summation der bereits erarbeiteten Sinngehalte der einzelnen
Überlieferungsstufen ist hier nun auf deren Zusammenhang
zu achten; er wird jetzt Gegenstand der Interpretation. Wieder
sind eine Reihe von Aspekten für die Erarbeitung zu beachten:

1) Die Aufgabe stellt sich in zweifacher Hinsicht:
Hat der *Text in sich* selbst ein *produktives Wachstum* erfahren,
so ist dieser Vorgang als sachliche Wandlung seines Aussagegehaltes zu erfassen, wofür auch seine jeweils neuen Kontexte
heranzuziehen sind.

Beispiel: der in sich wachsende Text 1Kön 18,21ff als Einzelerzählung, der dann Bestandteil des Elia-Zyklus 1Kön 17–19 und später der
deuteronomistischen Darstellung der Königszeit sowie eines priester-
lich geprägten Geschichtswerks von Gen 1 bis 2Kön 25 aus nachexilischer Zeit wird.

Hat der Text in sich selbst keinen Werdegang erfahren, ist aber
im Laufe seiner Weitergabe in *wechselnde Überlieferungskon-
texte* einbezogen worden, so ist die Wandlung seiner Funktion
in diesen Kontexten mit ihren jeweiligen Aussageabsichten als
Zusammenhang zu bestimmen, soweit sich solche Absichten
erkennen lassen und ein zusammenhängendes Sachprofil ergeben.

2) Die wesentliche *Vorarbeit*, an die in diesem Arbeitsgang anzu-
knüpfen ist, bieten neben den lk.en und üg.en Analysen vor allem die

Geschichten und Geschichte der Befreiung Israels, 1975, bes. S. 11ff.
139ff.167ff.
G. v. Rad hat vielfach auf den in diesem Zusammenhang so bedeutsamen Sachverhalt hingewiesen, daß mit der Weiterüberlieferung von Texten innerhalb
des AT die Auffassung verbunden war, daß diese »immer neue Inhalte aus sich
zu entlassen imstande waren« (TheolAT, Bd. 2, S. 54), vgl. ebd den III. Hauptteil sowie die Arbeit: Offene Fragen im Umkreis einer Theologie des Alten Testaments (1963), abgedruckt in: G. v. Rad, Gesammelte Studien zum Alten
Testament II, 1973, S. 289ff.

synthetischen Einsichten der ÜG und RG. Liegt deren Schwergewicht aber auf dem Überlieferungs*vorgang*, seinen Mitteln und Motiven, so liegt es hier auf der *Sachbewegung* in dem sich wandelnden Aussagegehalt des Textes, die diesem Überlieferungsvorgang korrespondiert.

3) Diese Sachbewegung ist *interpretatorisch* mit analogen *Mitteln* wie bei der Interpretation des einzelnen Textstadiums zu erfragen, also: Wandlungen des geschichtlichen Umfeldes in der Textweitergabe (Zeit, Ort, Überlieferungsträger, Situation, Erfahrungshorizont, theologiegeschichtliche Prägungen); fg.e Erweiterungen des Textes oder Einbezug des Textes als Gliedgattung in umfassendere Rahmengattungen mit neuen Konturen, Einschnitten und Zielrichtungen; Aussagegehalt neu hinzutretender Formulierungen und des Textganzen im veränderten Rahmen; Absicht bei der Verkürzung des Textbestandes aus früheren Stufen usw. Schon die Sachbewegung innerhalb der Überlieferung einzelner alttestamentlicher Texte kann dabei als solche ein Beispiel sein für die Wandlungen, Vertiefung (oder Verflachung) israelitischer Erfassung Jahwes im Verlauf der Geschichte angesichts sich wandelnder Erfahrungshorizonte. Die Sachbewegung in der Überlieferung eines Einzeltextes hat dann teil an der Eigenart, dem Verlauf und Gefälle der Erfassung Jahwes in Israel, wie sie umfassend in einer Religionsgeschichte Israels und einer Theologie des AT bestimmt werden; die Einsichten dieser beiden Arbeitsgebiete fördern umgekehrt wiederum die Fähigkeit, Sinnbewegungen von Einzeltexten zu erkennen.

4) Insbesondere ist darauf zu achten, welche Sinnbewegung sich im Überlieferungsvorgang des Textes abzeichnet, also inwiefern der Aussagegehalt des Textes über die Aussageintention des Erstverfassers und deren Sinn hinaus geänderte, neue oder gar gegensätzliche Sachaspekte freigibt, die als *Klärung und Vertiefung gewandelter Erfahrungswirklichkeit* wirken. Sieht man dabei auf den bereits erarbeiteten, jeweiligen Sinn des Textes auf den einzelnen Überlieferungsstufen, achtet man auf die Veränderungen israelitischer Erfahrungswelt, die sich im Überlieferungsgeschehen des Textes abzeichnen, so wird eine *Sinnbewegung* sichtbar, deren Gefälle, Profil und Tendenzrichtung zu beachten sind. Diese Sinnbewegung im Wandel des Aussagegehaltes ist aber keineswegs notwendig kontinuierlich oder gar zwangsläufig sachlich progressiv. An ihr wird paradigmatisch sichtbar, wie sich die Sinnerfassung der jeweiligen Gegenwart in Israel – uU in verschiedenen theologischen Strömungen mit unterschiedlichem Ergebnis – durch die produktive Beziehung der Erfahrungswelt auf die Überlieferung bildet; die Erfahrungswelt klärt sich aus der Überlieferung, und der Sinn der Überlieferung wandelt sich angesichts veränderter Erfahrung – für Israel Ausdruck dafür, daß Gott kein starres Prinzip und keine Extrapolation welthafter Grundwerte ist, sondern der »lebendige Gott«, dessen »Sein«,

wie aus Bindung geschichtlich erfahrener Wandlungen an ihn
zu erkennen ist, »im Werden« ist.

Ein Beispiel ist die Sinnbewegung in der Überlieferungsgeschichte von
1Kön 18,21ff: Suchte Elia selbst das Karmelterritorium mit Erfolg für
Jahwe gegen Baal zu reklamieren, so hat sich den ersten Trägern der
Elia-Überlieferung im Ausgang des Geschehens wie im Wiederkom-
men des Regens der Sinn gezeigt und bestätigt, daß dem Land Israel
und seiner Fruchtbarkeit nur der eine Gott Jahwe zugehört. Spätere
haben in diesem Gehalt der Überlieferung die Legitimation für Jehus
Ausrottung der Baalsverehrer gesehen und damit den Sinn dieses gra-
vierenden Vorgangs ihrer eigenen Erfahrungswelt – ganz anders als
Hosea in Rückschau auf das Königtum seiner Erfahrungswelt (1,3) –
erfaßt, so daß sich der Sinn der Überlieferung auf aktuelle politische
Ereignisse ausdehnt. Für das deuteronomistische Geschichtswerk
schließlich gewinnt die Überlieferung angesichts der erfahrenen Kata-
strophe Israels Sinn als eine auf das Volk und alle Grundlagen seines
Wohls bezogene: Elia war einer der nicht gehörten Warner Israels
(2Kön 17,13); daß Jahwe der ausschließliche Gott im Lande Israel ist,
hat sich nun gegen Israel bestätigt und erklärt das Ende seines Reiches.
So hat die Überlieferung von 1Kön 18,21ff teil an der konstitutiven
Bedeutung und sich wandelnden Aktualisierung des ersten Gebotes in
der Glaubensgeschichte Israels.

D Überlegungen zum historischen Sinn des Textes in Ansehung unserer Gegenwart

Zum Abschluß des historischen Interpretationsvorganges, zur
Einführung seiner Ergebnisse *in einen theologischen Arbeitsvorgang,* der historische Überlieferung verantwortlich und
ausgewiesen zugunsten unserer Zeit bedenkt, und nicht zuletzt
zur Aufnahme des keineswegs historisch beschränkten Anspruchcharakters des Textes an den Exegeten selbst und seine
Welt sollte versucht werden, knappe und präzise Überlegungen darüber anzustellen, wie sich die Ergebnisse der historischen Sinnbestimmung in Ansehung unserer Gegenwart darstellen. Die Imaginationen bezüglich des Textes als Bestandteil
der heutigen Welt, die vor Eintritt in die Exegese erarbeitet
wurden[199], sind dabei aufzugreifen und gemäß der zumindest
näherungsweise erreichten Eindeutigkeit des historischen
Textsinnes weiterzuführen.
Wesentlich ist die gewonnene Einsicht, daß der Text nicht nur
ein Arsenal erklärungsbedürftiger Sätze, sondern in seinem
Zustandekommen einen Lebensvorgang darstellt, der Lebensvorgänge eröffnen will. Demgemäß sind seine Erfahrungs-

199   S. o. § 1 B II 1 (S. 4f).

grundlage, seine geschichtliche, soziale, geistige, theologische Vorprägung, seine Aussagegestalt und sein Sachgehalt im Blick auf entsprechende Gegebenheiten heute zu sehen. Wo sind *Wandlungen* der geschichtlichen Gegebenheiten, der Erfahrungswelt eingetreten, wo ist die theologische Grundlage schon durch das NT gegenüber dem historischen Profil des Textes verändert, so daß Nötigung besteht, die Textaussage weiterzugestalten, um sie heute als Lebensvorgang einzubringen? Wo macht andererseits der Text trotz seiner historischen Prägung Defizite in unserer Welt- und Selbsterfahrung, in Wertsetzungen und Handlungsweisen offenbar, wo könnten *Impulse* aus dem historischen Textsinn für die gegenwärtige Selbst-, Welt- und Gotteserfahrung liegen und an die Arbeit einer gegenwartsbezogenen Theologie weitergegeben werden[200]?

E Die Übersetzung des Textes

Erst nach Abschluß aller exegetischen Arbeitsgänge kann aufgrund der dabei gewonnenen Einsichten die zu Anfang der Exegese vorgenommene vorläufige Übersetzung nunmehr in eine sachgerechte Fassung gebracht werden[201]. Um die kreativen Impulse des Historischen auch dem heutigen Leser zu erhalten, kann sie keine modernisierende, die hermeneutische Aufgabe überspringende, aktualisierende Übersetzung sein; vielmehr muß sie heute ebenso lesbar wie historisch möglichst wortgetreu und genau sein. Die Wahl der deutschen Worte für sie wird danach vorgenommen, welche Worte geeignet sind, in ihren Assoziationsfeldern den Leser an Aussagegestalt und Aussagegehalt im historisch ermittelten Sinne heranzuführen.

200 Beispiele für die Erarbeitung von Stufen der Sinnerfassung, von Sinnbewegungen im Verlauf inneralttestamentlicher Überlieferung unter Einschluß von Überlieferungen zur Qualifizierung dieses Befundes in Ansehung unserer Gegenwart: im Blick auf einen Einzeltext (Gen 32,23–33) H.-J. Hermisson, Jakobs Kampf am Jabbok, ZThK 71, 1974, S. 239–261; für die Geschichte alttestamentlicher Vorstellungen H. H. Schmid, šalôm. »Frieden« im Alten Orient und im Alten Testament, 1971; J. Jeremias, Die Reue Gottes, 1975; O. H. Steck, Zwanzig Thesen als alttestamentlicher Beitrag zum Thema: Die jüdisch-christliche Lehre von der Schöpfung in Beziehung zu Wissenschaft und Technik, KuD 23, 1977, S. 277–299; für eine alttestamentliche Tradition G. v. Rad, Weisheit in Israel, 1970; von einem Gegenwartsproblem aus O. H. Steck, Welt und Umwelt, Kohlhammer Taschenbücher Bd. 1006, 1978.
201 Vgl. dazu Kaiser, aaO S. 56f. Anders als Fohrer, Exegese, S. 171, und wie wir ordnet Kaiser den Arbeitsakt der Übersetzung letzter Hand zwischen Einzelexegese und Gesamtinterpretation ein; aber gerade die Gesamtinterpretation kann noch wichtige Einsichten für die deutsche Wiedergabe des Textes bringen.

F Literatur

G. Fohrer, Exegese, § 10 (H. W. Hoffmann) und § 11 (G. Wanke)
O. Kaiser, Exegese, S. 56–60
W. Richter, Exegese, S. 174–190

Literatur zum *hermeneutischen Problem:*
R. Bultmann, Das Problem der Hermeneutik, ZThK 47, 1950, S. 47–69 (auch in: R. B., Glauben und Verstehen, Bd. II, Tübingen ⁵1968, S. 211–235)
G. Ebeling, Art. Hermeneutik, RGG³, Bd. III, Sp. 242–262
H.-G. Gadamer, Wahrheit und Methode. Grundzüge einer philosophischen Hermeneutik, Tübingen ³1972
W. Joest, Fundamentaltheologie. Theologische Grundlagen- und Methodenprobleme, Theologische Wissenschaft Bd. 11, Stuttgart – Berlin – Köln – Mainz 1974, S. 174–212
E. Krentz, The Historical-Critical Method, Guides to Biblical Scholarship, Philadelphia 1975
K. Lehmann, Der hermeneutische Horizont der historisch-kritischen Exegese, in: Schreiner, Einführung, S. 40–80
W. Pannenberg, Wissenschaftstheorie und Theologie, Frankfurt 1973

Literatur speziell zur *Hermeneutik des Alten Testaments:*
A. H. J. Gunneweg, Vom Verstehen des Alten Testaments. Eine Hermeneutik, ATD. Ergänzungsreihe. Grundrisse zum Alten Testament 5, Göttingen 1977
Probleme alttestamentlicher Hermeneutik. Aufsätze zum Verstehen des Alten Testaments, hg. v. C. Westermann, ThB 11, München ³1968
H. Seebass, Biblische Hermeneutik, Urban-Taschenbücher 199, Stuttgart – Berlin – Köln – Mainz 1974

113

Vierter Teil: Exemplarische Anwendung

§ 11 Der Vorgang exegetischer Arbeit am Beispiel Gen 28,10–22

In diesem Abschnitt soll am Beispiel von Gen 28,10–22 anschaulich gemacht werden, wie der Vorgang exegetischer Arbeit an einem Text unter Benutzung des Arbeitsbuches ablaufen kann. Vorgestellt ist also der *Vorgang* exegetischen Arbeitens, nicht der anschließende Akt der Darstellung aufgrund dieser Arbeit. Nicht angestrebt wird eine exegetische Bearbeitung dieses Textes in seinem ganzen, diffizilen Problemfeld gegenwärtiger Forschungsrichtungen, sondern einfacher ein Exempel des Ablaufs und der Verzahnung exegetischer Arbeitsschritte. Auch dies kann schon aus Gründen des Umfangs nicht in aller Ausführlichkeit und Vollständigkeit geschehen; der angestrebte Zweck scheint uns erreicht, wenn der Leser an einigen Arbeitsschritten die exemplarische Anwendung des Arbeitsbuches sehen kann.

A Erste, vorläufige Übersetzung des hebräischen Textes

Wichtig ist schon die *Grundeinstellung,* mit der man an die Arbeit geht: Ein bekannter Text, vielleicht vertraut seit Kindergottesdienst und Schulzeit, soll bearbeitet werden. Sachgemäß geschieht dies in der Erwartung, daß er immer noch Achtung und alle Aufmerksamkeit verdient und womöglich Sinn zeigt, den man noch nicht kennt und der einen biblischen Impuls zur Klärung auch unseres Lebens in unserer Welt freigibt[202]. Solch erwartende Hingabe an den Text beginnt mit einem ersten Eindringen in seine genuine Sprachwelt.
So steht am Anfang eine *erste, noch ganz vorläufige Übersetzung des Textes mit Hilfe von Wörterbuch und Grammatik;* man präge sich die unbekannten Vokabeln und grammatischen Erscheinungen ein mit dem Effekt, den Text in allen folgenden Arbeitsgängen ohne Mühe hebräisch benutzen zu können und

---

202 Vgl. oben § 1 A (S. 2).

zur Verfügung zu haben. Alle ausgewiesenen exegetischen Beobachtungen und Entscheidungen können sich nur aus ständigem Lesen und Bedenken des Textes in der Originalsprache ergeben[203].

B Beobachtungen

I. Vorstellung des Textes als Bestandteil der heutigen Welt

Unter Anleitung der oben[204] gegebenen Bestimmungen und
Fragen stellen sich u. a. vielleicht folgende Eindrücke und Wirkungen ein:

Erzählung allzu bekannt, uU Erinnerungen an Religionsunterricht
und Abbildungen des schlafenden Jakob mit der Himmelsleiter, kein
offenkundiger Lebensbezug zur eigenen, heutigen Erfahrungswelt,
deshalb sachlich gleichgültig, vielleicht ästhetisches Gefallen an dieser
märchenhaft-anschaulichen Geschichte, bei näherem Bedenken viel
Fremdartiges (die Himmelstreppe mit Engel/Boten, Kopfkissenstein
gar mit Öl bestrichen, ein Ort als Tor des Himmels, Zehnten geben),
das wie Jakob und Bethel als Märchenkolorit hingenommen wird, also
kein Interesse an näherer Nachfrage. Die Hauptsache der Geschichte –
Gott erscheint Jakob mit Versprechungen für ihn – ist mit abstrusen
Umständen erzählt (Gott oben an der Himmelstreppe, Ort Himmels-
tor, Steinaufrichtung – wozu eigentlich?); wohlwollend engagierte
Bibelleser werden Lebenskontakte zu ihrer Erfahrung allenfalls darin
sehen, daß Jakob ein Beispiel ist dafür, wie Geleit und Lebensbewahrung nicht in des Menschen Verfügung sind, sondern von Gott zuge-
sagt – aber: die Gegenerfahrungen?

Diese und weitere Eindrücke und Wirkungen, uU erweitert aus
Gespräch mit anderen, bleiben zunächst einmal gesammelt
und aufbewahrt für den Arbeitsakt nach Abschluß der Exegese,
der den historischen Textsinn in Ansehung der Gegenwart in
Blick nimmt, für die weitere theologische Arbeit an dem Text
nach der Exegese, für eine Heranziehung des Textes in Predigt,
Unterricht, christlicher Lebensgestaltung heute. Für die exegetische Arbeit sind diese Beobachtungen insofern wichtig, als
hier Vormeinungen über Eigenart, Sinn, Wertung des Textes
bewußt werden und im Versuch, den Text in seinem historischen Selbstverständnis zu erfassen, unter Kontrolle bleiben
müssen.
Sodann wird eine historische Anschauung vom Text in seinem

---

203 Vgl. oben § 1 B I (S. 4).
204 Vgl. oben § 1 B II 1 (S. 4f).

geschichtlichen Raum versucht[205], der wir im folgenden breiteren Raum einräumen, weil sie in exegetischen Anleitungen neuartig und besonders wichtig ist.

II. Vorstellung des Textes als Bestandteil seiner historischen Welt

Mit Nachdruck sei der exegetische Bearbeiter des Textes ermuntert, diesem imaginativen Durchgang durch den Text noch *vor* jeder methodengeleiteten, wissenschaftlichen Untersuchung ohne jede Heranziehung von Kommentaren, Aufsätzen, Monographien nur mit dem Bibeltext, einem Nachschlagewerk wie dem BHH und allenfalls einer Konkordanz reichlich Zeit zu widmen und ihm später auch *neben* seinen wissenschaftlichen Arbeitsgängen durch den Text immer wieder Raum zu geben. Er soll sein präsentes oder da und dort rasch aktuell ergänzbares Vorwissen zum AT einsetzen und schauen, schauen und noch mal schauen, eigene Beobachtungen machen und so ein lebendiges Gesamtbild historischen Verstehens vom Text gewinnen! Dichte und Gehalt wissenschaftlich-exegetischen Fragens und dementsprechend Dichte und Gehalt der Ergebnisse hängen wesentlich von diesem imaginativen Arbeitsakt ab. Dabei ist nebensächlich, wie haltbar dieses Bild in der Bewährungsprobe der wissenschaftlichen Arbeitsgänge bleiben wird, daß es beim Anfänger anders ausfallen wird als bei einem exegetisch geübten Fortgeschrittenen, daß hier Bildungs- und Begabungsgrenzen einwirken. Der Vorteil eines selbst erschauten, mit eigenen Beobachtungen erstellten Bildes vom Text statt eines bloßen kritischen Arrangements aufgelesener Sekundärmeinungen wird dem Verstehen und Leben mit dem Text zugute kommen.

1. Eine *Auswahl solcher Imaginationsaspekte* sei im folgenden genannt:
- *Text nicht in sich abgeschlossen:* Warum Jakob auf der Reise von Beerscheba nach Haran in Bethel (wo liegen die Orte?) ist (V10), wird ebensowenig gesagt wie dies, ob Jakob auf dieser Reise behütet, versorgt wurde und wohlbehalten zurückkehrte (V20f, vgl. V15); der Text ist also Teil eines größeren Erzählungszusammenhanges.
- Wo ist dieser *größere Erzählungszusammenhang,* was setzt Gen 28 als Kontext voraus? Vorne nicht 28,1–9 (Jakob zur Brautsuche nach Paddan-Aram statt Haran), sondern 27,41–45 (nach Haran V43, Flucht vor Esau); hinten offenbar anschließend Aufbruch (29,1) zur Reise, Aufenthalt in Haran bei Laban, Rückreise (Gen

29–34), besonders Gen 35: Jakob wieder in Bethel, klare Bezüge auf unseren Text (Gotteserscheinung, Reisebehütung, Gelübdeeinlösung): 35,1.3.7.14; dabei zeigt die 35,1.7 erwähnte Flucht vor Esau, daß die Kontextverbindung von 28,10ff mit 27,41ff zutrifft, auch wenn 28,10ff die Flucht vor Esau nicht ausdrücklich nennt. Auch der ausgeschlossene Abschnitt 28,1–9 hat offenbar in Gen 35 eine Fortsetzung: 35,9 wieder Paddan-Aram, gestützt durch Verheißungsentsprechungen zwischen 28,3f und 35,11. Also: der Text ist nur ein Ausschnitt aus einem größeren Erzählungszusammenhang; Gen 27,41–45 geht vorher, und nach Gen 29–34 nehmen einzelne, aber nicht alle Aussagen in Gen 35 auf ihn Bezug.

- Nun wieder zum Text zurück. Frage nach der *beherrschenden Sachaussage*, die die Gliederung bestimmt: offenbar die Gotteserscheinung im Traum (V12–15) und die Reaktionen Jakobs darauf am Morgen (V16–22) – Bestätigung dadurch, daß auch 35,1.3.7.14 dies als Zentrum von Gen 28 rekapitulieren; 28,10–11 sind Einleitung, die den Erzählzusammenhang herstellen (Reisesituation) und die Traumoffenbarungssituation exponieren (Abend, Jakob übernachtet, schläft).

- Die zweigeteilte, beherrschende Sachaussage V12–15 + V16–22 läßt sich in sich wieder *gliedern*; auf ausdrückliche Wechselbezüge zwischen den Gliedern soll geachtet werden: Innerhalb der Gotteserscheinung im Traum exponiert V12 die Offenbarungsszene, in der V13–15 die Gotteserscheinung selbst als Gottesrede erfolgt; die Reaktionen Jakobs sind gestaffelt – nach dem Erwachen zieht Jakob mehrere Folgerungen aus der Traumoffenbarung im Blick auf den Ort seines Nächtigens: 1) V16: Ohne daß er es wußte, ist also Jahwe hier; V16 bezieht sich auf V13; 2) parallel dazu stellt Jakob mit Furcht V17 fest, daß hier das Haus Gottes und das Tor des Himmels ist, letzteres bezogen offenbar auf V12; 3) V18 richtet er sodann seinen Kopfstützenstein als Massebe (was ist das?) auf, bezogen auf V11aβb; 4) er nennt V19 die Stätte Beth-El (Haus Gottes), bezogen auf V17 und V11a (Bezugswort *maqôm*/Stätte beachtet); in einer letzten Reaktion tut Jakob 5) in V20–22 ein Gelübde für den Fall der Behütung (V20f, bezogen auf V15) auf der Reise, bezogen auf V10, wobei das Gelübde selbst auch wieder Rückbeziehungen aufweist: der aufgerichtete Massebenstein (vgl. V18), Haus Gottes (vgl. V17(.19?)), Gottes Geben (wohl V20).

- Wir halten diese Einsicht zu Gliederung und inneren Bezügen des Textes in einem *Schaubild* fest[206]:

---

[206] Daß diese Einsichten in die Anlage der Erzählung ganz oder teilweise natürlich auch in der Forschung schon erkannt wurden (vgl. W. Richter, Das Gelübde als theologische Rahmung der Jakobsüberlieferungen, BZ NF 11, 1967, S. 21–52; E. Otto, Jakob in Bethel, ZAW 88, 1976, S. 165–190, dort 172ff), bedeutet keineswegs, daß sie sich nicht in sorgfältigem Beobachten des Textes auch ganz unabhängig davon erkennen lassen.

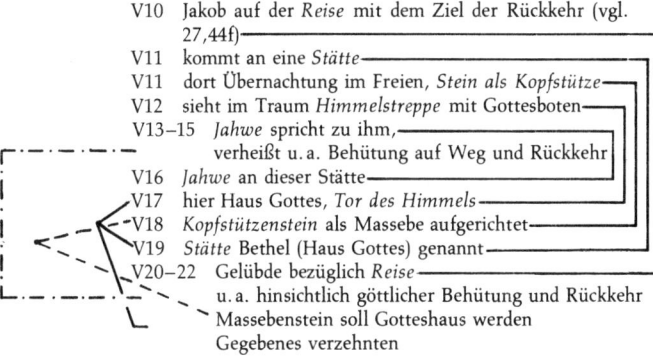

V10 Jakob auf der *Reise* mit dem Ziel der Rückkehr (vgl. 27,44f)
V11 kommt an eine *Stätte*
V11 dort Übernachtung im Freien, *Stein als Kopfstütze*
V12 sieht im Traum *Himmelstreppe* mit Gottesboten
V13–15 *Jahwe* spricht zu ihm,
      verheißt u. a. Behütung auf Weg und Rückkehr
V16 *Jahwe* an dieser Stätte
V17 hier Haus Gottes, *Tor des Himmels*
V18 *Kopfstützenstein* als Massebe aufgerichtet
V19 *Stätte* Bethel (Haus Gottes) genannt
V20–22 Gelübde bezüglich *Reise*
      u. a. hinsichtlich göttlicher Behütung und Rückkehr
      Massebenstein soll Gotteshaus werden
      Gegebenes verzehnten

Trotz des vorausgesetzten größeren Erzählungszusammenhanges ist der Text innerhalb dessen ein Abschnitt für sich, in sich zusammengehalten durch einen ganz symmetrischen Aufbau der Entsprechung der Erzählungsglieder; die Symmetrieachse liegt zwischen V15 und V16. Die *Anlage des Abschnitts* läßt sich aufgrund dessen näher beschreiben. Oberhalb der Symmetrieachse: zunächst alle Züge der Situation Jakobs vor Ergehen der Traumoffenbarung (V10f) und die Traumoffenbarung selbst (V12–15); unterhalb der Symmetrieachse: in umgekehrter Reihenfolge werden die Erzählungszüge oberhalb aufgegriffen in Gestalt von Reaktionen Jakobs aufgrund der Traumoffenbarung, und zwar bezüglich der Traumoffenbarung selbst (V16f) und bezüglich seiner konkreten Situation (V18–22). Die beobachtete Zweigliederung des Abschnitts: einleitende Exposition der Situation Jakobs (V10f) + Traumoffenbarung (V12–15), Reaktion Jakobs und Konsequenzen für seine Situation (V16–22) bestätigt sich damit erneut. Die zentrale Sachbewegung des Abschnitts ist also der qualifizierend-verändernde Eintritt Gottes in eine bestimmte Lebenssituation Jakobs, der bestimmte Reaktionen Jakobs zur Folge hat. Verschiedene Radien dieses Eintritts lassen sich dabei beobachten: die Stätte des Geschehens, die Reise, Jakob nach der Heimkehr (Land für ihn und seine Nachkommen, unzählige Nachkommenschaft, die sich allseitig räumlich ausbreiten wird, Horizont positiver Beziehung zu allen Menschen der bewohnbaren Erde).

■ Die Frage stellt sich zwangsläufig ein, *wo, wann* und *warum* ein so kunstvoll und überlegt gestalteter Text *durch wen entstanden* ist. Welche Erwägungen hier aufkommen, ist ganz vom Ausmaß alttestamentlichen Vorwissens abhängig.
Wer Grundkenntnisse über die Erzählungen der Genesis besitzt, weiß: Der Text spielt in der Erzväterzeit, handelt von Jakob, der für eine halbnomadische Menschengruppe in Palästina mit Herden und Ansätzen zu Seßhaftigkeit und Ackerbau steht. Daß der Text, so wie er vorliegt, in diesen Rahmen im letzten Drittel des 2. Jahrtausends zu betten ist und Erzählgut dieser Jakobgruppe war, ist wenig wahrscheinlich: Die kunstvolle Konstruktion des Textes macht ebenso stutzig wie die Zusagen V13–14, die doch weit über

119

den Erfahrungs- und Erwartungshorizont solcher Vätergruppen hinausgehen.

Gerade wegen dieser Zusagen möchte man doch frühestens an das Ende der vorstaatlichen Zeit bzw. die bitteren Erfahrungen der Saul-Zeit denken, wo solche Hoffnungen Perspektive und Grund hatten, oder an die frühe Königszeit, wo diese Zusagen Realität waren, oder noch später an die Josia-, die Exils- oder gar die nachexilische Zeit, wo solche Zusagen die Erwartungen stärken konnten. In jedem Fall wären es nicht mehr Jakob und seine Vätergruppe, die den Horizont des Textes bildeten, sondern Israel als Volk, dessen gegebene oder erwünschte Existenz hier in einer göttlichen Zusage an Jakob, den Vater der zwölf Stämme, begründet würde. Aber hätte man in diesen Zeiten dies in der konkreten Gestalt von Gen 28 getan? War damals (!) noch zu erwarten, daß der Erzähler gleichzeitig erklären will, warum Bethel so hieß, ist die Behütung Jakobs auf seiner Reise noch ein Problem, sind die merkwürdig konkreten Umstände der Gotteserscheinung an diesem Ort (Himmelstreppe für Gottesboten, Tor des Himmels, Steinmassebe mit Öl gesalbt und selbst Gotteshaus) in diesen späteren Zeiten noch wichtig? Seit Josia und seiner Kultkonzentration auf Jerusalem war Bethel als Gotteshaus, waren Masseben als Kultobjekte doch indiskutabel! Warum genügte für Erfahrungshorizont und theologische Anliegen dieser späteren Zeiten nicht eine solenne Wortverheißung an Jakob wie in V13–15 analog der mageren Szene Gen 12,1–4a?

■ Über solchen Erwägungen, gewonnen durch beigezogene Kenntnisse aus Geschichte und Theologiegeschichte Israels, wird der exegetische Bearbeiter hellhörig für *merkwürdige Züge*, die der Text trotz aller symmetrisch-kunstvollen Geschlossenheit enthält; sie werden sichtbar bei erneuter Rückkehr in den Text und ruhigem Vorstellen, Bedenken und Verbinden seiner Einzelheiten, etwa:

Der Text hat offenbar zwei Aussageinteressen, einerseits gerichtet auf Jakob, seine Reise sowie seine und seiner Nachkommen weitere Zukunft, andererseits darauf gerichtet, in welcher Weise und Ausstattung Bethel Stätte der Gottespräsenz ist, als solche erkannt und benannt wurde. Waren beide Aussageinteressen von Anfang an miteinander verbunden?

Merkwürdig ist auch, wie sich das auf Bethel gerichtete Interesse im Text darstellt: Jakob am steinigen Ort seines Übernachtens sieht im Traum, was es mit dieser Stätte wirklich (!) auf sich hat, ohne daß er es zuvor wußte. Hier ist eine in den Himmel reichende Treppe auf die Erde gestellt, hier ist also der Ort, wo Gott im Himmel durch seine Boten mit der Erde verkehrt, also: hier ist das Tor des Himmels; etwas zögernd kann man auch »Haus Gottes« in der Vorstellung unterbringen – die Stätte ist der untere Eingang an der Wohnstätte Gottes, die hier von der Erde bis in den Himmel reicht, wo Gott selbst wohnt. Vielleicht fällt dazu der Turm von Babel ein und reizt zu näherer Information, die etwa im RLA Bd. I s. v. Babylon § 133ff sprechende Analogien erbringt (Heiliges *Haus*, Heiliges *Tor*, Turm Etemenanki (»Grundstein von Himmel und Erde«) mit *Treppen*); wie fügt sich dazu aber, daß V13 Gott selbst und nicht durch Boten mit Jakob verkehrt, daß der als Massebe errichtete Stein mit der Vorstellung V12.17 keine evidente Verbindung hat (immerhin: BHH 1169 zeigt Massebe zu einem Tempel), daß höchst seltsam in V22 diese Steinmassebe ein Gotteshaus (!) werden soll, obwohl Bethel schon jetzt und vor Aufrichtung der Massebe Haus Gottes ist (V17)? Nicht minder seltsam ist, daß Jakob sich an dieser Stätte fürchtet, nachdem (!) ihm die großzügig-gütige Verheißung Gottes zuteil wurde; wer Orakelsprache kennt oder die Konkordanz unter »fürchten« befragt, sieht, daß die Furchtaussagen vor dem Orakel stehen (vgl. LXX zu V13; nur in der unersetzlichen BHK, jedoch nicht mehr in BHS zu erkennen!); erst recht ist rätselhaft, daß der Text im ganzen doch an einen Ort denkt, der einsam, voller Steine, in seiner Qualität unbekannt ist und zur Nächtigung im Freien nötigt, während nach V19 die Stätte eine Stadt (ʿ ír) ist!

- Wer noch länger in den Text sieht, stößt noch auf *weitere Auffälligkeiten*. Manche Züge finden im Bezugsfeld der Erzählung keine Entsprechung: die Gottesboten nur V12 und nicht V13, die Aufrichtung des Kopfkissensteins als Massebe (V11.18) auch in V22, dort aber nicht die Salbung des Steins (V18; s. aber Gen 31,13 Rückbezug auf Salbung und Gelübde in Gen 28, ferner Gen 35,14 (zusätzlich Trankopfer)); auffallend auch der Wechsel der Gottesbezeichnung: Jahwe in V13.16, vgl. 21; Elohim in V12.17.20.22, vgl. Beth-El V19. Auch der Kontext zeigt Seltsames: Jakob benennt Bethel hier in V19, aber noch einmal 35,7 anläßlich des Altarbaus nach der Rückkehr unter Bezug auf Gen 28 und schließlich 35,15 zum dritten Mal – offenbar im Rahmen der anderen Kontextlinie, die Jakob nach Paddan-Aram ziehen läßt (28,1–9; 35,9ff, eigentümlich: V10.13.15 Reden Gottes (ʾmr, dbr).

- Alle diese merkwürdigen Züge machen nachdenklich, ob das alles aus einer einheitlichen Gestaltungsabsicht heraus im Text steht. Der selbstkritische Bearbeiter wird sich dabei rückprüfend fragen, ob diese Züge nur wegen des historischen Abstandes unseren heutigen Anforderungen an Logik und Stimmigkeit eines Textes merkwürdig sind. Gleichwohl – der Text enthält Probleme, die zur Klärung anstehen und die *Fragen nach den Entstehungsgegebenheiten*, nach Absicht, Sinn und Wirkung des Textes nicht mehr so einlinig beantworten lassen, wie es zunächst unter Faszination der entdeckten symmetrischen Anlage versucht worden ist.

2) Der Anfänger wird hier vielleicht die Beobachtungen beenden und Klärung durch Eintritt in die methodischen Arbeitsgänge und Einsicht in die Sekundärliteratur anstreben. Der Fortgeschrittene kann im Wissen um die Überlieferungsgeschichte der Vätergeschichten (Einzelerzählungen, darunter Kultstiftungs- und Ortssagen, Väterzyklen, Aufnahme in Pentateuchquellenwerke) und um die lk.e und üg.e Fragemöglichkeit sich noch weiter am Text versuchen und ohne Sekun-

därliteratur *Beobachtungen* zusammentragen, die die Züge des vorliegenden Textes aus seiner *Entstehungsgeschichte* verständlich machen könnten.

Beispiele:

- V13–16 redet von Jahwe und schafft – wie beobachtet – Spannungen gegenüber seiner Umgebung: hier Jahwe statt Elohim; Jahwe selbst statt Boten; hier Jakobinteresse statt Bethel-Interesse; eine Verheißungsrede, der als Reaktion Gelübde des Adressaten für den Fall des Eintretens der Verheißung folgt, ist – wie eine Umschau in den Vätererzählungen der Gen zeigt – ganz singulär; allerdings Problem: Beziehung V15/V20 (setzt V15 den V20 oder umgekehrt voraus?); ferner: Furcht nach Verheißungsrede? Als Vermutung kann sich nahelegen, daß V13–16 erst später in den Text gekommen ist; wem zu V14 Gen 12,3 als jahwistische Eigenbildung in den Sinn kommt, der wird die Vermutung zu der Frage präzisieren, daß zu prüfen ist, ob hier eine Erweiterung des Textes durch die jahwistische Pentateuchquelle vorliegt; Orientierung über Inhalt und Arbeitsweise von J erforderlich.
- Wer mit den gängigen Erklärungen der Pentateuchquellenanalyse schon etwas vertraut ist, wird versuchen, damit etwas weiter zu kommen. Der griffige Stil der Priesterschrift findet sich im Text nicht; der beobachtete Wechsel der Gottesbezeichnung Jahwe bzw. Elohim bringt auf die Idee, den Text als Verschränkung je einer Fassung aus der jahwistischen und elohistischen Pentateuchquellenschrift zu überprüfen. Ein zusammenhängendes *J-Stück* wurde eben schon gefunden: V13–16. Was gehört noch dazu? V21b hat noch einmal Jahwe, aber die Formulierung macht stutzig: In J wird Jahwe doch seit Gen 4 verehrt, wie kann J Jakob sagen lassen, daß erst im Falle behüteter Rückkehr Jahwe sein Gott sein soll? Da das Jahwekriterium sonst fehlt, bleiben weitere Zuweisungen schwierig. Also Gegenprobe: *was gehört zu E?* V12 bietet Elohim, ebenso V17; V12 setzt mit Traum auch Schlafen Jakobs voraus, also gehört auch V11 zu E, auf den V18 Bezug nimmt; desgleichen sind V20–22 (ohne V21b) wegen der Gottesbezeichnung elohistisch. Bleibt V19: hier schwieriger, aber wegen Beth-*El* liegt doch die Zuweisung zu E näher. Endlich V10: gehört mit V20–22 zusammen, wie Textbeobachtungen ergaben, also elohistisch, aber: es wurde schon erarbeitet, daß V10 der Abschnitt Gen 27,41–45 vorausgeht, der zu Gen 27,1ff gehört – ein ausweislich der Jahwebezeichnung jahwistischer Text. Das macht stutzig. V20–22 E setzt Reisenotiz voraus, V10 aber jahwistisch; also die E-Fassung bei der Zusammenarbeitung der Quellenstücke »weggebrochen«? V11 ist auch schwierig; wie gesagt, wegen Traum V12 zu E, aber V16 J (Jakob erwacht aus dem Schlaf, diese Stätte) bezieht sich auch auf V11; ist V11 aus beiden Quellen »gemischt«? Eine Zertrennung will aber nicht gelingen. Weiter: wenn J mit V16 schließt, wäre in dieser Quelle die Stätte so solenner Verheißungsrede gar nicht identifiziert worden, obwohl sie – im Unterschied zu der ebenfalls nicht georteten J-Verheißung Gen 12,1–3 – hier ausdrücklich genannt ist (V11?, V16). Fazit: Bei diesem Erklärungsversuch wirkt J irgendwie

fragmentarisch; ist die Zusammenarbeit zweier Quellenstücke zu einem Text mit den dann anzunehmenden Ausgleichs-
manipulationen wahrscheinlich?

- Wer Zweifel hat und noch nicht gleich in der Forschung Entschei-
dungshilfe sucht, mag noch einen anderen Weg versuchen. Modell: *ältere Überlieferung* nur in einer Quelle aufgenommen.

Stellt man auf der Suche nach älterer Überlieferung V13–16, das
als zusammenhängendes Einsatzstück vermutlich jahwistischer
Hand wirkte, einmal beiseite, so ist der verbleibende Text auch
nicht ohne Probleme – vor allem, wie beobachtet, V19b, daß der
Ort eine Stadt ist, die früher Lus hieß. Einsicht in BHH 231 ergibt, daß vor J Bethel und die nahe Stadt Lus räumlich und na-
mentlich getrennt waren; gehört V19b, der identifiziert, also einem Text nach J zu? Ein Blick in die Konkordanz, wo *lúz* vor-
kommt: Jos 16,2; 18,13 jeweils Bethel und Lus getrennt, Ri 1,23
wie Gen 28,19; in den Jakobgeschichten noch Gen 48,3, deutlich
bezogen auf den Kontextzusammenhang, dem Gen 28,10ff nicht
angehört (28,1ff + 35,9ff), und 35,6, das auch in diesen anderen
Zusammenhang gehört (vgl. Land Kanaan wie 48,3); die mit Gen
28,10ff zusammengehörende Aussage 35,7 redet weder von Stadt
noch Lus. Also vielleicht V19b ebenfalls erst jünger im Text. –
Bleibt die Erscheinung aufzugreifen, daß im verbleibenden Text
nach V17 die Stätte der Gotteserscheinung das Haus Gottes *ist*,
während in V22 erst nach der Rückkehr Jakobs die Massebe ein
Haus Gottes *wird*. Schließen sich V12 + 17 und V22 ursprünglich
aus? Wenn ja, was ist älter? In einem Zusammenhang V11 + 18
wäre die Aufrichtung des Kopfkissensteins am Morgen als Massebe ohne Gotteserscheinung ganz unmotiviert, hingegen läßt
sich das Gelübde als Erweiterung des Textes verstehen, das an
V18 anknüpft, während der ältere Text mit V17–19a endete. Das
Gelübde lebt von der Reisesituation und schiebt vielleicht deshalb
den Vorgang, daß hier ein Gotteshaus wird, erst nach der Rückkehr; sind V20–22 also erst zusammen mit der Situierung des
Geschehens in die Fluchtreise vor Esau hinzugekommen, gehören
sie also wie V10 (ebenfalls Fluchtreisesituation) erst dem umfangreichen Jakob-Erzählungs-Zyklus zu? Dann stünde am Anfang
eine Jakobgeschichte, die die Erzählungszüge V11–12.17–19a
umfaßte und erzählte, wie Jakob im Traum entdeckt wurde, daß
die Stätte seiner Nächtigung, ohne daß er es zuvor wußte, ein heiliger Ort, Haus Gottes und Tor des Himmels ist, also eine Geschichte, die Jakob die Qualität des Kultortes Bethel entdecken
läßt und die Massebe dort auf ihn zurückführt.

- Als Erklärungsversuch aufgrund der Beobachtungen wird man
also im groben *drei vermutete Entstehungsstufen* des Textes einmal vermerken:
1) die Einzelerzählung von der Entdeckung des Kultortes Bethel
durch Jakob,
2) den Einbezug dieser Geschichte in den Jakob-Zyklus, der Reisesituation und Gelübde hinzubringt,
3) die Erweiterung durch die Verheißungsrede Jahwes samt der
knappen Reaktion Jakobs.

● Wer religionsgeschichtliche Vorkenntnisse hat oder sich über sie und archäologische Daten zu Bethel informiert, wird bei der vermuteten Jakob-Einzelerzählung nicht stehenbleiben. Bethel ist archäologisch wie nach dem AT ein vorisraelitischer Ort, die *religiösen Vorstellungen* in der Einzelerzählung sind keine originalen Bestandteile der Erzväterreligion, sondern altorientalisch; die Gottheit ist laut Ortsnamen El – Frage also: Steht hinter der Jakoberzählung eine kanaanäische, mit der der Kultort Bethel schon vor der Jakobgruppe durch die kanaanäischen Verehrer begründet wurde?

Der historischen Anschauungsversuche aufgrund einzelner Imaginationsaspekte genug! Diese und andere, das sei noch einmal zur Ermunterung betont, lassen sich je nach Ausmaß alttestamentlichen Vorwissens und der Geduld anhaltender Beobachtungen und Veranschaulichungen sämtlich machen durch die Arbeit am Text mit Hilfe eines Nachschlagewerks und einer Konkordanz. Sie bewirken, daß der exegetische Bearbeiter nun gezielt in die exegetisch-wissenschaftlichen Arbeitsgänge eintritt, an die Sekundärliteratur – statt ihr meinungslos ausgeliefert zu sein – jetzt mit eigenen Meinungen, Eindrücken, Beobachtungen herangeht und seine wie andere Auffassungen zugunsten eines historischen Textverstehens kritisch prüft, dabei sich im Zuge der Arbeit aber auch unter neu hinzutretenden exegetischen Problemen und Einsichten immer wieder erneut imaginativen Phasen historischer Anschauung überläßt.

C Methodengeleitete Arbeitsgänge

Zwischen der vorgeschalteten Beobachtungsphase und der Phase methodengeleiteter Untersuchung sind folgende *vorbereitende Arbeitsakte* sinnvoll:

1) Nachdem man bisher eigenen Beobachtungen an dem gegebenen Textabschnitt selbst gefolgt ist, ist es jetzt erforderlich, einen ersten *Überblick und* erste *Vorklärungen* für das weitere Terrain zu gewinnen, das anschließend methodisch bearbeitet werden soll. Diese informierende Orientierung erfolgt am einfachsten durch Einsichtnahme in Einleitungsabschnitte von Kommentaren oder in Nachschlagewerke. *Leitfrage* dieser Orientierung ist: In welchem literarischen, in welchem historischen, in welchem theologischen Kontext steht der gegebene Text? Die Frage nach dem literarischen Kontext zielt auf Information über den Zusammenhang, in dem der Text steht, über den Inhalt und Werdegang des Buches, in dem er sich findet, und gegebenenfalls über die Entstehungsschichten dieses Buches. Die Frage nach dem historischen Kontext sucht Orientierung über den

Entstehungszeitraum des Textes. Die Frage nach dem theologischen Kontext schließlich erstrebt Kenntnisse über die theologische Prägung und Eigenart des Verfassers bzw. des literarischen Kontextes. In unserem konkreten Fall empfiehlt sich eine Einsichtnahme in die Einleitung des Genesis-Kommentars von H. Gunkel (HK I 1) oder von G. v. Rad (ATD 2–4) bzw. in die Pentateuchparagraphen einer EinlAT.

2)   Zu den Vorbereitungen gehört ebenso die *Zusammenstellung der Sekundärliteratur.* Hierfür verweisen wir auf die in § 2 A genannten bibliographischen Hilfsmittel. Im Fall von Gen 28,10–22 sind neben den Genesis-Kommentaren vor allem neuere Einzeluntersuchungen zum Text wie bei Fohrer, Exegese, S. 171–220; A. de Pury, Promesse divine et légende cultuelle dans le cycle de Jacob: Genèse 28 et les traditions patriarcales, I–II, 1975; E. Otto, Jakob in Bethel, ZAW 88, 1976, S. 165–190, und im weiteren Rahmen Neuanstöße zur literarischen Pentateuchanalyse wie H. H. Schmid, Der sogenannte Jahwist, 1976, und R. Rendtorff, Das überlieferungsgeschichtliche Problem des Pentateuch, BZAW 147, 1976, heranzuziehen.

3)   Daß die Sekundärliteratur zu diesem Zeitpunkt zusammengestellt wird, bedeutet mitnichten, daß die methodengeleitete Arbeit in ihren verschiedenen Abschnitten jeweils mit der Durchsicht der Literatur begonnen wird. Denn deren Thesen würden die eigene Urteilsbildung zu stark präformieren und die Entwicklung einer eigenen Sicht erschweren. Vielmehr wird dringend empfohlen, *in folgender Weise zu verfahren:* Zunächst versucht der Exeget, mit Hilfe der methodischen Anleitungen die anstehenden Klärungen selbst herbeizuführen; in einem weiteren Schritt wird dann die Literatur zur jeweiligen methodischen Frage eingesehen und in einem dritten Schritt schließlich ein eigenes begründetes Urteil angesichts der Literatur gebildet.

I. Textkritik

Gemäß den Arbeitsschritten, die oben in § 3 angegeben sind[207], ist der Arbeitsvorgang im Falle unseres Textes offenkundig und unschwer zu leisten. In *BHK* ist nach der Feststellung des überlieferten Textbestandes, der nur in nichthebräischen Versionen Varianten bietet, Prüfung und Entscheidung einfach: Vom MT abzugehen, besteht angesichts der genannten Kriterien keinerlei Anlaß. Wer die Genesis-Ausgabe von *BHS* benutzt, darf sich allerdings gar kein Bild mehr von der Textüberlieferung machen und hat textkritisch gar nichts zu entscheiden: Der Herausgeber hat für ihn entschieden und keine einzige Variante mehr zur Kenntnis gebracht! Wer sehr viel Zeit hat, kann statt dessen die von BHS reichlich gebotene Randmasora entschlüsseln, den exegetischen Ertrag mag er selbst entdecken!

---

207   S. o. S. 24ff.

II. Die Frage nach dem Werdegang des Textes

Auf diese Frage nach dem Werdegang des Textes, zu der die lk.e, üg.e und rg.e Untersuchung gehören[208], ist der exegetische Bearbeiter in der imaginativen Phase vor Eintritt in die exegetische Arbeit schon durch eigene Beobachtungen und Erklärungsversuche gestoßen[209]. Jetzt gilt es, mit Hilfe methodischer Anleitung in diesem Bereich ein wissenschaftlich ausgewiesenes und nachvollziehbar begründetes Urteil zu gewinnen.

1. Literarkritik

Im Anschluß an die oben gegebenen Erläuterungen zu Fragestellung und Methodik[210] ist einzusetzen mit der *Frage nach der literarischen Integrität* und der Text anhand der gegebenen Kriterienreihe durchzugehen. Wie es scheint, bietet Gen 28,10ff eine *Fülle von Indizien* für literarische Uneinheitlichkeit:

a)   Dubletten (zB V16/17 Erkenntnis der Heiligkeit des Ortes; V12/13 zwei Erscheinungen; V15/20f Zusage/Gelübdebedingung);

b)   Doppel- oder Mehrfachüberlieferung (zB Benennung von Bethel 28,19 noch 35,7 und 35,15);

c)   sekundäre Verklammerungen (zB V21b, Ausgleich zwischen Jahwe und Elohim im Text, s. unten g);

d)   Spannungen im Wortlaut (zB V14fin Stellung; V21b Stellung und Aussagezusammenhang);

e)   Differenzen in Redeweise und Stil (V15 Behütung prinzipiell, V20 Behütung auf dem Weg jetzt);

f)   Unterschiede des historischen Hintergrundes (eventuell: gesalbte Massebe V18 gegenüber der differenzierten religiösen Qualifikation des Ortes V13.17, aber religionsgeschichtlich auf Möglichkeit des Zusammenbestandes prüfen anhand BHH, BRL, Konkordanz etc.; Jahwe redet V13 gegenüber der Erscheinung V12.17 usw.);

g)   Schichten- und Quellenspezifica (Jahwe V13.16 für J; Elohim V12.17.20.22 in Väterzeit für P (scheidet hier stilistisch aus) oder E; Traum V12 für E; Haran V10 laut Kontext 27,41ff für J; V14 gemäß 12,3 für J usw.);

h)   inhaltliche Spannungen (zB V17f Bethel ist Haus Gottes, V22 die Massebe soll nach Rückkehr Haus Gottes werden).

Diese Indizien lassen sich im Sinne literarischer Zweisträngigkeit *auswerten* und an dieser Stelle zunächst vermutungsweise gemäß den Gottesnamen nach der üblichen Pentateuchhypothese als Textanteile von J und E bestimmen. In der historischen Anschauungsphase wurde dieser Versuch schon gemacht[211]; Einsicht in die Sekundärliteratur

208   Vgl. oben § 1 C II (S. 9ff) und § 4 A I (S. 30f).
209   S. hier oben § 11 B II (S. 119ff).
210   S. o. S. 33f.
211   S. o. S. 122f.

bestätigt dieses Vorgehen als weithin akzeptiertes, in der Analyse übereinstimmendes Ergebnis (vgl. Referat bei Otto aaO; Detailuntersuchung bei Fohrer, aaO S. 172ff; de Pury, aaO S. 29ff).

Bedenkt man dieses verbreitete Ergebnis anhand der *Einschränkungen*, die sich oben in § 4 anschließen[212], dann ist zweifelhaft, ob mit der Annahme der Verzahnung zweier Quellenstücke im jetzigen Text eine allseits genügende Bestimmung gegeben ist (vgl. besonders Einschränkungen c) und f)). Schon in der historischen Anschauungsphase war vor allem der fragmentarische Charakter der vermuteten J-Fassung und die Schwierigkeit, einzelne Verse literarkritisch zuzuordnen, aufgefallen. Bewegt man sich überhaupt auf dem Feld klassischer Pentateuchanalyse (anders auch im Blick auf Gen 28 der Vorstoß von Rendtorff, aaO S. 42ff.51ff.86ff.115ff), so zeichnet sich eine Entscheidung ab zwischen einer JE-Verbindung in Gen 28 oder der Aufnahme älteren Überlieferungsgutes durch J, der in V13–16 erweitert (vgl. schon A. Jepsen bei Otto, aaO S. 168, und einleuchtender Schmid, aaO S. 120f). Diese Entscheidung hängt ab 1) davon, welches Bild man sich aufgrund methodischer Vorentscheidungen von der literarischen Entstehung des Pentateuch macht, 2) davon, wie man bei der Entscheidung für die noch gängige Lösung den Text Gen 28 in Bestand, Ablauf und Profil von E und/oder J einstellt, 3) von der üg.en Untersuchung, die gemäß den Einschränkungen c) und f) in § 4 B II 2 (S. 35ff) zunächst vorzunehmen ist.

2. Vorwegnahme der überlieferungsgeschichtlichen Fragestellung[213]

a) Das Material

Da in der lk.en Untersuchung noch nicht entschieden ist, ob Gen 28,13–16 (im folgenden Fassung J) nicht Teil einer jahwistischen Fassung neben der Fassung V11–12.17–22 (im folgenden Fassung A) ist, ist die üg.e Frage an beide gegebenenfalls literarisch voneinander unabhängigen *Fassungen* zu richten. Hinzu kommt, wie sich aus Einsicht in die Sekundärliteratur oder Konkordanzarbeit s. v. Bethel, Jakob ergibt, der prophetische Beleg Hos 12,5.7; ist auch er von den Genesisfassungen literarisch unabhängig, so findet man also drei voneinander unabhängige schriftliche Belege desselben Geschehens vor, die folglich auf eine gemeinsame ältere Überlieferung zurückgehen müssen.

Das Nächste ist ein *Vergleich*. Gemeinsam ist allen drei Belegen eine Gotteserscheinung Jakobs in Bethel in einer Reisesituation, der die Rückkehr wesentlich ist. Auffallend ist jedoch, daß in der Fassung A Gott bei der Erscheinung nicht auftritt, nichts spricht; Jakob tut nach den Vorgängen in V12.17f ein Gelübde, und nur in ihm ist von der Reisebehütung die Rede. Hingegen ist in J die Reisebehütung Jakobs Gegenstand einer Verheißungsrede Gottes. Ist das ein älterer Zug? Alles hängt an Hos 12,5.7. Einsichtnahme in Text, Kommentare und

212 S. o. S. 34ff.
213 S. o. § 4 (S. 35).

Sekundärliteratur zur Jakobüberlieferung bei Hosea ergibt: eine textkritisch problematische Stelle. Entscheidet man sich mit vielen in 12,5 für die Lösung *'immô*, dann kennt Hosea eine Überlieferungsfassung, in der Gott wie bei J mit Jakob in Bethel *redet*, und zwar inhaltlich wie in J mit der Zusicherung, daß Jakob gewiß mit Hilfe seines Gottes zurückkehren wird (12,7)!

b) Sichtungen und erste Entscheidungen[214]
Wie diese Übereinstimmung von J und Hos gegen A zu bewerten ist, hängt daran, ob Hos 12,5.7 von Hosea stammt (Nordreich) und von der J-Formulierung bzw. von Gen 28,10ff im vorliegenden Text unabhängig ist. Zur Klärung sind ausgreifende Untersuchungen zu Hosea und dem Werdegang des Hoseabuches nötig. Fällt die Entscheidung zugunsten der Herkunft von Hosea aus, dann muß in der von Gott bei der Erscheinung gegebenen Rückkehrzusage, die J und Hos bieten, ein *älterer Überlieferungszug* liegen, der in A jetzt fehlt bzw. im Gelübde auftritt. Wie sah dieser Überlieferungszug vor den schriftlichen Fassungen aus? Wieder ist ein Einzelvergleich nötig. Alle Fassungen einschließlich des Gelübdes in A haben »Rückkehr« (*šûb*), das Ziel differiert: J »in dieses Land« (V15, vgl. V13), A »zum Haus meines Vaters«. J und A haben gemeinsam außerdem Beistands- und Behütungszusage (V15.20), wobei J grundsätzlicher formuliert ist (»wo immer du hingehst«) – auch ein älterer Zug? Bei der Entscheidung kommen zwei Probleme zusammen:
1) Ist J aufgrund von A gebildet, also, wie vermutet, ein Ergänzungsstück, abgesehen von der Rückkehrzusage? Sucht man mit Konkordanz Parallelstellen zu den einzelnen Verheißungselementen von V13–15 und ordnet diese lk. und hinsichtlich Quellenprofil rg. zu, dann stößt man weitgehend auf J-Bildungen mit ihren ausgreifenden Horizonten; hinzu kommen die wörtlichen Übereinstimmungen zu Formulierungen in V20–22 unter gleichzeitiger Ausweitung (Land statt Vaterhaus) und Verallgemeinerung (»wo immer du hingehst«; Begründung V15b). Das kann die Entscheidung nahelegen, daß es keine eigenständige J-Fassung gab; sondern: J setzt A voraus und ergänzt es durch V13–16, allerdings mit der Einschränkung, daß J in A auch eine Gottesrede vorgefunden hatte, die jetzt in V13–16 aufgegangen ist und jedenfalls die Rückkehrzusage enthielt. Oder noch mehr?
2) Ist J von A abhängig, ist für Beistands- und Behütungszusage auf dem Reiseweg nur noch der Beleg V20 A gegeben. Problem ist nun: Hat J dies aus der Fassung A in V20 aufgenommen, oder enthielt Fassung A diese Zusagen auch schon in der Gottesrede – jetzt eingegangen in V13–15? Dh kann in der Fassung A Gottesrede samt Rückkehr-, Beistands- und Behütungszusage bei der Gotteserscheinung mit der Gelübdeformulierung zusammengestanden haben? Hier ist die für LK und ÜG wesentliche FG[215] als Prüffrage heranzuziehen: Was setzen Gelübdeformulierungen sonst voraus? Ergebnis (vgl. Otto, aaO S. 170ff mit Lit.): V20–21a.22 ist gattungsmäßig eine regelrechte Gelübdeformulierung; diese Gattung setzt aber an Parallel-

214   S. o. § 4 (S. 36f).
215   S. o. § 4 (S. 36).

stellen (zB Ri 11; 1Sam 1; 2Sam 15) keine Zusage voraus, die im Gelübde aufgenommen wäre! Also: Fassung A kann zusammen mit dem
Gelübde V20–22 keine Gotteszusage enthalten haben; beides schließt
sich aus! Hat J nur A ergänzt, dann hat er die parallelen Zusagen aus
V20–22 entnommen und käme dann durch literarische Arbeit zu einem Zug (Gottesrede mit Zusage), den unabhängig davon auch Hosea
bezeugt. Das ist sehr unwahrscheinlich.

Die bisher angestellten Erklärungsversuche müssen korrigiert
werden: Daß J und Hos unabhängig voneinander eine zusa-
gende Gottesrede an Jakob in Bethel kennen, muß ein älterer
Zug der Überlieferung sein, den A zugunsten einer sekundären
Gelübdeformulierung getilgt hat. *Das heißt:* J ist nicht von der
A-Fassung abhängig, sondern *verarbeitet selbständig eine ältere Überlieferung,* auch wenn diese für J aus dem jetzigen Text
nur noch hinter V10.13–16 zu erkennen ist. Zu ihr gehörte
laut Hos die Rückkehrzusage und wegen der Unabhängigkeit
von A und J auch die Beistands- und Behütungszusage, allerdings nicht ausgeweitet und verallgemeinert wie bei J, sondern
konkret auf diese Reise bezogen wie noch in A in der sekundären Gelübdefassung.

3. Rückkehr zur literarkritischen Fragestellung

Aufgrund üg.er Arbeit kann das *Verhältnis beider Fassungen* in Gen
28,10ff lk. nun *entschieden* werden. Erwartungen, daß J eine ältere
Fassung nur ergänzt, mußten korrigiert werden. Beide Fassungen
sind literarisch unabhängig voneinander.
Ihre *Identifizierung* hängt, wie am Ende von 1. ausgeführt, von Vorentscheidungen ab. Legt man die gängige Pentateuchanalyse zugrunde, dann sind Bestand, Ablauf (daß Massebe Gotteshaus werden soll
(V22 E), weist auf 35,7 (E) vor) und Profil von E und J zu vergewis-
sern; daraus ergibt sich, daß Fassung A der elohistischen Quelle zugehört, Fassung J der jahwistischen, die hier nur fragmentarisch in den
Text Gen 28 eingegangen ist.
Dieses Ergebnis kann unter Heranziehung von Untersuchungen der
Sekundärliteratur für beide Quellenschriften gefestigt werden durch
die Frage, inwiefern die Fassungen in Gen 28 stilistisch (vgl. Fohrer,
aaO S. 176ff), fg. (beachte Orakelstil von Gen 28,13–15), im tg.en
Rückraum, in der Art der Überlieferungsverarbeitung und in den Ei-
gentendenzen (J erweitert und verallgemeinert in V13–15 erheblich!)
mit dem *Gepräge der Quellenschrift* sonst übereinstimmen. Gleichfalls sind Forschungsergebnisse zum Stand der historischen Identifizierung der Quellenschriften aufzunehmen.

4. Die überlieferungsgeschichtliche Analyse

Die Arbeit hat ergeben, daß von *drei* voneinander literarisch unabhängigen *Bezeugungen der Überlieferung* auszugehen ist: Fassung J, Fassung E, Hos 12[216]. Folgende Entscheidungen wurden schon nötig:

- Die ältere Überlieferung bot im Rahmen der Gotteserscheinung auch eine Gottesrede an Jakob; ihre Tilgung in E zugunsten einer Gelübdeformulierung ist sekundär.
- Diese Gottesrede ist nicht mit 28,13–15 identisch, wo weitgehend J-Eigenformulierungen für diese Stelle begegnen (vgl. zB Otto, aaO S. 178); ihr vorliterarischer Überlieferungsinhalt ist nur: Zusage der Rückkehr (J, E, Hos) und Zusage von Beistand und Behütung (J + E).

Die im folgenden anstehenden üg.en Fragen mögen wenigstens skizziert sein. *Hauptproblem:* Wie sah diese vorliterarische Überlieferung über die Gottesrede hinaus aus?

Für den überlieferten Vorgang selbst bieten das J-Fragment und Hos außer der Reisesituation und Bethel als der Stätte des Geschehens keine Anhaltspunkte mehr. Auf die Situierung des Geschehens in einer Reisesituation Jakobs in Hos, J und ebenso in E, also in allen literarisch unabhängigen Belegen, ist zu achten; dieser Zug muß also in die vorliterarische Überlieferungsstufe gehören. Daraus folgt, daß diese vorliterarische Überlieferung ›Jakob in Bethel‹ nicht eine Einzelerzählung war, als sie in die schriftlichen Belege einging, sondern *Teil eines größeren Erzählungsganzen,* Wegstation in einer Darbietung der Reise Jakobs. Auch dieses größere Ganze muß näher bestimmt werden – prinzipiell durch Vergleichung der quellenhaften Jakobüberlieferung (J, E, P, Hos) im ganzen und die analytische und synthetische Bestimmung ihrer vorliterarischen Überlieferung; praktisch wird man sich hier auf eine kritisch-abwägende Heranziehung der bestehenden Forschungsergebnisse beziehen und auf einen vorliterarischen Jakob-Esau-Laban-Sagenzyklus stoßen, dem auch die vorisraelitische Überlieferung von Gen 28 vor der Verschriftung in Quellen oder Aufnahme in Prophetenworte angehört hat; vgl. dazu etwa Noth, ÜPent, S. 86ff; de Pury; Otto, aaO S. 182ff. Mit dieser Überlieferungsschicht und ihrer Reisesituation Jakobs hängt offenbar die Gottesrede mit ihren auf diese Situation bezogenen Zusagen zusammen[217]. Ist damit die *älteste Überlieferungsstufe* erreicht, ist also diese Jakob-Bethel-Überlieferung hinter Gen 28 immer schon Bestandteil dieses Zyklus gewesen (so de Pury; anders die meisten Forscher, wie eine Literaturdurchsicht zeigt)? Daß der Text dann zwei Ziele hat – die Begründung der Heiligkeit und die Benennung Bethels sowie die Be-

---

216   In die üg.e Analyse ist natürlich auch Gen 35 einzubeziehen, vgl. dazu etwa de Pury, aaO S. 528ff; Otto, aaO S. 179ff; wir erörtern dieses Problemfeld aus Raumgründen nicht.

217   In der Überlieferungsstufe vor E oder erst durch E ist die Umgestaltung der Zusage zum Gelübde V20–22 zu situieren; vgl. die Diskussion bei Otto.

hütung Jakobs auf seiner Reise – macht stutzig. Doch hängt die Beantwortung dieser Frage wesentlich daran, ob sich in dieser Überlieferung die Gestalt einer noch älteren Einzelgeschichte abzeichnet, die
vor Einbezug in den Zyklus selbständig war. Sie ist, da J und Hos keine
Anhaltspunkte mehr bieten, allein an die E-Fassung in der bisher erarbeiteten üg.en Gestalt zu richten. An dieser wesentlichen Stelle
kann nur ein Ausgriff auf die fg.e Fragestellung weiterhelfen, die
Auskunft bringen muß, ob hier die Kontur der Gattung einer Einzelerzählung sichtbar wird[218].

5. Vorwegnahme der formgeschichtlichen Fragestellung an die vorliterarische Überlieferungsgestalt von Gen 28,10ff

Gegenstand der Befragung ist die bisher ermittelte üg.e Gestalt von
Gen 28 innerhalb des Zyklus, also: Reisesituation Jakobs + V11–12 +
göttliche Zusage + V17–19a. Daß Reisesituation und die darauf bezogene göttliche Zusage noch zu einer älteren Einzelerzählung gehören,
ist fraglich, da sie ja den Zyklus voraussetzen.
Die Frage nach der uU gestaltgebenden Einzelerzählungsgattung läßt
sich, wenn man die Antwort nicht einfach der Sekundärliteratur ent-
nimmt, gezielt stellen durch die Beachtung der Gestaltung bezeich-
nender Inhalte. Hier also: Erzählung, Held Erzvater, sachliches Zentrum ein Ort, der vom Erzvater als Stätte göttlicher Präsenz entdeckt
wurde, Indizien dieser Präsenz (V12+17), kultische Ausstattung
(Massebe), deshalb Benennung (V19a). Bibelkundliches Wissen oder
Konkordanzarbeit s. v. Heiligtumsorte in den erzählenden Büchern
des AT führen auf Parallelbelege; alttestamentliches Grundwissen ergibt, daß es sich um ätiologisch geprägte Kultstiftersagen handelt; vgl.
näherhin Gunkel, Genesis, Einleitung § 2; Fohrer, EinlAT, § 12,6;
W. H. Schmidt, Alttestamentlicher Glaube, S. 29ff usw.
Führt man nach den oben § 7 angegebenen Hilfen[219] nunmehr eine
Gattungsbestimmung durch, was hier aus Raumgründen unterbleibt,
so zeigt sich aus dem Vergleich mit anderen Ortsnamenätiologien und
Kultentdeckersagen der Frühzeit Israels: In der Zyklusgestalt von Gen
28 ist in der Tat die Gattung einer derartigen Einzelsage prägend; ihre
Schwerpunkte liegen auf der Gotteserscheinung an dem zunächst
vermeintlich profanen Ort an den Kultstifter (V11–12), auf dessen
Reaktion und Kulterrichtung (V17–18) und auf der folgerichtigen Benennung des heiligen Ortes (V19a). Hier treffen wir also auf eine ältere, mit Jakob verbundene Einzelerzählung.

6. Rückkehr zur überlieferungsgeschichtlichen Analyse

Der fg.e Ausgriff hat ergeben, daß der Zyklus eine *ältere Einzelgeschichte* aufgenommen hat, die erzählte, wie Jakob in

---

218 Vgl. oben § 7.
219 S. o. S. 64f.

Bethel (V11) unerwartet die Gotteserscheinung V12 hatte, die Qualität der Stätte erkennt (V17), das Kultobjekt Massebe aufrichtet (V18) und die Stätte gemäß der Erscheinung »Haus Gottes«/Bethel benennt (V19). Beziehungen auf eine Reisesituation und wohl auch die darauf bezogene Gottesrede haben zu dieser Einzelerzählung wahrscheinlich nicht gehört[220].

Ist damit nun der *üg.e Anfangspunkt* des Werdeganges von Gen 28,10ff erreicht?
Der exegetische Bearbeiter wird die Frage vielleicht zunächst bejahen. Hat er jedoch seine Vermutungen aus der historischen Anschauung noch präsent und hat er überdies den Arbeitsgang der HO vorgenommen (§ 9), dann weiß er, daß Bethel ein vorisraelitisches Heiligtum war und in der Väterzeit bereits bestand; hat er die TG (§ 8) an diese Einzelerzählung gerichtet, dann ist er auf den religionsgeschichtlichen Befund gestoßen, daß V11–12 und V17–18 und nicht minder der Name Beth-El = Haus Els lauter vorisraelitische Vorstellungen aus dem altorientalisch-kanaanäischen Bereich enthalten. Das einzig (Proto-)Israelitische an der Einzelerzählung ist die Gestalt Jakobs und vielleicht die Redeweise von Elohim statt El. So ist die naheliegende Folgerung, daß diese Einzelerzählung an ihrem Ursprung zunächst die *kanaanäische Kultätiologie* für das kanaanäische Heiligtum von Bethel war.
Dies dürfte der üg.e Anfang sein. Religionsgeschichtliche Beobachtungen im Rahmen von § 8 lassen jedoch mit manchen Forschern[221] erwägen, ob aus der Spannung zwischen den Massebenaussagen und V12 + 17 sowie aus V22 *eine noch ältere*, mit dem Kultort Bethel verbundene *Vorstellung* in der Überlieferung nachwirkt, derzufolge die Gottheit des Ortes nicht wie kanaanäisch im Himmel, sondern noch in der Massebe von Bethel einwohnend gedacht war; V22 enthielte dann einen älteren, sekundär in das Gelübde aufgenommenen Bezug.

7. Die überlieferungsgeschichtliche Synthese

Arbeitsskizze, wie sie sich gemäß den Hinweisen in § 5[222] und dem korrespondierenden Arbeitsgang der HO für die einzelnen Überlieferungsstufen ergibt:
a) *Älteste Spuren der Überlieferung* von Gen 28,10ff weisen möglicherweise in die *vorkanaanäische Megalithkultur* Palästinas (V. Maag); von der damals in Bethel verehrten, die Gottheit in sich schließenden Massebe wurde erzählt, daß sie

---

220 Zur Frage des üg.en Verhältnisses zu Gen 35 s. die Literaturhinweise oben A216.
221 Vgl. V. Maag, Der Hieros Logos von Beth-El, Asiatische Studien 5, 1951, S. 122–133; ders., Syrien-Palästina, in: Kulturgeschichte des Alten Orient (s. o. S. 19), S. 448–605, dort 563ff; H. Donner, Zu Gen 28,22, ZAW 74, 1962, S. 68–70; Fohrer, Exegese, S. 201f; Schmidt, Alttestamentlicher Glaube, S. 31.
222 S. o. S. 45.

von einer – offenbar riesigen, vgl. Gen 6,1–4 etc. – Gestalt auf-gerichtet worden sei. Heranzuziehen: Informationen zu der
vorkanaanäischen Bevölkerung Palästinas und ihrer Mega-
lith-Kultur (Stichworte: Masseben, Dolmen, »Riesen«, Bevölkerung Palästinas).
b)   Die *erste greifbare Überlieferungsgestalt* gewinnt die Erzählung, als das Heiligtum von Bethel *Kultstätte der Kanaa-
näer* wurde, die den Himmels-El dort verehrten und dort die
Stätte seiner Botenverbindung für sein Wirken auf Erden sa-
hen: Bethel als Haus Els und Tor des Himmels. Am Ort haf-
tende Erzählungszüge aus vorkanaanäischer Zeit wurden integriert. Heranzuziehen: Informationen zur kanaanäischen Be-
siedlung Palästinas und zur kanaanäischen Religion mit ihren
Vorstellungen.
c)   Bei ihrem Ausgriff auf das Westjordanland (vgl. historische Analysen der Jakobüberlieferung in der Sekundärliteratur) hat die *protoisraelitische Jakobgruppe* auch das Heiligtum
von Bethel adaptiert[223], den dort verehrten El mit ihrem Vätergott identifiziert, als Kultstifter nun ihren gruppenkonstitu-
ierenden Erzvater Jakob eingebracht und in diesem Sinne die
kanaanäische Kultätiologie als Einzelerzählung von Jakob
übernommen. Probe: analoge überlieferungsgeschichtliche
Vorgänge in der Jakob- und der Erzväterüberlieferung sonst.
d)   Die nächste Überlieferungsstufe ist gemäß der erarbeiteten Analyse *der weitere Werdegang bis an die Aufnahme in J,
E und Hos heran.*

Zunächst ist Gestalt, Stellung und Funktion der Einzelerzählung im
Jakob-Esau-Laban-Zyklus zu bestimmen, der seinerseits im Laufe der
Zeit unterschiedliche Ausprägung gewonnen haben kann[224], zumal er
nach der üblichen Pentateuchanalyse zunächst in eine Gesamtverbindung der Väterüberlieferungen und mit ihnen in die an Israel ausge-
richtete Gesamtverbindung der Überlieferungen von Väterzeit bis
Landnahme eingegangen ist und in unterschiedlicher Gestalt dann in J
und später in E aufgenommen wurde. Mit einiger Sicherheit ist in diesem Vorgang die Reisesituation in die Erzählung gekommen, wohl
auch die Reisezusagen in der Gottesrede; das Schwergewicht verschiebt sich von Bethel auf Jakob, und zwar zunehmend auf Jakob als
Glied in der Heilsgeschichte des nunmehr erzählenden Israel. Ob die
Ersetzung der Gottesrede durch das Gelübde in dem auf E zufüh-ren-
den Strang dieses Überlieferungsvorgangs oder erst durch E erfolgt
ist, ist ein weiteres Problem[225]. In diesem überaus schwierigen Bereich zu präzisen, eigenverantworteten und ausgewiesenen Feststel-

223   Eine Präzisierung ergibt sich durch die historische Interpretation des
üg.en Verhältnisses zu Gen 35, s. Otto.
224   Vgl. zu diesem Problem die große Untersuchung von de Pury und jüngst
Otto.
225   Vgl. oben A217.

lungen zu kommen, ist nur durch langwierige und ausgreifende Untersuchungen zur Jakobüberlieferung im ganzen, zur Überlieferungsgeschichte des Pentateuch und zur Geschichte Israels möglich. In der Regel muß sich der exegetische Bearbeiter hier ganz auf die Angebote der Sekundärliteratur stützen und eine nach Möglichkeit abgewogene Wahl treffen. Aus der neuesten Literatur wären etwa de Pury und Otto zu erörtern.

8. Die redaktionsgeschichtliche Fragestellung

Richtet man die synthetische Perspektive des Werdeganges der Überlieferung auf den schriftlichen Bereich der Weitergabe, so stellt sich die rg.e Frage (§ 6)[226]. Nach den erzielten lk.en Ergebnissen ist nun einerseits die *Aufnahme* der Jakob-Bethel-Überlieferung innerhalb des Jakobzyklus oder gar eines Großzusammenhanges von Väterzeit bis Landnahme *in J und E* zu bearbeiten, andererseits sind rg.e Aspekte für Gen 28 aus den *folgenden Redaktionsstufen* literarischer Pentateuchwerdung (JE, JE^{dtr}, JEP) zu gewinnen und auch die Zusätze in 28,19b und 21b zu situieren.

Die Aufgabe erscheint umfangreich, doch reduziert sie sich praktisch erheblich, da auch auf diesen ausgedehnten Problemfeldern auf Klärungen in der Sekundärliteratur zurückgegriffen werden müßte, die aber als weithin akzeptierte nicht vorliegen. Der exegetische Bearbeiter des Textes stieß schon für den Überlieferungsraum zwischen Einzelerzählung und Quellenschriften auf weithin ungesichertes Terrain; im rg.en Bereich ist alles Nähere zu E weithin umstritten, J in der üblichen Datierung (H. H. Schmid) und Existenz (R. Rendtorff) in Zweifel gezogen, von Sachprofil und Verarbeitung der folgenden Redaktionsstufen ist ohnehin noch kaum etwas bekannt.
So ist neben der *Aufnahme in E,* die sich nur schwer von dem E voraufliegenden Überlieferungsbestand unterscheiden läßt und in der Forschung recht unterschiedliche Versuche etwa hinsichtlich des Kontextablaufes, Kontextprofils und speziell der Zuweisung des Gelübdes V20–22 zeitigt[227], vor allem die *Aufnahme in J* zu untersuchen. Hält man in der üblichen Weise an dieser Quellenschrift jedenfalls im gegenwärtigen Diskussionsstand fest[228], dann zeigt sich, daß J in seinem Erzählungstext der Jakob-Bethel-Szene in Gen 28 eine rahmende Funktion zuweist[229]. Vor allem ergibt sich im Blick auf seinen Ausbau der vorgefundenen Gotteszusage an Jakob zu dem großen Verheißungsorakel V13–15, daß J hier alle wesentlichen Verheißungen aus

---

226 S. o. S. 50.
227 Vgl. zur Jakobgeschichte bei E jüngst: de Pury, aaO S. 519ff; Otto, aaO S. 182ff, und die dort jeweils geführten Diskussionen.
228 Anders jüngst Rendtorff, Das überlieferungsgeschichtliche Problem, der aufgrund seines neuen methodischen Vorstoßes auch zu anderen Bestimmungen im Blick auf die Zusagen V13–15 und den Kontext kommt.
229 Vgl. Otto, aaO S. 182ff.

seiner bisherigen Darstellung der Väterzeit selbst auf Jakob, den Vater der zwölf Stämme, den Vater Israels, konzentriert! Das Interesse am Heiligtum von Bethel hat sich hier vollends verlagert in ein tragendes Interesse, die Bestimmung Israels durch Jahwe herauszustellen, wie es J durch Verheißungsorakel in seiner Vätergeschichte tut, die alle auf 28,13–15 als Höhepunkt der Väterverheißung bei J zulaufen: die Landverheißung für Jakob und seine Nachkommen (vgl. 12,1; 13,15), die Mehrungsverheißung (vgl. 12,2; 13,16), die Verheißung der Segensvermittlung für alle Völker (vgl. 12,3)[230]. Über die vollständige Gestalt der Überlieferung über V13–16 und V10 hinaus lassen sich bei dem fragmentarischen Erhaltungszustand von J in Gen 28,10ff nur Vermutungen anstellen[231]. Ein wichtiger rg.er Vorgang, der die vorliegende Gestalt von Gen 28,10–22 entscheidend prägt, wäre die *jehowistische Redaktion*, die in diesem Fall im wesentlichen die E-Fassung wiedergab (weil sie konkreter war?) und J nur als Einleitung V10 wegen des zugrundegelegten J-Zusammenhanges, in der Verheißungsrede, die bei E fehlte, und in V16 einbezog – organisch und ohne gewaltsames Verfahren, was den Vorgang historisch möglich erscheinen läßt[232]. Sachliche Absichten, Motive, historisch-theologiegeschichtliche Hintergründe dieser Redaktion sind kaum erhellt; die RG kann in diesem Rahmen nur zu vagen Mutmaßungen führen.

III. Die Frage nach den Voraussetzungen der Textstufen von Gen 28,10–22

In § 1 wurde dargelegt[233], daß dieser zusammenhängende Fragenkomplex drei Untersuchungsfelder umschließt: die FG (§ 7), die TG (§ 8) sowie die HO (§ 9). Auch hier ist der exegetische Bearbeiter in der imaginativen Phase zu Beginn seiner Arbeit schon zu eigenen Beobachtungen und Eindrücken gelangt, wenngleich in geringerem Maße, weil diese Arbeitsgänge erhebliche Detailstudien voraussetzen. Jede dieser Fragestellungen ist an *jede* der ermittelten Werdegangsstufen des Textes zu stellen, sofern sie sich im Text niederschlägt. Wir müssen uns hier auf *ein Beispielproblem zu jeder Fragestellung* beschränken, das exemplarisch den Arbeitsvorgang veranschaulichen soll.

---

230 Von dem üg.en und rg.en Sonderproblem, das der außergewöhnliche Versteil 14a stellt, ist hier abgesehen.

231 Eine eingehende Untersuchung der jahwistischen Überlieferungskontur gibt de Pury, aaO S. 87–344.519ff.

232 Für das Anwachsen der Überlieferung Gen 28 bis zum vorliegenden Text ist offenbar die Beachtung der symmetrischen Entsprechung der Erzählungsglieder wichtig, wie es sich schon bei der historischen Anschauung (s. o. S. 119 Schema) ergab. Dieses symmetrische Gestaltungsprinzip, das in unserem Fall die Veränderungen an der Überlieferung organisch einbezieht, scheint im Alten Israel verbreitet gewesen zu sein; es ist zB auch in literarisch und üg. einheitlichen Texten wie Gen 1 und Jes 1,21–26 verwendet.

233 S. o. § 1 C (S. 10f).

1. Die formgeschichtliche Fragestellung

Blickt man auf den Werdegang von Gen 28,10ff zurück, so dürfte schon die Einzelgeschichte von Jakobs Kultentdeckung in Bethel eine gewisse fixe sprachliche Gestaltung gehabt haben, die auch in den folgenden Stadien bestimmend geblieben ist; erhaltene religionsgeschichtliche und tg.e Elemente der Überlieferung, die in diese frühe Phase gehören, legen das nahe. Insofern müßte die Untersuchung der *sprachlichen Gestaltung* der einzelnen Überlieferungsstufen, die erste Teilfrage der FG (§ 7)[234], in diesem Fall schon im Bereich mündlicher Überlieferung ansetzen.

Die *Gattungsbestimmung*[235] für jede der Überlieferungsstufen, die sich im Arbeitsablauf anschließt, wurde für die kanaanäische und dann auf Jakob bezogene Einzelerzählung schon oben angedeutet[236]. Die fg.e Untersuchung der folgenden Werdestufen hat darauf zu achten, daß die ursprünglich beherrschende Gattung »ätiologische Kultstiftersage« im Fortgang der Überlieferung nur noch Gliedgattung ist, ein Phänomen, dem auch eine Verschiebung im Sitz im Leben korrespondiert. Seit dem Einbezug in den Jakobzyklus wird die selbständige Kulterzählung Teil in einem größeren Erzählungsganzen, das nun die Rahmengattung bildet; entsprechend ist der Sitz im Leben nicht mehr Verehrerkreis und Kult in Bethel, sondern in wachsendem Maße Israel, das sich aus seiner Geschichte und innerhalb dieser auch an der Überlieferung vom Ahnherrn Jakob in Bethel seiner selbst vergewissert. Dem korrespondiert, daß auch die so eingebettete und gesehene Überlieferung von Jakob in Bethel im Laufe der produktiven Weitergabe selbst unter Heranziehung anderer Gliedgattungen erweitert werden kann, bei J durch das Orakel V13–15[237], bei oder vor E durch das Gelübde V20.21a.22.

Dieses *Gelübde* diene hier als Beispiel fg.er Untersuchung. Die ÜG hat ergeben, daß diese Passage zu der älteren Überlieferungsgestalt und diese verändernd hinzugetreten ist; sie ist also ein Ergänzungsstück, das den Kontext der voraufgehenden Erzählung von Jakob in Bethel voraussetzt[238]. Trotz dieser Einsicht zur *Abgrenzung* stellt es sachlich in sich einen geschlossenen Vorgang dar, der freilich seinerseits fordert, daß seine Einlösung im Fortgang auch erzählt wurde – Bestäti-

---

234 S. o. S. 62ff. Ausgeführte Untersuchungen zur sprachlichen Gestaltung von Gen 28,10–22 finden sich bei Fohrer, aaO S. 176ff.

235 S. o. S. 64ff.

236 S. hier oben S. 131.

237 Zur Gattung s. H.-M. Dion, The Patriarchal Traditions and the Literary Form of the »Oracle of Salvation«, CBQ 29, 1967, S. 198–206; de Pury, aaO S. 209ff.

238 S. hier oben S. 130 A217; 133f.

gung der üg.en Feststellung, daß die Passage mit Erzählungszusammenhängen über die Einzelgeschichte hinaus zusammengehört[239].
Frage nach *Aufbau und Aufbaugliedern*: Drei Teile lassen sich klar erkennen – eine Einleitung, die den folgenden Vorgang als Gelübde qualifiziert (V20a), und eine direkte Rede, die die Gelübdeformulierung wörtlich bietet, und zwar in zwei Teilen, einem mit *ʾim* eingeleiteten Bedingungssatz mit Imperfekt, der die Bedingung für die Einlösung nennt (V20b.21a), und dem Gelübdeversprechen (V21), eingeleitet mit *wᵉhajā* aus V21b Anfang.
Damit ist eine bestimmte *Hinsicht auf den Gegenstand* gegeben: Gegenstand ist die künftige Heiligtumsgründung und Zehntübung Jakobs, aber nicht in Einzelheiten der Vorbereitung, nicht im Blick auf die näheren Umstände dieses Gründungsgeschehens, sondern als gewichtiges Versprechen, das an eine Bedingung geknüpft ist und deren Bedeutung als Primärinteresse des Redenden unterstreicht – die Reise Jakobs. Auch diese wird nicht unter allen möglichen Aspekten (Reiseroute, Reisebegegnungen und -erlebnisse) vorausschauend gesehen, sondern allein unter der Perspektive einer Wegzeit, die Gefahren in sich birgt, und deshalb eine Wegzeit der wohlbehaltenen Lebensbewahrung und Rückkehr sein soll: Behütung, Nahrung, Kleidung.
Liegt eine *Gattung* vor? Der Arbeitsvorgang ist in diesem Fall einfach: Die Formulierung der Einleitung V20a zeigt, daß nach Gelübden zu fragen ist; Gattungsparallelen lassen sich anhand der Konkordanz s. v. *ndr/nedær* unschwer finden (zB Ri 11,30–31; 1Sam 1,11; 2Sam 15,7f). Sie bestätigen, daß die beobachteten Aufbauglieder Glieder der Gattung Gelübde sind[240], zu der die Stilfigur der figura etymologica in der Einleitung fest hinzugehört; die Gattung hat als solche ihren *Sitz im Leben* (vgl. Nachschlagewerke s. v. Gelübde) an heiliger (1Sam 1) oder profaner Stätte (2Sam 15) im Mund einzelner, die in bedrängter, gefahrendrohender Lage sind; in 28,20–22 ist die Gattung also ganz konform mit ihrem Sitz im Leben verwendet. Es zeigt sich auch, daß das Gelübde selbst mit einer Situationsangabe zur Exposition der bedrängten Lage zusammengehört, die bedrohliche Reise, auf der Jakob ist, bei der Bildung von V20–22 also auch erzählt gewesen sein muß, und andererseits, wie schon für die Fragestellung nach dem Werdegang von Gen 28 ausgewertet[241], kein Zusage-Orakel für dieselbe Lage vorhergehen kann.
Eine *gattungsgeschichtliche* Untersuchung der Gattung in V20–22 könnte gegebenenfalls auch Einsichten in das Alter dieser üg.en Veränderung bringen.

2. Die traditionsgeschichtliche Fragestellung

Die Frage nach der geistigen Welt von Gen 28,10ff umfaßt, wie oben in § 8 entfaltet[242], eine ganze Reihe von Aspekten. Für jede der pro-

---

239   S. hier oben S. 133f.
240   Dies hat W. Richter in seiner A206 genannten Untersuchung aufgewiesen.
241   S. hier oben S. 128f.
242   S. o. S. 81ff.

duktiven Überlieferungsstufen des Textes soll gefragt werden nach Teilhabe und gegebenenfalls aktueller Abwandlung und Überschreitung der eigentümlichen Weltsicht mit ihren Denkmustern, den religiösen und theologischen Überzeugungen, dem verarbeiteten Schatz an Wissen, Kenntnissen und Stoffen, der Prägung von Begriffen und schließlich den aufgegriffenen geprägten Themen und Vorstellungen. Eine Überlieferung wie Gen 28 mit einer so langen Wachstumsgeschichte spiegelt gewiß auch erhebliche Wandlungen der geistigen Welt wider.

Schon ein erster, grober Durchblick macht solche *Wandlungen in Weltsicht und religiösen Überzeugungen* mit religions- und theologiegeschichtlichen Perspektiven ganz offenkundig: der allseitig einfache Horizont der Gottheit im heiligen Stein von Bethel; dann Bethel als Standort eines göttlichen Palastes bezogen auf einen Gott in Himmel und Erde, Gottes Wohnort im Himmel und die Vermittlung seines Wirkens auf Erden, die eine umfassende Weltperspektive sowie architektonischen Hochstand differenzierter Tempel- und Palastbauten im Hintergrund der Vorstellung voraussetzt; weiter die eher verengende Beziehung dieser Perspektive auf die Jakobgruppe, Stämme Israels unter gleichzeitiger Wandlung und Vertiefung der Gotteserfahrung auf den geschichtlichen Erfahrungsbereich, wie es für Israel aus der Väterreligion typisch ist (Bedeutung Gottes in Bethel für die Gruppe und die Reisebehütung Jakobs); schließlich die universalen geschichtlichen Perspektiven, die die Gottesaussagen von J für Israel aufreißen. Diese Wandlungen lassen sich an einer Vielzahl geprägter Inhalte in Gen 28 erkennen, sofern man nach ihren mitgegebenen Anschauungen, Vorgängen, Überzeugungen und Vorstellungen fragt und diese sachlich wie zeitlich und geographisch in Israel ortet[243].

Ein *Einzelbeispiel:* »Haus Gottes« in V17 mag in begriffs- und vorstellungsgeschichtlicher Hinsicht in einigen Untersuchungsskizzierungen den Arbeitsvorgang verdeutlichen. Ein Blick in Lexika (HAL; THAT, ThWAT) ergibt für *bájit* ein weites Bedeutungsspektrum, doch grenzt der Textbezug auf eine Stätte und die Verbindung mit Gott ausweislich von Parallelstellen dieses Spektrum auf Wohngebäude, Tempel oder (falls die Gottheit als Königsgott vorgestellt ist) Palast Gottes ein. Parallelstellen zeigen auch, daß diese Wohnstätte durchaus im Himmel liegen kann (Ps 36,9) und nicht als Gebäude

243 Fohrer (aaO S. 196ff) behandelt näher »die geprägten Bedeutungssyndrome« in der E-Fassung: Furcht angesichts der Nähe des Göttlichen V17, Aufrichtung der Massebe V18 und aus der J-Fassung die Selbstvorstellung Jahwes »Ich bin Jahwe« V13a, die verschiedenen Verheißungen und die Benennung des Ortes V19 (nach Fohrer J). – Zu untersuchen wären unter anderem aber auch: »Tor des Himmels« (V17), »alle Sippen des Erdbodens« (V14) statt »alle Völker«.

sichtbar sein muß, wie es ja auch Gen 28,10ff voraussetzt, aber doch wohl deshalb, weil Jakob der Heiligkeit Bethels durch Entdeckung dieser Qualität des Ortes innewerden soll.

Bethel bedeutet also: Haus, Wohnstätte, Tempel oder gar Palast Gottes. Was ist des näheren gemeint, was haben sich kanaanäische Erzähler, die diesen Begriff in den Text gebracht haben, vorgestellt, und was haben sie also selbstverständlich mitgemeint? Von den Textkonstellationen ist auszugehen und gezielt zurückzufragen.

Von »Haus« *Elohims* ist die Rede; Elohim ist wenig prägnant, wie die Überfülle der Belege in der Konkordanz zeigt; aber im Zusammenhang damit steht gemäß V19 die Ortsbenennung Beth-El, also Haus des Gottes *El*! Sucht man in der Konkordanz nach Parallelbelegen unter Bethel für diese Sicht, stößt man auf die noch sprechendere Stelle Gen 35,7: »El Beth-El«, also der Gott El von Bethel! Welche Vorstellungen sind mit dem Gott El, und zwar als Gott eines der palästinischen Heiligtümer, verbunden? Im Ausgriff auf alttestamentliche Parallelen mit Hilfe der Konkordanz s. v. ʾel, die auf El als kanaanäischen Gott führen, und auf religionsgeschichtliche Untersuchungen[244] ergeben sich hier klare Präzisierungen über Stellung, Wohnstätte, Herrschaft, Hofstaat, Verehrung, Beziehung zu den Lokal-Elim des Gottes El, die offenbar in der kanaanäischen Kultätiologie von Bethel selbstverständlich mitgegeben waren. Auch Eingrenzungen werden deutlich: Von dem komplizierten Pantheon Ugarits, vom Problem der Relation zu Baal wird für die Ausbildung der Kultätiologie von Bethel offenbar nichts aufgenommen, vielleicht hat die El-Religion hier noch eine einfachere Gestalt. Auf jeden Fall handelt es sich um eine Religiosität, die mit der seßhaften, sozialgeschichtlich differenzierten kanaanäischen Kultur zusammenhängt: Bethel als Heiligtum der benachbarten Stadtkultur der Kanaanäerstadt Lus.

Welche Vorstellungen sind mit dem *Haus* Els hier verbunden? Wieder ist von Textgegebenheiten auszugehen: Es ist nicht einfach entrückt im Himmel, sondern an der Kultstätte Bethel ist das Haus (V19). Andererseits ist El nicht auf Erden, sondern im Himmel (V12) und handelt auf der Erde durch Boten, die an der Stätte Bethel vom Himmel auf einer riesigen Treppe die Erde betreten und wieder zurückkehren. Das Heiligtum von Bethel ist also der irdische Ausgang eines riesighohen, vorgestellten Gebäudes, das in den Himmel reicht und in dieser gesamten irdisch-himmlischen Erstreckung eben Haus Els ist. In Bethel, so ist die Vorstellung, steht man also an der Stelle der Erde, wo das Haus Els riesenhoch in den Himmel ragt, an der hervorragenden Stelle, wo das Wirken Els auf Erden durch Boten seinen Ausgang nimmt. Wo kommt diese Vorstellung her, wie ist sie konturiert, und wie ist sie hier für die kanaanäische Kultätiologie von Bethel ausgeprägt? Eine präzisierte Antwort ergibt sich dem exegetischen Bearbeiter, wenn er in Darstellungen der kanaanäischen Religion samt deren

---

244 Vgl. etwa THAT und ThWAT s. v. אֵל; Wörterbuch der Mythologie (s. o. S. 20) s. v. El; Maag, Syrien-Palästina (s. o. A221), S. 563ff.570ff; H. Gese, Die Religionen Altsyriens (s. o. S. 19); F. Stolz, Strukturen und Figuren im Kult von Jerusalem, 1970, bes. S. 149ff; Schmidt, Alttestamentlicher Glaube, S. 136ff; zu Bethel speziell: O. Eißfeldt, Der Gott Bethel, in: O. E., Kleine Schriften I, 1962, S. 206–233.

altorientalischen, besonders mesopotamischen Beeinflussungen die
entsprechenden Texte und Deutungen einschließlich bildlicher Darstellungen heranzieht und sich in den religionswissenschaftlichen und
alttestamentlich-theologischen Wörterbüchern und Nachschlagewerken unter El, *bájit*, Tempel informiert. Wird dem exegetischen Bearbeiter der neue Beitrag von C. Houtman, What did Jacob see in his
dream at Bethel? (VT 27, 1977, S. 337–351), bekannt, dann ergibt
sich aus der Lektüre die Notwendigkeit, die traditions- und religionsgeschichtlichen Hintergründe der baulichen Aussagen des Textes erneut zu überprüfen.

3. Die Bestimmung des historischen Ortes

Hat es die TG mit der geistigen Welt des Textes in ihrer Geschichte zu tun, so die HO (§ 9) mit der geschichtlichen Welt
des Textes in ihren realen Gegebenheiten, ihren sozialen Bedingungen und den Erfahrungen der Menschen in ihr, soweit
letztere sich aus der Korrespondenz von geschichtlicher Welt
mit ihren Geschehnissen, sozialen Vorprägungen, traditionsgeschichtlichen Anleitungen, diese geschichtliche Welt wahrzunehmen und zu bewältigen, und Texten selbst versuchs-
weise bestimmen lassen. Die Frage ist für jede der ermittelten
Textstufen gesondert zu stellen, doch sind auch geschichtliche
Längsschnittfragen uU erforderlich[245]. *Beispiele* anstehender
Arbeitsvorgänge seien kurz angedeutet.

Im geschichtlichen Längsschnitt ist etwa zu erarbeiten: Wo liegt Bethel (alte Ortslage), was sind die archäologischen Gegebenheiten und
Erkenntnisse zu Bethel, was weiß man über die Geschichte des Heiligtums von Bethel, zu welchen politischen Territorien gehört es im
Laufe der Geschichte Israels, und welche großpolitischen Vorgänge
könnten als Horizont des Überlieferungsvorgangs wichtig werden
(von Bedeutung angesichts des langen, bis in nachexilische Zeit rei-
chenden Werdegangs des Textes), welche Vorgänge sind mit dem Ort
verbunden (vorisraelitisch, Landnahme, Jerobeam I., Amos, Josia)?
Welche sozialgeschichtlichen Wandlungen lassen sich für den Verehrerkreis des Heiligtums erheben? Welche (sich erweiternde) Menschengruppe bezieht sich im Laufe der Zeit auf Jakob? Welche Geschichte haben die Einrichtungen Gelübde und Zehnten sowie das
Kultobjekt Massebe (Aussehen, Verehrung, Bräuche, Funktion)? Ist
demgemäß eine produktiv-positive Überlieferung von Bethel als
Kultort mit Massebe in der Zeit nach Josia noch wahrscheinlich (vgl.
die P-Fassung von Jakob in Bethel Gen 35)? Beispiele für Einzelklä-
rungen: Weg von Beerscheba über Bethel nach Haran (Lage der Orte,
alte Wege); Klärung von *sullam* (Leiter, Treppe, Rampe); ist ein Massebenstein als Kopfunterlage für einen Menschen als Brauch historisch wahrscheinlich?

245 S. o. S. 94ff.

Beispiel für den historischen Ort einer *bestimmten Überliefe-rungsstufe:* Wir nehmen die J-Fassung, die in dem Fragment V10.13–16 erhalten ist.

Zunächst sind Informationen über Zeit, Ort und Verfasser der betreffenden Überlieferungstufe, hier also J, zu sammeln, in der Regel aus Nachschlagewerken und EinlAT, die durch Ausgriff auf die entsprechenden Darstellungen des Zeitraums in Lehrbüchern oder Monographien zur Geschichte Israels vertieft werden können, um eine möglichst lebensvolle Anschauung von der betreffenden Zeit zu gewinnen. Setzt man J wie gängig in die davidisch-salomonische Zeit, dann ist die schier über Nacht geglückte Großreichbildung über die Stämmeterritorien hinaus der hier maßgebliche geschichtliche Überlieferungsraum; dazu die den Verband Israel gefährdende Territorialstaatbildung, die enormen sozial- und kulturgeschichtlichen Umbrüche, die Probleme, dies Neue durch Anschluß an die Überlieferung zu bewältigen, die schon zur Zeit Davids zu Unruhe und Aufständen führten, der aktuell beträchtlich geweitete geographische Horizont, das Phänomen, nichtisraelitische Gebiete und Völker innerhalb des einen Reiches zu beherrschen, für das die älteren, nur am Land Israel orientierten Überlieferungen keine ausreichende Klärung boten. Dies ganze Geschehen kann unfaßlich-beglückt erfahren worden sein, aber man wird aus der Beziehung der bisher leitenden Traditionen zur ungeahnten Realität vor Augen auch die Spannung, Irritation des Neuen erfahren haben; die Fragen nach der Identität Jahwes und der Identität Israels auch angesichts all des Neuen waren gewiß nicht nur theoretische, sondern von der Zeiterfahrung unausweichlich aufgenötigte Probleme.

Sieht man die jahwistischen Akzentsetzungen in V13–15 auf diesem lebendigen Hintergrund, so können zeitbezogen-aktuelle Absichten und Hörer/Leser-Ziele von J Profil gewinnen: Die Erfahrung der Gegenwart, ein großes, dh mächtiges Volk als Nachkommenschaft Jakobs im eigenen Lande zu sein, ist nicht unverständlich, nicht profan-politischer Effekt, sondern Einlösung einer Zusage des vertrauten, angestammten Gottes Jahwe an die Väter, zumal an Jakob, den Ahnherrn des Zwölf-Stämme-Volkes; darin hat Israel seine Identität; die verallgemeinerte Zusage V15b führt bis in die Gegenwart und qualifiziert die Zeit zwischen Jakob und dem Großreich vor Augen als eminente Bestätigung der Macht Jahwes für Israel aus der Geschichte; die neue Perspektive der anderen Völker innerhalb und außerhalb des Reiches ist in der Verheißung der Segensvermittlung geklärt und als Wert, Zeitgeschichte zu verstehen und politisches Handeln zu orientieren, gegeben. Doch gehören diese hier zur Demonstration der Funktion der historischen Ortsbestimmung angedeuteten Profillinien, ausgeführt und näher begründet, schon in die Interpretation.

D Die Interpretation als historische Sinnbestimmung des Textes Gen 28,10–22 auf seinen verschiedenen Wachstumsstufen

Die volle inhaltliche Ausführung der Interpretation setzt natürlich voraus, daß im Unterschied zu den notwendig exemplarischen Skizzierungen im Voraufgehenden alle Arbeitsgänge auch ausgeführt sind. Dies und Raumgründe nötigen uns, die eingehende Darstellung dieses Arbeitsaktes zu § 10, sein Vorgehen, sein funktionales Verbinden der Ergebnisse aus den einzelnen methodischen Arbeitsgängen, seine Fragerichtungen[246] hier nur in exemplarischen Anwendungsbereichen vorzuführen. Wie dargelegt, ist die Interpretation in Aufnahme von Eindrücken aus der imaginativen Phase[247] für jede Überlieferungsstufe prinzipiell gesondert durchzuführen, dann auf die Interpretation des ganzen alttestamentlichen Werdeganges auszudehnen, dem sich Überlegungen zur Sinnbewegung des Textes in Ansehung unserer Gegenwart anschließen. Die gesamte exegetische Arbeit am Text konzentriert sich schließlich in einer sachgerechten deutschen Übersetzung des Textes. Wir begnügen uns mit Stichworten und geben in Klammern die Paragraphen des Arbeitsbuches an, deren Fragestellungen die Erarbeitung der jeweils herangezogenen Ergebnisse bringen.

I. Die einzelnen Überlieferungsstufen

Die gestaltgebende *kanaanäische Überlieferungsstufe* gehört in den Bereich kanaanäischer Siedler in Mittelpalästina (Stadt Lus) zur Zeit wohl der Mitte des 2. Jahrtausends (§§ 7.8.9). Sie adaptieren das alte, vorgefundene Steinheiligtum von Bethel für ihren (Haupt-)Gott El und gründen diesen Vorgang unter Aufnahme von älteren Erzählungszügen um dieses Heiligtum und den Ortsnamen Bethel in einer Kultätiologie. Den Verehrern klärte diese Erzählung Qualität und Ausstattung des Heiligtums (§ 7) als die vorzügliche Stätte Els, die er zum Ort seines Wirkens im irdischen Bereich wählt (§ 8); das grundlegend-gültige Geschehen für die Qualität von Bethel wird als Anfangsgeschehen, als Entdeckung der Stätte als heiliger und als Kultstiftung erzählt. Die universalen und doch für den Verehrerkreis konkret bedeutsamen Züge Els weiten die vorkanaanäische Gottesvorstellung am Stein von Bethel auf, artikulieren wie andere El-Heiligtümer in Palästina jeweils auch die Höchstqualität der Präsenz Els im eigenen Wohnbereich und damit die kultische Zugänglichkeit des höchsten göttlichen Ga-

---

246 S. o. S. 104ff.
247 S. hier oben S. 117ff.

ranten aller tragenden, wohl wesentlich agrarischen Lebensbereiche am heiligen Ort (§ 8).

Mit der Adaption des Heiligtums von Bethel (auch) durch die *Jakobgruppe* wird auch die kanaanäische Kultätiologie übernommen (§ 5), gerät aber nun in ein verändertes geschichtliches Erfahrungsumfeld einer ehedem halbnomadischen, zu Landsässigkeit gelangten Gruppe, die ihren führenden Vätergott mit dem kanaanäischen El des Ortes identifiziert und durch die Einführung ihres Ahnherrn Jakob als Kultentdecker und -stifter sich selbst stärkt und ihre Ansprüche legitimiert (§ 9). Die Gotteserfahrung in Bethel wandelt sich; der El von Bethel bestätigt sich als Führungsgott der Jakobgruppe, dem sie ihre Landnahme verdankt. Die universalen Implikationen von V 12 könnten sich auf die Gruppe hin verdichtet, uU auch reduziert haben (§ 8).

Eine Bestätigung für diese Wandlung der Gotteserfahrung von Bethel mag die Einstellung der Jakobeinzelgeschichte in einen *Jakobzyklus* geben (§§ 4.5.7), wie groß auch immer der israelitische Verehrerkreis, der sich zunehmend von Jakob herleitete, nun auch gewesen sein mag: Die Heiligkeit des Ortes Bethel und die Macht des hier verehrten Gottes (Jahwe) ergibt sich nicht mehr primär aus der V 12.17 genannten Qualität des Ortes selbst, sondern aus der Behütungszusage (§§ 4.5.7), die Jakob an dieser Stelle von Gott empfing. Die Szene ist nunmehr sinnhafte Vertiefung der Erfahrung, daß alle Jakobnachkommen jetzt der Erfüllung dieser Zusage an Jakob ihr Dasein und Bestand verdanken, als bis in die Gegenwart reichendes Widerfahrnis von Geleit und Führung des eigenen Gottes, der sich eben in diesen kontingenten, als Gabe erfahrenen Gegebenheiten des eigenen Lebensbestandes als wirksam-zugewandter Gott in Bethel erwiesen hat (§§ 8.9).

Wir übergehen historische Hintergründe und Spiegelungen der Gotteserfahrung in den verschiedenen Gestaltungen des Jakobzyklus einschließlich der Einstellung in gesamtisraelitische Darstellungen der Heilsgeschichte und in E und werfen noch einen Blick auf den *Jahwisten*. Hier gewinnt die Überlieferung, wie V 13–16 zeigt, auf dem Hintergrund der Gegebenheiten des historischen Ortes (§ 9) wieder erheblich weitere und neue Sinnakzente: Statt der Bekanntmachung Gottes am unbekannten Ort und der daraus resultierenden Heiligkeit von Bethel ist Bethel nun nur noch Erscheinungsstätte des längst bekannten Jahwe, der seine Zusagen in der Väterzeit für Israel hier nun für Jakob, den Vater des Zwölf-Stämme-Israel konzentriert; diesem Israel ist in bezug auf seine eigene Erfahrungswirklichkeit wesentlich, daß Jahwe Jakob unversehens erschienen ist (V 16), und vor allem, was er – die gegenwärtige, in der neuen Lage der Königszeit geweitete und problematisierte Selbsterfahrung Israels im Kreis der Völker qualifizierend und regulierend – verheißt[248].

Die Interpretation der redaktionellen Überlieferungsstufen (§ 6) sei wieder übergangen[249].

II. Der alttestamentliche Werdegang

Ein Durchblick durch den alttestamentlichen Werdegang zeigt, daß die ursprüngliche Sinnbestimmung der Überlieferung, einen Kultort im eigenen Wohnbereich als heiligen Ort präsenter Zuwendung Gottes zu begründen, keineswegs anhält. Mit der Aufnahme in die protoisraelitische und israelitische Überlieferung verlagert sich die *Präsenzerfahrung* vom Kultort Bethel weg in das geschichtliche Ergehen Israels; in wechselnden und sich wandelnden Horizonten vertieft Gen 28 die jeweilige Erfahrungswelt Israels als Stätte göttlicher Nähe und Geschehen göttlicher Gabe und Führung, von dem kleinen Radius der Jakobgruppe bis zu Israel und seinem Lande im Kreis der Völker.

Auch in Zeiten der Entzugserfahrungen mag der Gesamtbestand der Zusagen in Gen 28 JE Erwartungen begründet und Hoffnungen legitimiert haben wie in der Josiazeit und vollends angesichts der Gegenerfahrungen seit der Exilszeit, deren Sinn nicht mehr innerhalb der Erzählung Gen 28 selbst bewältigt wird, wohl aber in ihrer Einbindung in die großen Geschichtswerke mit ihren deuteronomistischen und priesterschriftlichen Akzenten, die von der Schöpfung bis zum Exil reichen. In all diesen Überlieferungsstufen dürfte das *sinngebende Schwergewicht* des Textes auf den Zusagen – bzw. zeitweilig in einer Seitenlinie auf dem Gelübde – gelegen haben, denen jedes spätere Israel identitätsstiftenden Sinn für sich selbst und für Jahwe im Erfahrungsraum Israels entnahm.

III. Überlegungen zur Sinnbewegung des Textes in Ansehung unserer Gegenwart

Auch hier nur wenige Bemerkungen: Was dem heutigen Leser sachlich vielfach abstrus und fremdartig erscheint[250], erwies sich in der historischen Erhellung der Entstehung und Weitergabe des Textes im AT doch nicht einfach als naiv, sondern als Sinnartikulation einer Erfahrungswelt mit dem Aussageanspruch, das eigene Dasein, den eigenen Lebensbereich auch in

---

248 S. hier oben S. 134f.
249 S. aber im folgenden »Der alttestamentliche Werdegang«.
250 S. hier oben § 11 B I (S. 116).

der politischen Dimension von Lebensraum und geschichtlicher Lebensgemeinschaft des Volkes als nicht fraglos Hingenommenes, sondern als Gabe gütiger Zuwendung des präsent wirkenden Gottes zu erfassen. Durch die Geschichte zieht das staunende und auch im Entzug nicht aufgegebene Hinsehen auf das Wunder, daß sich Gott dem Irdischen zuwendet, finden läßt und das Dasein tätig trägt. Die gedankenlos verwertende Hinnahme von Leben und vorgegebener Lebenswelt heute scheint im Spiegel dieses Textes ebenso auf wie die Flucht in surrogate Ersatzbezirke für das Heilige, das doch nach wie vor Stätten zu seiner Vergewisserung und zur Begegnung braucht und wie Gen 28 in seinem Überlieferungsweg davor bewahrt, Gott allenfalls als Extrapolation welthafter Grundwerte zu fassen. Die Überlieferungstendenz, die kanaanäischen Züge der Erzählung zu verlagern zugunsten des geschichtlichen Erfahrungsraumes Gottes, nötigt niemand zur Übernahme dieser historisch bedingten Elemente, so anschaulich und aussagekräftig sie als Bilder weiterhin sein mögen, sondern lehrt, auf die *Sinntiefe von Gen 28* zu sehen. Dem Christen wird sie sich in Christus zeigen, und Gen 28 wird ihn Christus verstehen lehren als die heilige Stätte der Zuwendung Gottes zur Welt – als Mensch, als Verbürgung der Zusage von Geleit und Lebensversorgung Gottes, als Sinnfreigabe für die Bewältigung von Gegenerfahrungen in Sünde, Leiden, Tod des einzelnen und Weltbedrohung der Menschen, als Geleiter für einen Weg, der nicht in Idealen endet, die sich an einem irdischen Volk realisieren, sondern der über alle Weggefährdungen menschlichen Daseins zu Gott führt. »Jesus spricht zu Nathanael: ›Wahrlich, wahrlich ich sage euch, ihr werdet den Himmel geöffnet sehen und die Engel Gottes hinaufsteigen und herabsteigen auf den Menschensohn‹« (Joh 1,51).

Anhang:
Literatur zur exemplarischen Durchführung der exegetischen Bearbeitung eines Textes

H. W. Wolff, Der große Jesreeltag (Hosea 2,1–3). Methodologische Erwägungen zur Auslegung einer alttestamentlichen Perikope, EvTh 12, 1952/53, S. 78–104 (jetzt auch in: H. W. W., Gesammelte Studien zum Alten Testament, ThB 22, München ²1973, S. 151–181)

K. Koch, Formgeschichte, Teil II: Ausgewählte Beispiele, S. 135–270

O. H. Steck, Die Paradieserzählung. Eine Auslegung von Genesis 2,4b–3,24, BSt 60, Neukirchen-Vluyn 1970

E. Zenger, Ein Beispiel exegetischer Methoden aus dem Alten Testament (Ri 9), in: Schreiner, Einführung, S. 97–148

G. Fohrer, Exegese, § 12 (Gen 28,10–22)

145